妖風

ILL WINDS

Saving Democracy from Russian Rage, Chinese Ambition, and American Complacency

全球民主危機與反擊之道

Larry Diamond

戴雅門——著

盧靜——譯

目錄

感謝

緬甸的辛瑪昂、

俄羅斯的卡拉－穆爾札、

肯亞的梅納·克萊、

安哥拉的德莫賴斯、

美國的麥考密克、

烏干達的奧皮約、

香港的黃之鋒，

以及其他千千萬萬為民主奮鬥的無名英雄

推薦序（一）

絲絨革命三十年後看中東歐的民主衰退

林育立

一九八九年十一月，捷克歌手胡特卡（Jaroslav Hutka）結束流亡返國，受到布拉格民眾熱烈的歡迎。他在老城對岸的萊特納（Letná）山丘上拿著吉他自彈自唱，歌頌自由的美好，現場近百萬民眾高舉勝利手勢，隨著他的樂音搖擺哼唱，堪稱絲絨革命最動人的一幕。

今年十一月，胡特卡在柏林參加圍牆倒塌三十週年的紀念活動，地點換到亞歷山大廣場（Alexanderplatz），一樣是當年反共大示威的現場。「您對政治失望嗎？」主持人問，滿頭白髮、依然一身嬉皮打扮的他無奈點頭，「我們當年太樂觀，以為歷史真的終結了，沒想到有人特別狡猾，等到大家反應過來為時已晚。」

＊＊＊

柏林圍牆倒塌和幾天後捷克斯洛伐克爆發的絲絨革命是中東歐民主浪潮的高潮。波蘭、匈牙利等國在共黨政權垮台後，無不擁抱民主制度和自由市場經濟體制，人民對未來充滿希望。不料三十年後的今天，民粹勢力所向披靡，媒體被政府收編，知識分子和年輕世代普遍有無力感。

戴雅門是最早提出「民主衰退」一詞的學者，十年前，他已對民主走回頭路發出警訊。此刻讀他的新作《妖風》，心情更為沉重，因為政壇對立和獨裁國家滲透的程度都比以前嚴重，社會上人心惶惶，全球民主國家正面臨類似的危機。

＊＊＊

媒體環境是檢驗一個國家民主發展程度的指標。在歐洲，匈牙利是新聞自由倒退最多的國家，保守右翼的奧班（Orbán Viktor）二〇一〇年重新當上總理後，即解僱公共電視和國家通訊社批判政府的記者，接著《自由人民報》（*Népszabadság*）等大報停刊，外國媒體集團被迫撤出。奧班還放手讓挺他的傳媒大亨成立基金會，將全國的新聞網站、報紙、廣播電台和雜誌集中管理。

奧班執政愈久，威權傾向愈明顯，建設匈牙利成為他期許的「不自由國家」（illiberal state）。匈牙利的主流媒體如今成了一言堂，幾乎聽不到反對派的聲音，親政府媒體甚至公布不受歡迎記者的「黑名單」，成了打壓新聞自由的工具。

波蘭是中東歐民主轉型國家另一個威權復辟的例子。法律公正黨（PiS）二〇一五年上台後，也大量解聘公廣集團不聽話的記者，用抽廣告和司法等手段對付批評政府的媒體，新聞自由度和匈牙利一樣每下愈況。

美國總統川普粗暴的言論和挑起仇恨的伎倆，撼動民主的根基，刺激戴雅門寫下這本書。歐洲二〇一五年起出現史上少見的難民潮，中東歐各國的媒體成為政府喉舌後，也出現執政者靠煽動仇恨來動員的現象，藉渲染難民暴力激起選民的同仇敵愾。從此，歐洲各國為了難民配額的問題爭執不休，至今未達成共識，嚴重打擊歐盟的向心力。

＊＊＊

獨裁國家的滲透是歐洲面臨的另一大挑戰，同樣與媒體息息相關，經典的例子是德國二〇一六年年初發生的少女麗莎（Lisa）事件。

當時德國正值難民潮高峰，全國為了收容難民手忙腳亂。俄羅斯裔未成年少女麗莎失蹤超過一天後，她的親戚向俄國媒體投訴她被難民性侵，經俄國媒體渲染，一時間整個德國社會陷入恐慌，俄國外長甚至以保護「我們的少女」為由指責德國警方偏袒難民。儘管事後證明這名少女自願離家，但經過這起事件，民眾對難民的刻板印象已根深蒂固，靠反難民起家的排外政黨德國「另類選擇黨」（Alternative für Deutschland，簡稱ＡｆＤ）趁機崛起。

同一年，俄國網軍利用假帳號成功操弄美國的總統大選，他們在次年德國大選前夕再度出動，在社群媒體上與極右人士一搭一唱，鼓動仇外情緒。總理梅克爾的競選活動，經常可見民眾狂吹哨子試圖打斷她，媒體充斥罕見的偏激和叫罵言論。

俄國明目張膽的滲透，在德國社會一直是難解的問題。與俄國總統普丁交好的前總理施若德（Gerhard Schröder），在俄國出兵佔領克里米亞半島和烏克蘭東部後依然捍衛普丁立場，公認是俄國利益的代言人。我自己在柏林參加記者會，也不時遇到俄國ＲＴ電視台和衛星通訊社（Sputnik）的記者向德國官員嗆聲，毫不掩飾俄國代理人的身分。一如戴雅門在書中的分析，克里姆林宮藉宣傳戰在西方社會散播不安情緒，背後的動機是對統治正當性缺乏自信，但民主國家也當檢討為何自己的媒體和社會這麼容易被煽動。

＊＊＊

中國將觸角伸進歐洲，近年也成為歐洲的隱憂。捷克總統齊曼（Miloš Zeman）以親中立場聞名，二〇一六年促成習近平第一次訪問布拉格，中國還在捷克成立一帶一路中心，聘請卸任高官擔任顧問，影響力深入捷克政界。

中國並與中東歐十六國定期舉行高峰會，用一帶一路建設的承諾綁住各國，與歐盟互別苗頭。中國策略性地與這些急需外資的國家交往，成功用投資換取影響力，例如匈牙利和希臘在歐盟批評中國人權時就投下反對票，背叛歐洲核心的人道價值。歐盟因中國的滲透有被分化的危險，讓各成員國高度警覺。

不過，中國擴大滲透力也可能帶來反效果，二〇一九年十月起一連發生的事件，顯示歐洲高等學府對中國的滲透開始感到不安。首先倫敦政經學院擔心學術自由受限，暫緩親北京商人贊助的中國課程。接著布魯塞爾自由大學由中方指派的孔子學院院長，因涉嫌間諜活動被禁止入境。最轟動的是捷克第一學府查理大學，長年隱瞞中國大使館的捐款，舉辦的會議和課程有為中國政治宣傳的嫌疑，校方受不了輿論壓力只好被迫關閉捷克中國中心（Czech-Chinese Centre）。

＊＊＊

今年絲絨革命三十週年紀念日的前一天，捷克二十五萬名群眾在民間組織的號召下進行大示威，要求身兼總理、企業家和傳媒老闆的巴比斯（Andrej Babiš）為利益衝突引咎辭職。這次的示威地點一樣選在萊特納山丘，胡特卡也被邀上台，當他唱到「什麼最偉大？人的自由」的歌詞時，連絲絨革命還沒出生的年輕人也跟著哼唱，彷彿重現一九八九年秋天的景象。

民主與自由的生活方式的確如戴雅門警告處在危崖邊緣，但人民的意志才是推動歷史的動力，中東歐新一代菁英正準備起身反抗。斯洛伐克在揭露黑金政治的年輕記者被暗殺後民怨潰堤，年初一舉將人權律師出身的查普托娃（Zuzana Čaputová）推上總統寶座。華沙、布拉格、布達佩斯三大首都，最近也相繼選出信仰開放社會和民主價值的市長，公開與政府唱反調，其中布拉格市長賀吉普（Zdeněk Hřib）的友台政策尤其令人刮目相看。

革命撒下的種子顯然已經生根茁壯，我想起布拉格城南街角一塊不起眼的銅牌上面寫的幾句話，那裡是三十年前布拉格大學生示威的出發點，也是絲絨革命的起點：「何時，如果不是現在？誰，如果不是我們？」

推薦序（二）

中國威權進逼下的全球制裁網

黃之鋒

經歷七十年的中共管治，中國變成與世界潮流背道而馳的威權大國，對內透過軍隊、武警、情治機關、數碼監控技術等手段打壓異見異議人士，對外則向全球國家輸出政治滲透、控制、內容審查，威脅自由、開放、人權等普世價值，新近發生的美國職籃NBA火箭隊總經理莫雷事件、遊戲開發商「暴雪娛樂」懲處風波等，無不令全球人民意識到中國式政治審查近在咫尺。

面對中國威權恫嚇、企圖透過經濟、軍事及政治手段將影響擴張至海外之際，如何防堵紅色威權擴散將是全國民主國家，乃至所有民主運動的抗爭者必須共同思考的問題。

民主理論學者、史丹佛大學胡佛研究所資深研究員戴雅門在新書《妖風：全球民主危機與反擊之道》明確地提醒，中國近年將威權管治魔爪伸延至海外國家，在世界版圖上推進其「銳實力」，透過金權網絡及訊息操作，挑戰西方國家對於人權及自由的底線。

這些中共銳實力的實例不勝枚舉：僅僅中共的海外政治文宣投放，每年花逾一百億美元，金額是美國花在民主及人權宣傳費用的五倍之多；各地亦先後設立五百二十五所孔子學院，新華社全球各地分部多達一百八十處，成為繼美聯社、路透社、法新社之後第四大跨國媒體。中共透過鉅額的文宣及媒體工作的投放，試圖控制全球幾十億人所接收的資訊，令有關台灣、香港、新疆、南海、一帶一路等相反意見相繼噤聲。更甚者，過去只在國內應用的思想及言論審查，近年亦日漸輸出到海外大學、企業及政府，甚至藉由政治獻金及遊說工作影響外國選舉及各國議程，令中國對全球民主的威脅遠超俄羅斯。

這些威權壓迫，台灣人及香港人一點也不陌生。毫無疑問，香港與台灣都是處於中國威權擴張的第一道防線，我們共同見證了威權中國如何透過不同方法滲透兩地公民社會，逐漸蠶食兩地媒體、公民社會、工會、學術界及言論自由。香港近年自由空間日益受到限縮，北京多番以「國家安全」之名打壓香港人權及自由，包括透過全國人大常委會釋法取消多名民選議員的議員資格，選舉主任透過「選舉確認書」令泛民主派及本土派人士挑拒於選舉當中；銅鑼灣書店股東及大陸富商肖健華被爆出跨境執法，公然違反一國兩制及《基本法》。港府亦以《社團條例》禁止香港民族黨運作、拒絕為香港外國記者會副主席馬凱續發工作簽證等，令香港人的結社自由及新聞自由深受打擊。

面對中共在國際舞台上拚命推進「中國模式」之際，戴雅門在新作中提醒，民主國家除了要強化自己政治制度以作表率外，亦呼籲美國及其他西方國家積極支援各地抗爭者爭取民主，協助建立捍衛人權自由及具問責性的政府，以抗衡中國等威權國家威迫利誘。

為了防範威權政府官員、警政系統、企業等踐踏當地人權自由，新作多次強調「針對式制裁」的重要性，尤其是利用《全球馬格尼茨基人權問責法》，針對政府高層、軍隊官員、銀行及企業進行制裁，向他們實施入境限制、簽證限制、資產凍結，從而向威權政權的官員及企業施壓，逼令他們在國內落實人權自由的基本保障。

事實上，香港整場「反送中」運動有別於過往民主運動的最大不同處之一，便是抗爭者銳意透過不同方法，維持香港問題在世界場域中的熱度。香港人今次多番主動出擊，在國際上推進香港議題，包括兩度發起眾籌全球登報、積極集體「一人一信」去信各地議員陳情、多次就香港問題發起白宮聯署、在外國各地甚至NBA球場會場發起快閃示威、開設推特帳戶進行「Twitter外交」向海外網民及記者直接輸出香港最近狀況，以及民間組成遊說團隊積極進行國際遊說等。

在二〇一四年雨傘運動期間，我與現時香港眾志骨幹成員敖卓軒便意識到，國際關注乃香港民主運動的重要助力之一，於是便開始著手《香港人權民主法案》遊說工作，希望透過賦權美國總統將侵害香港人權與民主自治者列入黑名單，凍結他們在美資產及禁止入境，透過這類懲罰機制對侵犯人權的行為起阻嚇作用。

然而，經過數月以來的「反送中」運動，我們意識到中共已經密謀逐步收緊對港政策。觀乎中共在十月底舉行十九屆四中全會，除了首度將「一國兩制」視為黨領導的重要制度，亦強調日後「建立健全特別行政區維護國家安全的法律制度和執行機制」，種種跡象顯示中共正為《基本法》廿三條鋪路，甚至連北京官方智庫「全國港澳研究會」的副會長劉兆佳亦坦言，北京有機會透過人大釋法、向行政長官發出命令、將全國性法律三方面主動「出手」，將香港內部爭議甚大的廿三條立法強行引入香港，令香港人權、自由、法治及整個公民社會岌岌可危。

面對暴政惡法臨城，而香港尚未有完善的民選政府去抗衡威權肆虐之時，只有將《香港人權民主法案》及《全球馬格尼茨基人權問責法》推廣到全球各地，令制裁機制在各國遍地開花，為香港人權、自由、法治構起「全球保護網」，才是捍衛香港這道防線的不二法門，這亦是戴雅門新作《妖風：全球民主危機與反擊之道》對於當下台港前途最重要的時代意義。

二〇一九年十一月一日

反送中運動第一百四十二日

台灣版作者自序
對抗反自由民粹主義之道與東亞的未來

二〇一八年底我剛完成本書的時候，有四股吹襲民主的妖風正呼嘯得愈發猛烈。反自由（主要是右翼仇外的）民粹主義不只在發源的匈牙利和波蘭等國境內日漸張狂，還蔓延到了更多國家，比如菲律賓和巴西之中。俄國也變得更加肆無忌憚、手法更嫻熟，操弄著他們所精通的數位假資訊、貪腐甚至軍事力量的黑手，威脅和破壞著許多國家的民主，而且不只前共產國家，歐洲和美國同樣也深受其害。中國不斷以狂熱的意識形態和精密的科技，壓迫境內的言論自由和公民多元性，網路審查也更加嚴厲。在此同時，美國卻遭受著現代史上最嚴重的政治兩極化，史無前例地選出了一名公然藐視民主規範與制度的總統。我希望十個月後的今天，我可以說一切已有好轉，然而並非如此。自由民主體制陷入了更深的危機。

二〇一九年，至少有五個國家脫離了民主世界的行列。這些國家都不是在軍歌威揚、戰車遊街，或是總統宣布暫停憲法的廣播之中淪陷的，而是因為人民選出來的總統，癱瘓或破壞了原本意在限制他們的憲法。

最突出的例子發生在菲律賓這個人口超過一億的世界第十三大國、美國長期的戰略同盟境內。強人杜特蒂按著獨裁的標準流程，扼殺了司法獨立、公民自由、新聞自由和反對派。而在玻利維亞，即便公投已禁止民粹總統埃沃．莫拉雷斯（Evo Morales）再次參選，他仍繼續追求四度連任，並在極具爭議的競爭中宣布當選。結果各地民眾爆發的抗爭和來自軍警的壓力，讓他不得不辭職流亡海外。瓜地馬拉的右翼總統停止了由聯合國支持成立的反貪腐委員會，同時法院也禁止呼聲最高的反貪腐候選人參選總統。兩個一度相當自由的西非民主國家也漸漸退步。塞內加爾的總統麥基．薩爾（Macky Sall）在兩個主要競爭者因刑事起訴被取消資格後，才贏得壓倒性連任。冷戰後最早民主化的非洲國家貝南曾代表了開發中國家民主化的可能性，但總統帕特里斯．塔隆（Patrice Talon）在二〇一六年當選後，逐步箝制原本的公民及政治多樣性，最後成功禁止了反對黨參加二〇一九年的國會選舉。

即使在以憲政體制完善著稱的印度和波蘭，反自由民粹主義也不斷侵蝕著民主的規範和制度。然而，沒有了制衡原則，威權民粹主義就會孕育貪腐，為最終的選情變天埋下種子。現在，我們開始看見，民主如何在選舉中成功反擊。土耳其的獨裁新手艾爾多安之所以能藉著一次次選舉把持大權，有部分是因為歷史悠久最大反對黨，世俗派的共和人民黨（Republican People's Party）沒有發展出格局夠高的論述和前瞻性的戰略來挑戰他。這個自由派反對黨一味地攻擊艾爾多安個人，以及作為他票源的宗教保守派，結果陷入了民粹修辭的典型圈套，被批評為傲慢、背離「真實人民」的自由派菁英。

不過，在二〇一九年的地方首長選舉中，共和人民黨改變了策略，訴求「激進的愛」（radical love）。反對黨改頭換面，不再妖魔化那些傳統、虔誠的艾爾多安支持者，而是宣示要擁抱他們（包括字面意義上的擁抱）。共和人民黨帶著謙卑和尊重，聆聽並回應這些人的訴求。這個新策略和艾爾多安逐步升級的壓迫形成對比，帶來了豐碩的選舉成果，還讓共和人民黨在伊斯坦堡與首都安卡拉這兩大城市贏得大捷。而當艾爾多安強迫得票不相上下的伊斯坦堡重新選舉，先前當選成為市長、充滿魅力的共和人民黨候選人埃克雷姆・伊瑪姆奧盧（Ekrem Imamoglu），便回了執政黨一記重重的耳光，以百分之九之差再度勝選。

土耳其反對派新的對抗兩極化的策略是很重要的啟示，告訴了我們該如何抗衡反自由民粹主義那條將菁英妖魔化、蓄意分裂「我們與他們」的政治路線。政治學家塔其斯・巴帕斯（Takis Pappas）解釋，二〇一九年七月，希臘溫和自由派的「新民主黨」（New Democracy）同樣也是靠著腳踏實地聚焦於經濟議題和治理失當，贏過了執政的左派民粹政黨「激進左翼聯盟」

（Syriza）。新民主黨的領袖，也就是現任總理米佐塔基斯（Kyriakos Mitsotakis）有一套非常精緻的反民粹論述。他「向中產階級傳遞正向發展的訊息」，並像伊瑪姆奧盧一樣避免落入民粹執政黨那套憤怒極端的論述圈套之中。在政治體制被鎮日謾罵的民粹和兩極化摧殘這麼多年後，光靠呼籲自由憲政體制的高調，還不足以贏得勝利。但只要民主人士廣泛傾聽和參與，就可以轉化並擊敗極端路線的政治。

可惜，東亞的態勢仍未有起色。在這本中文版付梓之際，台灣緊張的總統大選正進入最後階段。然而這次大選不同以往，因為中共的干預，無論是社群媒體（包括微博）、傳統媒體、官方政治宣傳，或者其他見不得人的齷齪手段，規模都愈來愈大。東亞的政治與社會一直都遭受著中國黑手的威脅和滲透，而其中受影響最深的正是台灣，不過東亞其他地區也逐漸意識到此事；而且正如我書中所述，中國對於世界其他地方未來的自由，也正逐漸形成嚴重的威脅。與此同時，對穆斯林信仰和人性尊嚴的野蠻迫害，仍在新疆持續上演，當地有超過一百五十萬，甚至將近兩倍的維吾爾穆斯林被關在共產主義「再教育營」裡，整個黨國都在極力抹滅當地任何獨立文化、宗教和歷史認同的痕跡。中共威權政府過去對待西藏的手段也來自於同樣的集權心態，而隨著中央對西藏的直接統治步步加深，地區自治的承諾也淪為一個殘酷的笑話，新疆的未來大概也不脫如此。北京對各地傳統宗教、歷史紀錄、教育、古蹟、和社會結構殘暴的戕害，都已經構成了文化種族屠殺（cultural genocide），一種泯滅人性的反人類罪。

有西藏歷史為前車之鑑，香港人還相信北京承諾的「一國兩制」似乎未免天真，但一九九七年從英國回歸中國的時候，他們其實也沒多少選擇。香港人在過去幾十年內，鍥而不捨地爭取移交協議和《基本法》承諾的民主自治，為此努力推動憲政改革，以期擁有完全經民主選舉產生，而非目前半吊子的立法會，並賦予香港人民以全面普選選出行政長官的權利。然而，他們一片真心的提案、請願和要求，卻一再遭遇北京強硬拒絕，導致了二〇一四年盛大的雨傘運動。二〇一九年，面對北京想藉由強迫施行引渡條例，摧毀香港法治的企圖，人民掀起了香港史上最大也最久的群眾抗爭。雖然這份可憎的法案已被撤回，但仰賴北京授權的香港政府仍拒絕就真正的憲政改革進行協商，也不願對警察暴力進行獨立調查，這導致了抗爭者採取的手段逐漸升級，政府也以此為藉口拒絕協商。香港人過去享有的高度個人自由、法治和社會安定，都在這場愈演愈烈的混亂中被撕得稀爛。許多台灣人也因此看清，萬一未來在中國共產黨治下施行了「一國兩制」，等待他們的將會是什麼。

因此，我相信對於台灣，這本書的重要性將勝過許多老牌民主國家。因為過去二十年來，無數台灣人都已經理解，他們自己的自由，與全體人類自由之命運，以及民主與獨裁之間的權力平衡，緊密相連。

第一章

緒論：危機

政治只剩一個最古老的理由，一個自歷史開端就決定政治之所以存在的理由，亦即以自由對抗暴政。

——漢娜．鄂蘭，《論革命》，一九六三[1]

那是二〇一六年的十一月，一個陰鬱的星期天午後，再過兩天就是美國總統大選。我帶著二十個史丹佛的學生走進柏克萊劇院，觀賞《不可能在這裡發生》（*It Can't Happen Here*）的最後一場公演。這齣戲改編自辛克萊・路易斯（Sinclair Lewis）一九三五年的經典小說，描述一個極端民族主義的煽動分子在大蕭條中崛起，擊敗小羅斯福奪得一九三六年的民主黨總統候選人提名並當選總統，在美國建立起獨裁政府。

路易斯在小說中對溫崔普（Buzz Windrip）這名威權統治者的描寫令人難忘：

> 他的話語沒有一絲新意，他的哲學也沒有一點使人信服。他提的政綱不過是像風車葉片般不停原地打轉。這個出身草莽的雄辯家……有兩項獨到的才華。他是一名天才演員……會揮舞雙手，猛拍桌面，雙眼閃出狂熱的光芒。在這些花招之間，又能冷酷而幾近輕蔑地搬出數據和事證愚弄群眾——即便這些數據和事證常錯得一塌糊塗，卻又煞有介事。[2]

這和二〇一六年的共和黨總統候選人川普相似得令人難以忽視。我看這齣戲時感受之焦慮，是僅僅幾週前的我預料不到的——我也不太想向學生全然坦白這股焦慮。他們也被劇情嚇到了，但我們都用一個顯而易見的事實安慰自己：這只是虛構的戲劇，而且有獨特的時空背景。羅斯福在一九三六年順利連任，美國現況離大蕭條遠得很，川普也不算真正的法西斯主義者。且無論如何，他禮拜二都不會勝選……吧？

柏克萊劇院在一月剛開始改編原著時，各黨都尚未舉行初選。沒人會想到有個現代版的煽動家能贏得美國主要政黨的提名。

打從川普在二〇一五年宣布參選的這一年多來，我的確都在向世界各地的人保證美國不可能讓川普當總統。我先是向他們打包票，川普沒什麼勝算贏得共和黨提名，接著我又告訴他們，他勝選的機會微乎其微。不論是二〇一五年十一月首爾世界民主運動大會（World Movement for Democracy Assembly）上的民運人士、赴台灣觀察二〇一六年總統大選的越南異議分子、二〇一四年組織雨傘運動抗議中國壓迫的香港大學生及公民運動者，或是緬甸和阿根廷的學生、教授、記者與國會議員，我都對他們再三重申：這不可能在美國發生。

我堅稱，美國的制度極其牢靠，不會讓一個毫無執政經驗的實境秀明星贏得主要政黨的總統候選提名，遑論讓他入主白宮的橢圓形辦公室。我們的民主規範韌性堅強，要是有人粗暴地侮辱新聞媒體、司法制度和移民，鼓勵支持者對抗議者肢體攻擊，嚷嚷著要送對手入獄，拒絕公開報稅紀錄，赤裸裸地煽動低劣的種族歧視情緒，他絕不可能選上總統。

我並不天真。我知道謊言、挑撥種族仇恨和各種骯髒伎倆在總統選舉中向來是家常便飯。

我也知道不擇手段的人勝選過。但川普之低級卻是史無前例、匪夷所思。儘管美國的選民極端分化、焦慮不安，我也不相信他們會選出這樣一個人。借《衛報》評論家強納森・弗林德蘭（Jonathan Freedland）的話來說，川普「取笑對手外表，鄙視女性，輕蔑戰爭英雄，粗暴地將一切怪罪給少數族群與其他弱勢，言詞偏狹，嘲弄殘疾人士，拿國家暴力撐腰、拍胸脯許下窮兵黷武的承諾，而這些承諾會踐踏美國憲法並引發第三次世界大戰。他每天一開口就是無數的謊言。」[3]

結果我錯了。大多數同行的政治與民主學者也是。

我之所以動筆寫這本書，既是受到川普當選的震撼，也因為我知道他當上總統對全球各地的民主會有何等影響，令我痛心不已。

四十多年來，我走過七十餘國，深知美國對全球的自由奮鬥來說有多麼獨特的重要性。即便有人對美國的財富、全球影響力、傲慢的心態和軍事霸權心懷怨懟，仍不得不景仰美國生機盎然的民主體制。即便有人很清楚美國有著奴隸制、種族歧視、不平等和企業壟斷的悲慘歷史，依然會驚嘆美國民主自我革新的能力。

我也發現，即便是我遇過最尖銳的批評者，也會因為美國人樂於在讚揚它的憲政體制之餘批評自家政府，往往就心服了。

為達成或建立民主而奮鬥的人，總是告訴我相同的願望：希望美國多少能支持他們的理想。押上一切挑戰腐敗和迫害的異議人士，總讓我感到沉重的道德期望：希望美國可以成為他們的後盾，也許在萬不得已時庇護他們。如今我們選出了一個世界觀是「美國優先」的總統，他的政策奠基於對移民和難民的輕賤，他開口閉口滿是對獨裁者的讚揚。[4]

川普崛起的時機令人格外憂心。過去十年來，我一直呼籲，政治的腐敗、極化和墮落正在匯聚成一股浪潮，讓許多民主國家公民的希望幻滅、沖刷民主體制原先牢固的地基。在這十年的大半時間裡，同時也是我泰半的職涯中，對於亞洲、非洲、拉丁美洲，以及東歐前共產國家的新興或垂危的民主，我一直感到憂心。當然，我也很關切我國惡化中的民主體制，並益發感到修復和改革美國民主的迫切需求。但我從沒想到美國的民主竟會陷入危機。

當今一切世事變化莫測。中國的全球影響力、財富和野心不斷增長。另一個獨裁強權，也就是普丁治下的俄國雖然弱得多，也逐漸在地緣政治上重燃惡霸氣焰，並意圖藉無恥的數位攻擊和政治宣傳戰左右美國的總統大選，讓選情倒向一名同樣有獨裁傾向且公開崇拜普丁的人。

正如同美國在二戰後的領導讓自由世界的秩序扎根，美國的民主也供世界各地的民主立足。然而小布希總統選擇向伊拉克宣戰的結果卻是不忍卒睹，以及二〇〇八年的金融海嘯，雙雙重創了美國身為全球民主領袖的地位。繼任的歐巴馬總統重建了美國部分的國際形象，靠的是他個人了不起的成功，以及他尋求國際合作與拯救金融體系的作為。但是受伊拉克戰爭及金融危機所累的美國，隨歐巴馬一起卸下活躍全球領袖的位置，而中國和俄國趁勢補位。

另一些值得憂心的勢力也在作亂。在敘利亞等地爆發戰爭後，移民危機與社經壓力匯流，在歐洲逐漸捲起一波民粹偏風。在匈牙利和波蘭，有極右派與仇外領袖攻擊民主的規範和制度。英國最近也公投脫歐。口無遮攔的民粹煽動家揚言親手殺死犯人，而這人贏得了菲律賓總統大選。偏狹的極端民族主義者瑪琳．勒龐（Marine Le Pen）似乎真有可能當上法國總統。一切彷彿都在分崩離析。讓我想起馬克思在《共產黨宣言》中的名言：「一切堅實之事都煙消雲散了。」在全球民主退潮十年之後，更糟的東西取代了它——一場危機。

民主有什麼好？

我們為什麼要在乎民主？民主有什麼重要，讓人們前仆後繼冒死追求？我又為什麼要花一輩子研究它、讓它更好？我們都知道民主並非完美的體制。如果可以選擇和更換統治者，人民很可能會選出無能的領袖與短視的政策。人民可能會被金錢誘惑或被謠言蒙蔽，也可能帶著敵意相互攻擊而分裂，陷國家於動亂。民主也可能生病，甚至完全癱瘓。每個世代都有一群懷疑民主的人，堅持「人民」不如睿智的菁英，無法妥善治理自己。到了今天，我們也能聽到新一代的知識分子讚揚「中國模式」多麼優越，能兼容獨裁統治和資本主義的成長。[5]

問題在於，沒有民主，就沒有自由。此事看似顯明，卻常遭人忽略。哲學家或許會讚頌「仁慈」的獨裁統治，但壓制個人言論、出版、思想、信仰、集會、諷刺、批評、閱讀和上網的權利，全無仁慈可言。替威權辯解的人堅稱，人民有權享受井然有序的生活——然而一旦失去法治，就只有被統治者會被約束，統治者則是無拘無束。這樣的「井然有序」很快就會淪為暴政，帶來各種最糟的後果：刑求、恐怖統治、大規模監禁及種族屠殺。

沒有憲法約束權力，就只剩充滿恐懼的共和。正因為有憲法、強大的法律體系與獨立的司法部門來執法，以及堅守自由選舉、人權和人性尊嚴的文化，公民才不用擔心夜半有人來敲門，並免於被噤聲或被消失的風險。不是每個民主國家都護衛自由有成，但所有保護自由的政治制度都是民主制度。不是每個民主國家都管控腐敗與濫權有方，但善加管控腐敗與濫權的獨裁政權，一個也沒有。

未受監督的權力遲早會被濫用，人類本性如此。世界上腐敗程度最低的政府幾乎都是民主政府，因為這些國家的公民擁有揭發濫權的自由，法院也有起訴犯罪的自由。

雖然我無法完全解釋原因，但我從小就大致清楚這些事情。我家並不熱衷政治，但剛進小學沒多久，我就受政治吸引，為自由的號召力所感動。身為從沙俄時代大屠殺逃到美國的猶太移民家族第三代，我知道偏見會引發迫害。我看到這種迫害透過家族友人手臂上的刺青彰顯；那是希特勒集中營給他刺的記號，而他存活了下來。我痛恨法西斯，也恨共產主義。既因為我的國家曾與之陷入存亡之爭，也因為我痛恨任何專橫的國家控制。

在成長過程中，我一再受到自由和自決的理想的召喚：新生的非洲國家、美國的民權運動，以及甘迺迪總統所號召的「為迎接黎明的漫長鬥爭……對付人類的公敵：暴政、貧困、疾病與戰爭本身。」讀到第二次世界大戰、納粹大屠殺、蘇聯與中國假「人民」之名犯下的大規模罪行時，我既著迷又恐懼。讀到麥卡錫參議員藉反共名義所幹的倒施逆行、他的狂熱支持者、出於畏怯替他辯解的人，我感到震懾與驚惶。讀到三K黨邪惡的種族歧視者和約翰伯奇協會（John Birch Society）的極右派反共人士時，我發現他們在我的老家南加州也有很深的根柢。六〇年代初的政治驚悚小說《五月裡的七天》（*Seven Days in May*）述及美國發生軍事政變，讓我擔心我們失去自由的可能。接下來，我很快又讀到喬治．歐威爾的《一九八四》和《動物農莊》，自由從世上徹底消失的恐懼感占據了我的內心。當時我並未意識到，不過守護和延續自由已成為主導我人生的道德理念。

我對民主的熱忱也付諸行動。從小學開始，我就參選學生會的職務；國中時我在學生組織會長的選舉中落敗，高中則當選了一任。另一方面來說，我的政治意識其實落後同儕：我對共產主義的厭惡，讓我看不見美國在越戰中的愚昧與益發背德的行動。直到我在一九六九年秋天進入史丹佛大學，才轉而徹底反對戰爭並加入和平運動。

大一那年，我主修政治行動主義（political activism），經常熬夜組織抗議活動和撰寫反戰文章。但我在校園裡遇到的反對者並非捍衛「體制」的人士，而是一個小而激進的馬克思主義革命組織。他們認為美國已無可救藥，暴力是唯一的解答。在追求民主和社會正義的路上，我一直維持非暴力原則，而這個革命組織鄙視我的非暴力路線，又罵我這種自由派運動者都是天真的蠢貨。他們在活該被徹底遺忘前，確實造成了嚴重傷害。一九七〇年某個溫暖的春夜裡，他們激起了一場警察鎮壓，導致多人被捕，史丹佛詩情畫意的校園中央瀰漫著催淚瓦斯。抗爭活動最烈時，學校建築和研究都蒙受損害。在六〇年代中期到七〇年代初，其他美國校園也苦於更嚴重的動亂，內陸城市的學校更甚，而當時的歐洲民主國家則面臨更強烈的輿論譴責，甚至還出現革命左派的恐怖暴行。

當我這一代的年輕人與混亂的公共秩序角力時，上一代的政策專家則在擔憂有什麼根本的東西出了差錯。集合歐、美、日統治菁英的三邊委員會（Trilateral Commission）在一九七五年提出一份報告，警告先進民主國家正在喪失治理的能力。雖然報告的作者群憂慮的是通貨膨脹、經濟停滯和油價等一般政策遭遇的挑戰，但他們主要的關切是過當的民主正在「對政府提出過多要求」。他們在報告中警告，抗議運動、基進知識分子和吹毛求疵的新聞媒體所造成的壓力已導致一種「敵對文化」，不斷挑戰當局、削弱民主政府的正當性。

自二戰告終以來，這是學者和時事評論家首次提出，民主遭遇的全面危機源於它的發源地的問題，也就是西方世界的問題。[6]當尼克森總統因試圖干擾一九七二年大選及妨礙司法而辭職，這確實顯示了腐敗正在流竄，病入膏肓。越戰和水門案時代的經歷帶給我兩個終生受用的教訓：其一是政治極化和缺乏寬容確實有害民主，其二是諸如選舉、媒體、國會和法院等民主制的工具都能自我復原。

因為忙於政治和反戰活動，我念大學時一直無暇研究國外的情況。但我仍對全世界的政經發展極感興趣，立志畢業後要去親身體驗。從一九七四年十一月起，我拿著《國家》（*The Nation*）雜誌的採訪證，前往葡萄牙、奈及利亞、埃及、以色列、泰國和台灣各停留一個月。每個國家都有政經變遷的故事可說，而我等不及要聆聽。

經過六個月的旅行和密集採訪，我對真實世界開始有了洞察，能用來回答大學時最令我著迷的兩個問題：為什麼有的國家能發展，有的依舊貧窮？又為什麼有些國家走向民主，有些不然？

那一年，葡萄牙歷時四十八載的獨裁政權被革命推翻，而我在七個月後抵達這個國家，並深受吸引。在七〇年代的里斯本，不論卵石街道或政府部門都煙硝瀰漫，一場政治鬥爭就在我眼前上演。這不只是政黨之爭，也是兩種不同政治秩序觀點的鬥爭：要民主還是要專制。強大的共產黨在蘇聯支持下競逐主政大權。熟悉的革命旗幟懸在空中，但飄揚之處不是大學校園，而是一個命運懸而未決的國家。半世紀的獨裁為葡萄牙留下破碎的政治結構，缺乏迎接民主體制的充足準備。但他們的青壯年政治家擁有非凡的能量與勇氣，為民主的未來奮戰不懈。最後，在西方世界的支援下，他們獲勝了。

奈及利亞的故事截然不同。當時是一九七四年十二月，該國幾年前才經歷一場犧牲上百萬條人命的慘烈內戰。雖然軍政府努力弭平戰爭的傷痕，該國仍因種族差異嚴重分裂，在北邊的豪薩人（Hausa）、西邊的約魯巴人（Yoruba），還有東邊曾嘗試獨立為比亞法拉（Biafra）的伊博人（Igbo）之間尤其嚴重。這些分歧加上地方政治腐敗，終結了奈及利亞從一九六〇年獨立以來的初次民主實驗。隨著石油帶來的財富湧入政府金庫，軍政府的貪汙腐敗也幾近寡廉鮮恥，人民苦不堪言。

我在奈及利亞看見，追求暴富的心態感染政府基層後，遍地是貪婪、失能和浪費。但我也遇過記者公然挑戰把持國家的將領，撰文呼籲回歸平民政府，也有學者提出對國家未來的新想像。我還在當地市場遇見天生的女企業家，看見要求政治發言權的學生。那是我這輩子第一次見證到，在日復一日、難以想像的貧窮破敗中，仍有著振奮人心的堅忍與希望。

國家為何發展或凝滯、民主為何昌盛或沉淪？這每個國家都讓我長了些新見識。我從此一頭栽進對民主的研究裡。

兵臨城下的民主

時至今日，我仍在研究民主。我的博士論文探討的是為何奈及利亞在六〇年代初試民主會失敗。論文完成後，我申請到傅爾布萊特交流計畫（The Fulbright Program），在奈及利亞待了一年，又見證了該國第二共和的失敗。此後不久，我再度回到史丹佛大學和胡佛研究所。任職那些機構的三十年間，我探索了民主國家如何存續和成功——又為何動搖和殞落。

我和來自古巴、越南和埃及的民主派異議人士合作過，也曾支援北韓、中國、俄國和辛巴威的人權運動者。我就伊拉克和葉門的政治轉型提出過建議，也曾前往政治轉型期間的南非、肯亞、突尼西亞和烏克蘭演講。我曾協助來自奈及利亞、緬甸和委內瑞拉的民主人士擬定推翻獨裁統治的方略。在蒙古、迦納和台灣，我也曾與政治人物與公民領袖合作改進民主。這些勇士於我亦師亦友。

花了一輩子研究和推動民主，到了這把年紀，但願我能說一切都在往正確的方向前進。可惜事與願違。

這是我感到有必要寫下此書的原因。川普的當選讓我開始尋思應該要有一本書，對民主在美國和全世界面臨的危機提供完整而迫切的評估。民主歷經三十年的廣傳，隨後是十年的停滯與緩慢衰敗。而現在，我們正看著世界背離自由。

獨裁者在世上各個地區攻城掠地，民主派則屈居守勢，政治競爭和自由表達的空間都愈發限縮。老牌民主國家內部越來越分裂、難容異己、效能不彰。新興民主國家則面臨無止境的政治醜聞、公民普遍的不滿和攸關存亡的威脅。從土耳其、匈牙利到菲律賓，都有狡獪的獨裁者在破壞憲法保障的監督與制衡機制。全球各地的風勢轉向為親專制領袖搖旗吶喊，他們的獨裁行徑也愈發赤裸。

這股逆勢妖風不單源於腐化的民主國家所排出的廢氣，也來自全球專制主義的兩大風眼：俄國和中國。如果美國不重奪民主世界基石的傳統地位，普丁、習近平和他們的崇拜者就會讓專制政權主宰這個新世紀。

很多評論者遺漏了這重中之重。一九七〇年代中期到兩千年代初期，民主的驚人進展是全球性的現象，而美國和西歐的力量、理想和積極支持是重要推手。這次全球集體從自由退縮，拉力則來自莫斯科和北京。一個是捲土重來的獨裁政府，一個是新興的共產主義超級強權，兩國都在下重本散布假資訊、暗中顛覆民主的規範和制度，而且收效甚巨。面對它們日漸無恥的挑戰，全世界需要積極應對：重申民主世界的全球領導地位，而這有賴於華盛頓當局重新體認到自己肩負廣及四海的責任，此外也要展開新的全球作戰，推廣民主的價值、媒體和公民體制。

我主張這場戰役其中一個要項，是認真打擊獨裁國家的軟肋：盜賊統治（kleptocracy）。在腐敗的獨裁國家，從國庫搜刮來的錢財不只用於支持暴君，也會流入民主世界的銀行和資產體系洗白，侵蝕我們的法治、削弱我們抵擋專制擴張的意志。我們可以與這些盜賊統治者為敵，或是當他們的銀行經理，但不能身兼二者。藉著對抗盜賊統治、打擊洗錢行為，我們可以扭轉國內外極權主義的逆流。

但就像俗話說的，我們不能以卵擊石。我們得先守護並革新本國的自由政府，才能協助世界各國。阻止川普（和其他新興的獨裁者）褻瀆民主規則和制度至關重要，但尚不充足。美國民主的衰弱並非始於川普，也不會因他離開白宮就停止。我國的病灶在於數十年來政治日益極化，讓兩大黨變得有如交戰的部落，一心追求政黨利益，不惜忽略最根本的公平與寬容原則。美國的憲政體制長久以來滿布種族歧視的疤痕，我們的刑事司法深藏不公，而我們的遊說體制和競選資金規範也百病叢生。這些根深蒂固的問題正加速惡化，因為我們的社會已經遺忘了公民教育的意義，逐漸被社群媒體奴役，將聳動言論和集體迷思帶來的利益，置於宣揚事實和有憑據的討論之上。

這些話不是絕望的泣訴，而是備戰的檄文。我在本書最後幾章會解釋，事態並非注定惡化，有效可行的改革方案確實存在。我們可以改進、強化、治癒民主——而且很多都能在川普執政期間做到。我們可以改變現狀。我們民主社會一定要攜手改變現狀。不過這種集體努力始於每一人的個人作為。

無權者的力量

一九七八年，捷克劇作家瓦茨拉夫．哈維爾（後來成為捷克斯洛伐克脫離共產後的首任總統）寫下《無權者的力量》（*The Power of the Powerless*），是有史以來最重要的異議人士論著之一。哈維爾堅稱，受壓迫者能藉由「活在真相之中」（living within truth），並拒絕屈服獨裁政府的意志與謊言，而有力去克服自身無權的困境。他最重要的論點是，即便在暴政統治之下，個人還是有責任、公民也還是有能力透過日常的反抗行動收改變之效。

「個人可以決定民主的命運」——研究民主四十年後，這句話已經成了我最堅信不移的座右銘。一九六六年的南非正值種族隔離高峰時期，而羅伯特．甘迺迪（Robert F. Kennedy，甘迺迪總統之胞弟）參議員前往開普敦大學做了一場令人動容的演講。他說道：「塑造人類歷史的，是無數自勇氣與信念而生的行動。」這番話在當時立刻成為我的信念。等我有過數十年的研究和歷練，這也成為我的結論。有時我覺得，像現今南非這樣的新興民主國家，更會牢記甘迺迪議員的教誨，反觀老牌民主國家的公民往往生於安逸、驕傲自滿，甚而自怨自艾，已經忘了自由可以死得多快。

近來的政治學研究熱衷於自視為科學，往往不屑討論政治領袖能如何左右政治結果。然而，讓民主誕生或讓民主運作的，並非抽象的經濟或社會力量，而是有血有肉的個人——那些既平凡又不凡的公民。他們提出訴求、綢繆計劃、成立組織、制訂策略並動員群眾。改變都有風險和犧牲。而當自由岌岌可危，這風險可能十分駭人，犧牲的可能會是性命。但幾十年來走遍各大洲後，最激勵我的仍是人民的意志——到頭來，願意在為自由而戰時賭上一切的，不過就是與你我並無二致的人民。

現在，輪到身在美國的我們了。我們肩上背負的，是全球民主的命運。

第二章

民主為何成功？怎麼失敗？

孕育最多天才的莫過於習於自由；但最艱難的也莫過於學會自由。

——亞歷克西・德・托克維爾，《民主在美國》[1]

是什麼造就了穩固的民主體制？三十年來，我都在大學開課探問這個簡單的問題。這個問題不只是本書理路的起點，也自亞里斯多德以降就盤據政治哲學家和社會科學家心頭。民主並非總能順利運作；自一七八九年的法國大革命，到二〇一一年的阿拉伯之春，歷史上處處散布著革命的屍首。這些革命起初是為追求自由，最後卻腐朽、崩毀、墮落成暴政。

那門課程剛開始不久，我就會秀出一張常被學生揶揄太複雜的圖表，接下來還會一再回頭加以審視。那張圖看似設計不良的都市運輸系統，路線從四面八方通往同一個終點，站名是「穩定的自由民主體制」（Stable Liberal Democracy）。很多因素會決定民主的存亡。國家經濟有多繁榮？是否受嚴重的財富或收入不均所累？家庭與政府間是否存在強健的獨立媒體和人民團體？政黨制度和政治常規是否有助於妥協與寬容？法治的力量是否足以保護公民的權利，並監督可能受誘惑濫用權力的政治領袖？

在這一章，我將試著深入淺出介紹四十年來所學，並解釋那張非正式圖表所示的複雜因果關係。該圖能簡化如下：在圖的最右邊，就在「穩定的民主」前面，有一個寫著「正當性」（Legitimacy）的框框。圖上幾乎每個因素，不論好壞，在影響民主以前都得經過這一關。追根究柢，支撐民主的是人民對民主正當性的無條件信仰。一國的人民和政治人物即便在自己中意的政黨、候選人和政策落敗時，還是要無條件認同民主是最好的政體，若非如此，民主的運行就會如履薄冰，[2]從而使得任何危機都可能將其傾覆。

人民要能相信民主，就得相信長遠而言民主可以解決他們的問題，包括提升生活水準、處理衝突、創造更好的社會。他們必須看到這個制度真的夠民主，有公平自由的選舉，能依法而治維持秩序、保護公民的權利。所以畫在「正當性」前面的框框是「績效」（Performance），包括經濟和政治上的績效。一個民主政體要能長治久安，必須創造榮景、維持並分配繁榮的成果，讓所有族群與該政體的利益一致。要做到這件事，民主需要賢能的政府來執行決策、達成發展目標和維持秩序。而要公平有效地進步，民主必須抑制最會阻礙和破壞績效的元素：貪腐。我們將實現這一切的能力稱為「良好的治理」（good governance）。

如果能靠良好的治理贏得人民信賴，民主就能存續。如果做不到，民主的麻煩就大了。更廣義的民主文化著重於寬容、彈性和節制，而這有助於處理衝突和催生良好的治理。發展經濟、限制不平等、高教育程度和活躍的公民社會，都能促進這些所謂的民主常態成長茁壯。制度的設計，亦即選擇和制衡政治領袖、選舉國會議員和監督政府績效的方式，也會影響政府運作的效能和誠信。但這些終歸是為了正當性。

對民主正當性的信念不只受一國內部事件影響。在每個時期，人民對民主正當性的信念都會受外界左右，受國際影響力、外國因子和全球權力消長形塑。民主國家之死鮮少只是自殺個案，反倒常瀰漫著濃濃的他殺嫌疑，可從中嗅到欲除民主而後快的內賊有外鬼裡應外合。

這就是我畢生研究的大致成果。而接下來，我會試著稍微揭開它的面紗，一探究竟。

民主是什麼？

首先，民主到底是什麼？民主和那些虛有其表的仿冒品又如何區分？

最簡單的民主，是人民能藉由定期、自由且公平的選舉來選擇和替換領袖的一套制度。這對很多老牌民主國家的公民來說或許不值一提，但它其實要求許多複雜的條件。首先，自由的選舉必須開放給不同政黨和候選人彼此競爭，同時讓全體公民至少能以投票的方式參與。

這套作法在美國已行之數百年了。我每年都會問一年級的學生：「美國是什麼時候成為民主國家的？」是從我們在一七七六年推翻英王喬治三世（King George III）的暴政開始？從我們在一七八九年終於修出一部可行且沿用至今（其修正案之少令人吃驚）的聯邦憲法開始？還是從一八六五年批准憲法第十三修正案廢除奴隸制開始？或者是從一九二〇年的憲法第十九修正案賦予女性投票權開始？

總會有人在某個時刻說出正確答案：一九六五年。那年美國通過了《選舉法案》（Voting

Rights Act），禁止投票制度中的種族歧視，終結了南方各州百年來阻止非裔美國人行使公民權利的卑劣手段。到了一九六八年，美國總統大選才首度算得上真正的公平自由。

民主還需要投票和競選公職的自由，包括積極打選戰的自由。但這些自由也可能只是片面或形同虛設。埃及人曾有個關於在穆巴拉克（Hosni Mubarak）長年獨裁下生活的笑話：「我們有言論自由，只是言論後沒有自由而已。」

俄國強人普丁向來允許俄國總統大選中出現一些反對派候選人，穆巴拉克在二十九年的統治告終前也是如此。但選舉的結果從無懸念：在普丁式的「選舉獨裁制」（electoral autocracy）之下，候選人若真可能撼動有重重保障的統治者，不是失去參選資格、被逮捕、遭到國家掌控的媒體聲討，就是遇到大量阻撓，以至於任何「選舉」都成了鬧劇一場。

現今的匈牙利、土耳其或坦尚尼亞等國的制度，乍看有點像民主。在他們的選舉中，反對黨可以四處競選，甚至可能在議會中取得許多席次；在野黨可以批評執政黨，也不會遭到關押（雖然這種自由在土耳其和坦尚尼亞正在縮減）。但這並非公平競爭。執政黨用威脅的方式控制了大部分的重要媒體。企業主如果想繼續營生，就得支持他們。執政黨會非法調整選舉規則和選區，確保自己就算失去多數選票支持也能持續掌權。他們也會運用司法和國安機關等權力槓桿，清除連任之路上的任何障礙。[3]

難怪劇作家湯姆・史佩塔（Tom Stoppard）要讓筆下的角色說出：「投票不是民主，計票才是。」民主需要真正公平自由的選舉，而一國必須享有相當程度的言論、結社、監督和遷徙自由，才有可能實現這種選舉。

但民主不僅僅是選擇政治領袖的能力。我們一般以為的成熟民主，是政治學家所謂的「自由主義民主」（liberal democracy）。這種民主需要的不只是投票，還包括大力保護出版、結社、集會、信仰、宗教等基本自由；公平對待少數族裔和文化；對全體公民平等視之且無人可凌駕其上的堅實法治；有獨立的司法來維持人人平等原則；有可信賴的執法機構來貫徹法治；有其他機關來監督政府高官貪腐的可能；以及由獨立機構、社會運動、大學和出版業組成活躍的公民社會。有了以上種種，公民才能為自己的利益遊說政府並限制政府的權力。

有這些要素的民主，才比較能稱為一套**良好的**民主，也才是人民會想維持的民主。

良好治理之必要

我在研究生涯早期細審了許多為不穩定所苦的新興民主國家，並注意到一項特點：夭折的民主國家都是不自由的「低階」民主國家，治理能力也很差。

哪怕他們曾是保障人權、徹底實行的自由民主體制，在失敗前都已不再自由。這些破碎的民主國家若非自始就根柢不穩，例如九〇年代的俄國或八〇年代初期的奈及利亞，就是有如九〇年代的委內瑞拉或現今的匈牙利，治理品質持續下降，最後墮落成威權國家。

自由民主體制從不曾因心臟病猝死。遠在它殞命之前，法治和權力制衡這兩條大動脈已開始明顯堵塞。無須政治學家的眼光來為它測量膽固醇或心電圖，我們就能看出這些症狀浮現。

民主衰退最常見的警訊有些很容易發覺：貪腐猖獗、高官頻傳貪汙醜聞、總統濫權，而政府無法創造工作機會或提高所得、降低犯罪率，也無法供應諸如水、電、道路和教育等基礎服務。這些走下坡的民主國家只要時局轉壞，政府似乎就陷入停擺。政客忙著爭食殘餘的權力大餅或妖魔化對手，無暇顧及公共利益。

一九八三年，我在奈及利亞的見聞就是這樣——多年專制獨裁落幕後，第二共和在一九七九年自希望和願景中起步，一路勉力向前，接受了慘烈的第一次大選考驗。結果一事無成。石油雖然帶來經濟榮景，但依靠人脈包攬生意的建設公司虛應了事後就捲款潛逃，蓋出的醫院、學校或其他公共建設都只是無用的空殼。高速公路遍布坑洞、農田沒有灌溉系統、城鎮沒有自來水——即便街道沿途都是棄置的起重機和推土機、幫浦和水管。學生拿不到說好的獎學金，軍人和公務員枯等數月薪餉無果，因為這些錢都進了上級的口袋。

公款被用來支付政府的「幽靈」勞工和假合約，同一時間，始作俑者肆無忌憚地燒毀政府建築以掩蓋貪腐行徑。稻米這樣主食因高層政客囤積牟利而變得奇貨可居。貪汙導致加油站缺油，計程車和貨車停在路上動彈不得，迫使中產階級在車潮中忍耐無情的高溫、花數小時龜速前進。

奈及利亞人告訴我，他們曾認為若要將整個體制救出癱瘓政府的巧取豪奪，一九八三年八月的大選是最後的機會。不過執政黨公然舞弊，奪走了這個機會。整個體制不再真正民主，我也能感到大難臨頭。我知道我在北部第一大城卡諾（Kano）的大學學生作何感想，而我在該州做的選前調查也顯示人民極度失望。

學生在選後舉著標語走上街，要求軍政府還政於民。奈及利亞第二共和在富裕和樂觀中展開，人民的幻滅也格外苦澀。但民主的失敗通常如此：治理不良、經濟衰退、秩序崩解、人民失去信心、體制跛行，最後被軍方、極端的好戰分子或統治者本人給推翻。

悲哀的是，最常與不良治理並行的伎倆是操弄種族和宗教差異。如果靠權力淘金的政黨和政客對社會回饋甚微，該如何爭取不悅的公民支持？答案在不同地區及文化裡都一致得驚人，就是依靠廣義上的家族人脈。這裡指的不是直接的血緣，而是根據相同語言、種族、宗教或某種同宗的概念，形成一致族群認同的親屬關係。[4]貪腐的政客不會推動整體社會進步，只會對親信和同黨賞予恩庇（patronage）。這會讓政府合約的承包價格過高，擔任公職的是不適任的支持者，並使得各種賄賂、回扣和差別待遇氾濫。

恩庇政治就這麼堵塞了民主的動脈。這種體制不只嚴重拖累經濟發展，也會導致政局不穩——滋生種族衝突，使政治極化，令民怨蔓延。一旦普羅大眾看到政治菁英四處奪取公共財富和利益，他們就要問了：我也未嘗不可？要是百姓無法靠政治獲利，就會以犯罪來討回公道。

此外，除非是靠石油致富的小王國，不然公共財永遠滿足不了所有人。因此長期貪腐的國家充斥著諸如毒品販運、性交易、綁架、走私、幫派犯罪、洗錢等各種非法行為。最好的例子就是墨西哥和俄國：政府內部和外部的罪犯不只相差無幾，而且密不可分。

當這種掠奪的體制走向最低劣的盜賊統治，民主就會被貪婪驅使的獨裁取而代之，不復存在。然而，即使事態發展沒這麼悲慘，民主國家也可能貪腐肆虐並深受恩庇政治所苦。這就是低階民主國家脆弱且容易敗亡的原因：它們的邏輯是掠奪優先，公共利益次之。

貪腐猖獗會衍生出其他弊病。在巴基斯坦、肯亞、瓜地馬拉和烏克蘭這類貪汙當道的國家，法治也會隨司法敗壞而弱化。沒有公正可靠的司法系統，公民就只能任憑掠奪成性的警察、地主、黑道和軍人擺布。弱勢族群、婦女和窮人特別容易成為濫權傷害的目標。民主會向下沉淪：被淘空的國家沒有資源能夠分配；社會長期充斥種族衝突與暴力；國家入不敷出，經濟無法發展，因為鮮少有人會投資這種無法問責、欠缺法治又不透明的地方。

這些年來，我發現對民主最大的傷害來自最隱微的地方：文化。民主的枯萎通常有很大部分與公民的思想、信念和價值觀脫不了關係。貪婪橫行、投機主義和貪腐，不只粉碎了公民對政府的信任，也粉碎了公民對同胞的信任。當窮人得攀附地方政權掮客、撿拾他們的殘羹剩飯維生，社會也隨之分裂。沒有人會期待別人老實行事，所以幾乎人人都會授受賄賂、買賣選票、防備暗算。

九〇年代，哈佛的政治學家羅伯特・普特南（Robert Putnam）在一份解釋義大利南部為何比北部遠更為貧窮、治理也更差的經典研究中，指出了這個現象。[5]他發現這種差異的根源在於缺乏社會資本，也就是讓人們能平等合作以改善社群和個人處境的「信任、規範和人際網絡」。當民主走在正軌上，成為普特南所謂的「公民社群」（civic community）時，民眾會互相信任，形成各式各樣的團體，並為了更大的目標彼此結合。公民參與的文化與負責任的治理實踐會在良性循環中彼此增強。經濟持續發展，民主也能昌盛。

十九世紀時，托克維爾在他的鉅作《民主在美國》中所發現並稱頌（也讓他成名）的就是這種社會。在這樣的公民社群裡，民眾或許在政治上有所分歧，在信念和文化上有所差異，但他們會尊重和包容彼此的不同。只要公民都認同國家、憲法和法律，就能夠緩和爭端。企業投資，勞工生產，政黨彼此妥協。公民會納稅、守法、尊重政治體制，因為這個體制總的來說是為共同利益效力。

反觀奈及利亞第二共和，杜瓦利埃（François Duvalier）治下的海地，或現今洪森（Hun Sen）領導的柬埔寨，這些掠奪式政體雖有各種機構，卻無法運作。國會議員不審議法案，法官不裁決審判，公民也不參與政治。警察不保護無辜者，國家也不為民服務。所有的交易都只求眼下利益。沒有人相信未來，也沒有人相信同胞。

在這種悲慘的國家輸掉選舉就可能永遠喪失權力、無法翻身。加上被刻意煽動的種族或宗教不滿情緒，在肯亞、奈及利亞和孟加拉這類國家，選舉成了「非勝即死」的事。敗選的意義可能不只是輸掉一場選舉，而是遭受執政集團的無止境打壓。

最極端的掠奪型社會出現在極度壓抑自由與失能的國家，例如剛果、索馬利亞、蘇丹、辛巴威、伊拉克、阿富汗、緬甸、海地和土庫曼等等，不過在掙扎求存的民主國家，沒那麼嚴峻的掠奪型社會也相當普遍。任取一貪腐指標觀之，例如國際透明組織的清廉印象指數（Transparency International's Corruption Perceptions Index），就會發現一種模式。貪腐程度最低的國家，除了新加坡都是西方繁榮的自由民主國家，而這些國家（直到最近為止）政治都很穩定。名列前茅的是北歐國家，接著是其他歐洲北部國家、紐西蘭、澳洲和加拿大，美國落在他們後頭，僅排名愛爾蘭及日本之前。[6]再來則是南歐、東歐、亞洲和拉丁美洲較晚近成立的民主國家，以及一些威權國家。

到了這份清單裡一百七十六個國家的後半段，光芒就開始黯淡了。我們能在這裡看到許多獨裁國家，以及反覆遭受民主失敗與政局不穩的國家，比如阿根廷和斯里蘭卡（並列第九十五名）、菲律賓和泰國（並列第一〇一名）、巴基斯坦和坦尚尼亞（第一一六名）、烏克蘭和尼泊爾（第一三一名）以及委內瑞拉（第一六六名）。

嚴重貪腐不只是民主失敗的原因，也是制度衰敗的結果。因此打擊貪腐之路——強而有力的問責制度、法治和活躍的公民社會——就是維繫民主之路。

讓民主成功的藥方

我們已經看到怎麼樣會導致民主失敗，但又是什麼讓民主成功？長遠來看，民主需要一帖藥方來限制人性中最具破壞力的缺陷：對權力與財富的貪婪。缺乏這帖藥方，社會裡最狡猾也最有野心的人就有辦法藉勢造勢、取得更大的權位，壟斷權力並剝削比較不幸的人。不平等遂逐漸加深，貪腐成為一種生活之道，社會陷入憤世懷疑的負面循環，弱者受強者支配。

為民主健康操心的人自然會想知道這帖藥方。憲法的設計能造成重大差異，有效的國家和政治制度也是如此，包括司法體系、控制濫權的獨立機構，以及監控軍警的文官制度。社會繁榮並調節經濟不平等也有所助益。民主國家愈是自由，也愈是強韌牢靠。

但支持民主的自始至終都是文化。如果人民相信民主，願意守護這種生活方式，經濟發展程度和制度究竟該如何設計就遠沒有那麼重要。但要是缺乏這種普遍的支持，民主就永遠都是風中易折的蘆葦。

所以，民主的文化是什麼樣子？我們該如何建立它、穩固它？

最重要的首推民主的正當性——也就是人民要普遍、堅定地相信，民主優於任何想像得到的治理形式。即便經濟重創、收入暴跌或政客為非作歹，人民不論面臨任何禍患都得願意堅守民主不移。

傑出的社會學家西摩．馬丁．李普賽和丹克渥特．羅斯托（Dankwart Rustow）在數十年前就指出，人們最初通常是因為務實的理由而認同民主：政治人物選擇用民主的方式處理彼此的歧見，而百姓接受民主則是因為這能逐漸改善生活（而不只是更自由）。[7]但最終，這種信念會深植於人民的理智與情感，無須再以「你最近為我做了什麼？」這種問題來確認。這種對民主正當性的深刻信念通常來自長期體驗、來自民主制顯然能成功維持秩序和改善生活水準的年頭。看看大蕭條前那幾十年間的美國、英國和加拿大，或是二戰後數十年間的德國和日本，事情確實如此。

這種對憲法及其規範普遍且無條件的認同，一些民主學者同僚稱之為「民主鞏固」（democratic consolidation）。問題在於，我們很難知道對民主的認同究竟是堅不可摧，還是政治一變天就會潰散——在威權和民族主義狂風席捲歐美的當下，我們正在見證這個挑戰。

除此之外，先進民主國家還面臨一種更新的挑戰。長久以來，大多數人以為民主的鞏固是單向不可逆的；除非有顆小行星撞上美國，不然我們都相信民主能夠堅持下去。但當體制的績效不只是暫時受挫——大量勞動和中產階級的收入停滯數年甚而數十年，人民不再相信下一代將比他們過得更好時，事情會怎麼樣呢？這就是美國如今的處境。二〇〇八年金融海嘯的八年過後，美國家庭在二〇一六年的收入中位數仍僅恢復到一九九九年的水準。[8]布魯金斯學會（Brookings Institution）的一份研究指出，隨著中低收入家庭工資停滯甚至倒退，「愈來愈少美國人長大後能過得比父母更好」，而且是顯著減少，鄉村地區的倒退幅度尤其嚴重。[9]當人們看著自己的收入和社經地位下滑，就特別容易受到有害民主的煽動言論蠱惑。

世道艱難時，對民主正當性的堅定信念能讓民眾不受威權民粹分子的魔音誑惑。它能鋪平政治妥協的道路，防止民主走向極化和僵局。它能在獲選為領袖的強人開始挑戰民主的遊戲規則時，鼓勵政治人物放下當前的政黨或個人利益，優先捍衛民主。最後，它可以促使一般公民採取更審慎的立場與更富公民精神的行動。

民主正當性是涵蓋許多其他政治規範的總則。民主的文化需要保持智識和政治上的彈性。政治人物和公民倡議人士或許有強烈的意識形態和相抵觸的目標，但他們當中大多數人必須對證據和推論保持開放，願意談判及妥協。民主需要信任其他公民的正直和善意，容忍不同的觀點，也因此需要對自己的政治立場抱持一點謙虛和懷疑。在智識上保持開放能促進寬容，正如已故的中國專家白魯恂（Lucian Pye）曾說的，接受「公共政策議題沒有唯一的正確答案，沒有人能獨占絕對的真相。」[10]反過來說，政治寬容也需要社會寬容，因為民主的治理不只得調和政策傾向的差異，也得調和不同階級和身份認同族群的主張與感受。

民主的文化也是中庸的文化。當政治被對立陣營的「虔誠信徒」主導，民主就無法運作，因為這些人會視妥協為背叛，將不合意的事證貶為造假。民主也需要禮義和互敬。如果相爭的政治人物和運動人士將彼此詆毀為妖魔鬼怪，民主的遊戲規則就會迅速緊繃，通常還會達到暴力的程度，危害民主的穩定。畢竟，人怎能與惡棍妥協、承認邪惡獲得依法有據的勝利，甚至讓邪惡掌權？天理不容！

因此正當性、寬容、信任、中庸、彈性、妥協、禮義、互敬和克制，這些規範對民主都至關重要。此外還有一條，用我已故的史丹佛同事艾力克斯・因克勒斯（Alex Inkeles）的話來說就是：對當權者的態度既不能「盲目順從」，也不能「敵視拒斥」，而是「負其權責……但隨時留心」。[11]民眾如果不信任當局，政府就無法贏得他們的合作和尊重，導致政治極化和治理僵局，進而與公民更加疏離並逼迫他們違背民主規則。反之，對主政者唯命是從、將個人自由託付給承諾讓社會奇蹟似地擺脫一切困境的政治運動，也同樣不利於民主。

偉大的社會民主哲學家西德尼・胡克（Sidney Hook）在希特勒、史達林、墨索里尼時期的著作，生動地提出這個洞見，預示普丁、委內瑞拉的烏戈・查維茲（Hugo Chávez）和土耳其的雷傑普・塔伊普・艾爾多安（Recep Tayyip Erdogan）等現代獨裁者的崛起。胡克指出，達成民主需要「對領袖保持理智的不信任」，以及大膽懷疑「所有擴權的要求，並在教育及社會生活的各層面皆重視批判方法」。他還指出「一旦懷疑的態度被不假思索的狂熱取代，被複雜社會中多樣造神手法取代，獨裁的舞台就已搭建起來」。[12]

在健康的民主制度中，公眾要有理智的懷疑，而政治領袖需要謹慎的自我克制。哈佛大學的政治學家史蒂文・李維茲基（Steven Levitsky）和丹尼爾・齊布拉特（Daniel Ziblatt）將這種避免「尊重法律文字卻顯然違背其精神之行為」的作法稱為「自制」（forbearance）。[13]如果容忍、信任和妥協是民主的精神，那自制就是調節的閥門，將這些規範隔絕於政治壓力之外。有了自制，政治人物就不會為了取得永久的政治勝利，而動用來自（以及超出）他們法定權威的一切手段擊垮對手。

針對民主轉型最有影響力的學術研究也有類似觀點，出自已故的阿根廷政治學者吉列摩・歐唐奈（Guillermo O'Donnell）與我在史丹佛的前同事菲利普・施密特（Philippe Schmitter）。一般來說，以民主取代獨裁需要藉談判達成的妥協，政治死敵需藉這種妥協確保彼此最重要的利益，並同意放棄貫徹自己的政治目標。最重要的是，民主派會告訴獨裁者，**只要你放下權力，我們就放過你**。左派會告訴右派，**來場公平自由的選舉，如果我們贏了，我們會尊重你們的財產權**。而南非支持種族隔離的統治者會對占國內多數人口的黑人說，**用憲法保障我們的財產和權利、保證你們會放棄報復，我們就給你們民主**。[14]

新興民主國家的問題在於，這種互相節制經常僅是種策略，只要有一方奪得足以消滅他者的權力，就不會繼續遵守。老牌民主國家則面臨相反的問題：隨著暴政統治的回憶淡去，人們傾向把民主視為理所當然。他們看不見民主的脆弱，安逸於現有的民主規範，漫不經心地跨越界線，失去禮節和寬容，開始掠奪權力。

當歷時悠久的民主國家偏離讓它們之所以偉大的正軌，執政黨就會拒絕聆聽對手也不願妥協。反對黨處處阻礙以資報復，政府則陷入癱瘓。黨派偏見不斷惡化，逐漸磨損信任與互敬的原則。這是讓民主走上失能和危機的道路，也就是美國現在走上的道路。

民主的社會條件

許多學者曾認為西方以外的大部分世界注定陷入專制，他們主張亞洲和伊斯蘭國家缺乏追尋自由的啟蒙價值，而這些價值常和民主提倡妥協及寬容的文化有關。即使拿掉這些對中東和亞洲社會的過時看法，時間和更晚近的研究都已顯示文化確實會改變，社會和經濟環境能讓民主文化生根發芽。我們實在很難說民主只屬於西方。（別忘了，世界上最大的民主國家是有十三億人口的印度，再來才是美國和印尼，而印尼也是有兩億六千萬人的伊斯蘭教大國。）

什麼樣的條件會使民主更可能昌盛，政治學家已有相當了解。其中一個關鍵是財富，但不是任何一種財富都有助益。如果國家依賴石油或其他礦產生財，財富通常都會被一小群經營貪腐國家的政治菁英控制、盜取和揮霍。這在沙烏地阿拉伯、伊朗、俄國等靠石油致富的獨裁國家造成了嚴重的經濟不平等，阻礙了企業自由發展，並壯大國家的鎮壓機制。這實在很難說是達成容忍、信任及和平權力競爭的藥方。

另一方面，如果國家是透過私人企業、中小企業和法治的逐步成長而致富，發展就會遠更為健康。收入和財富的分配更為平均，教育和知識水準能穩定提升，社會資本能隨金融資本一同成長。社會版圖上將遍布專業協會、利益團體、工會、文化組織、反貪腐監察單位、大眾傳媒和大學。在這種條件下，這些團體或許會因政策而發生衝突，甚至是非常激烈的衝突，但仍能尊重彼此存在的權利。

當社會的多數是中產階級或生活堪稱安穩且處於改善中的勞動階級，政治的調性就會不同。接下來的發展就會如同李普賽數十年前所言，就連較弱勢的階級也能負擔得起比較靈活和長期的政治參與，並尋求漸進式而非革命性的改革。[15]

教育在這裡特別關鍵。人民如果至少都受過高中教育，人生視野就會更開闊。他們會更能容忍大大小小的差異，促使他們成為更活躍、有見識而且理性的公民，免於受到極端主義的誘惑。（不過在美國這類富裕國家裡，帶來這些好處的教育門檻似乎逐漸提高到大學了。）

畢竟一個人如果沒有工作、不知道下一餐在哪裡，或是活在擔心失去經濟地位的恐懼之中，要對政治有寬容跟耐心就加倍困難。社經地位下滑會滋生尖刻的憤慨。無望的貧困會導致孤注一擲的政治。

這些因素解釋了為何國家要先變得富裕並普及教育，才能準備好走向民主並更可能堅持下去。杭廷頓（Samuel P. Huntington）在一九九一年的經典著作《第三波》（*The Third Wave*）中指出了一個容易發生民主轉型的人均收入「轉型區」——大約是現今美元名義價值的三千五百元到一萬四千元之間。[16]愈靠近（甚至超出）轉型區頂端的國家就愈容易維持民主。包括希臘、西班牙、巴西、智利、南韓、台灣、波蘭和南非在內，過去數十年來能夠持續穩定的民主轉型國家大多數都落在這個區間。

然而貧窮並不會妨礙民主進展。包括世界上最窮的非洲地區在內，許多貧窮小國都是民主國家，只是民主的品質不太好。窮國的公民不只投入民主，更經常表現出對多元自由價值觀的強烈認同，這個現象在非洲尤其明顯。發達且受過良好教育的人，並非總是最投入捍衛民主的人。

有些開發中國家的人均收入相當低，卻因為更平均的財富分配與穩固的寬容及多元價值，得以成功開展並維持民主體制，波札那就是一例。該國曾是落後的殖民地，不過當地酋長有傳統規範約束，無法聚積壓倒性的財富與權力，而且在贏得獨立之後，政府奉行一套務實的政策，由國家領導均分利益的資本主義發展。[17]

民主體制雖已遍布全球各地，其成敗仍大幅取決於經濟繁榮程度。聯合國的人類發展指數（Human Development Index）是個更全面的發展指標，除了人均收入也將預期壽命和教育水準納入考量。從這個指標來看，全球二十五個最富裕的國家裡有二十四個是民主國家（唯一的例外是新加坡這個專制的富裕小國）。而且基本上發展指數愈是向下，民主國家所占的比例也愈低。全球較貧窮的國家裡只有百分之四十為民主制，且絕大多數是低階民主國家。在最窮困的十一個國家裡，只有兩個是民主國家。

族群分歧也會讓民主難以扎根。舉凡世俗派對虔誠派、基督徒對穆斯林、遜尼派對什葉派、白人對黑人、基庫尤族（Kikuyu）對盧歐族（Luo）*、僧伽羅人對泰米爾人——如果社會因二元化的身分界線而分明對立，民主就會嚴重受累。深層的族群分歧不見得會讓國家陷入威權統治或是內戰，但諸如印度、奈及利亞和伊拉克等處於這種社會的民主國家，會需要設計完善的憲政體制讓每個族群都擁有權力、獲得價值感與安全感。

修正制度

儘管上述先決條件有其重要性，但國家的未來並不會被歷史和社會傳統所囿。國家能否變得民主，取決於政治及社會領導人如何使用他們取得的權力，尤其是他們如何規劃並執行民主的政治制度。他們是選擇總統制還是議會制？選擇增強還是限制行政權？如何選出議會成員？如何監

* 譯註：基庫尤族和盧歐族分別為肯亞境內第一及第三大民族。二〇〇七年的總統選舉中，拉伊拉・歐丁嘉（Raila Odinga）的盧歐族支持者控訴基庫尤族的姆瓦伊・齊貝吉（Mwai Kitaki）在選舉中舞弊並引發騷亂。騷亂很快發展為針對種族的暴力，雙方陣營也互指對方從事種族滅絕。

督政府、保衛憲政和維護法治？

我的政治學同僚數十年來一直爭論何種制度較優，其中許多爭議圍繞在總統制和議會制的優缺點上。了解這場論辯的梗概，有助於解釋世界各地民主國家的長處及弱點。

基於數項原因，多數民主專家傾向支持英國或德國這樣的議會制。[18]議會制國家的政府由當選最多國會議員席次的政黨或聯盟執政，這可以避免像美國一樣，因為執政黨未控制國會而形成分立政府（divided government），進而導致癱瘓僵局。在議會制國家，總理通常需要國會過半支持才能組閣，如果無法只靠自家政黨的力量過半，就需要建立執政聯盟。如果聯盟崩解，政府也會解散，必須成立新的聯盟或再次選舉。

民主專家喜歡其中的效率和簡潔。很多美國人乍看可能覺得，和我們熟悉的固定任期總統制相比，議會制較不穩定，但議會制模式在克服危機時其實更有彈性、立法也更容易通過，如果政府首腦死亡或違憲，權力接替也比較順暢。

許多開發中國家都試過模仿美國的總統制——起初是拉丁美洲，再來是非洲和亞洲。但美國模式還有一個重大缺陷：總統制為獨裁鋪了更直接的道路。最高首長不但有保障任期，還有許多任命官員、發布命令和調度國防力量的裁量自由。難怪許多新生的獨裁者，比如近來土耳其的艾爾多安，都是靠著將憲法從議會制轉換為總統制來成功拆毀民主的。

然而濫權並非總統的專利。許多總理也衝撞過議會民主，比如印度的甘地夫人（Indira Gandhi）就在一九七五年宣布國家進入緊急狀態；更晚近的例子有孟加拉總理謝赫．哈西娜（Sheikh Hasina），她在二〇一四年徹底踐踏了憲政規範，導致反對黨抵制大選，但這反而讓她更能放手壓迫批評者。

設計良好的制度可以在其他領域也帶來不同結果。其中之一是確保選舉制度運作良好，使人普遍認同其公平性。這是美國當前民主漸趨失能的一個重要因素，因為從二〇〇〇年以來，我們的制度已兩次讓普選票數較少的輸家當上總統，而且在大多數的州裡，選舉都是由政黨推舉的州務卿來管理。

第二個重大問題則和立法機關成員的選舉有關。在美國，多數國會議員都是經由學者稱為「相對多數決制」（first past the post）的制度選出。每個選區只會選出一人，而且不論是否取得絕對多數，得票最多者都勝選。這個制度承襲自英國，在美國人看來十分理所當然。然而現今大部分民主國家的國會選舉並非如此，而且幸運的是，如我們稍後所見，相對多數決制在美國的一些城市和州也逐漸遭到質疑與替換。

許多民主國家都找到了更有吸引力的替代方案，也就是某種類型的比例代表制（proportional representation）。這種制度下的各選區不會只選出一名立法機關成員，而是選出數量不等的成員

（在少數國家，如以色列和荷蘭，整個國家就是單一選區）。各政黨再依其在整場普選的得票比例分配席次。（這種制度下的公民一般都是投票給政黨名單而非單一候選人。因此假如共和黨獲得百分之五十三的全國選票，就可以分到百分之五十三的國會席次。）這種制度明顯更能代表公民的偏好，讓包括婦女和少數族裔在內的每一票都有意義，同時也能鼓勵投票。

但比例代表制的優點也是它的弱點：由於多黨都能贏得至少幾個議會席次（一般都需要闖過百分之二至五的得票門檻），立法機關也會因此變得版圖破碎，讓極端勢力有機會乘隙而入。如果當地的共產黨贏得了百分之四的普選選票，就能進入國會。二〇年代後期，威瑪德國（Weimar Germany）的民主體制就因此種下禍根。由於極端的比例代表制，來自整個政治光譜上的眾多政黨分裂了德國國會。隨著德國的社經危機在後續十年間逐漸加深，這些政黨中斬獲最豐的就是極左派的共產黨和極右派的納粹黨，組閣愈來愈難排除兩者其一，遂導致極為悲慘的後果。

第二次世界大戰過後，悲痛的德國民主派重新設計體制，要求政黨至少贏得百分之五的選票才能進入議會。戰後七十年來，這個門檻一直都將極端主義者擋在聯邦議院（Bundestag）門外。不過在二〇一七年的反移民情緒中，極右派的德國另類選擇黨出人意料地贏得將近百分之十三的選票，成為國會第三大黨。這種事在相對多數制中就不會發生。

由於比例代表制和相對多數制都有重大缺陷，專家開始尋找其他可能。最有可為的替代方案是「排序複選制投票」（ranked-choice voting），亦即澳洲國會下議院百年來使用的制度。在這個制度下，單一議席選區的候選人必須獲得（或接近）絕對多數的選票才能勝出。但選民不只投給一個候選人，而是依偏好將候選人逐次排列為第一、第二、第三等順位。如果沒有候選人贏得第一順位的多數選票，得票最少者會被排除，而被排除者的選票會依選民的第二順位選擇重新分配給剩餘的候選人。這個排除過程會持續以「排序複賽」（instant runoff）的方式進行，直到有人贏得絕對多數的選票為止（或是在最後一輪贏得最多票）。

我很喜歡這個制度，愈來愈多的民主學者和改革者也是。我們認為排序複選制投票能鼓勵中庸主義、結盟和政治生活中的禮義。候選人想在在競爭激烈的選區裡勝選，不能只訴諸狹隘的基本盤：他們必須釋出更多元的訊息，以吸引沒有將他們排在第一順位的選民在劃記第二或第三順位時選擇他們。這種變數讓極端主義者或訴求單一的候選人很難取勝，而這對美國民主現在的病情大有療效。

限制權力

不過，就算民主找到了一個有助其運作的投票制度，還是會碰到一個挑戰：政治制度如何限制政客斂財和濫用權力？穩健的自由民主體制需要可靠的制衡機制。用詹姆斯・麥迪遜（James Madison）的名言來說，美國憲法的設計是賦予政府的三權「各有其意志」，「讓野心對抗野心」。[19]

但經驗顯示，獨立的司法權和立法權尚不足以確立良好的政府。自由民主體制需要其他機關攜手合作以分散及監督政治權力。二十世紀出現了許多能監察政府、發揮靈敏的管制及監督職能的獨立機構：中央銀行、選舉委員會、檢察政府帳目的審計機構，以及專門監管金融、電信及公共衛生的部會。

美國建立了許多聯邦監管機構來防範權力壟斷並保護公共利益。奇怪的是，美國卻從來沒有採用其他自由民主國家如今慣行的作法，建立有公權力的強大機構來管理選舉並調查行政與立法部門的貪腐。身為最早的民主及聯邦制國家，美國受許多過時的制度設計所累：五十個州各自管理各自的選舉，投票規則也各不相同，國會只調查國會本身是否有道德過失。此外，負責調查總統是否犯罪的單位，是行政部門的司法部和聯邦的執法機關聯邦調查局，而過去都曾有總統企圖為一己之私而加以左右與利用——現任總統川普就一再想讓這些機關屈服他的意志。

其他調查不法行為的機制，比如責任委員會或更加獨立的檢察官，必須公平、無懼、不受政治左右，不會受制於他們應監察的政客。這些監察人只應被有憑據且正當的理由開除——而不是因為他們威脅讓不正直的官員下台。他們也需要起訴權或懲戒權，並保證程序正當。

這是為什麼在七〇年代，尼克森總統侵犯美國司法與自由選舉的水門案後，國會就成立了獨立檢察官辦公室（Office of the Independent Counsel）來調查針對高級官員違失行為的控訴。但兩大黨都認為這個機關是一列失控的火車，在肯尼斯．斯塔爾（Kenneth Starr）對柯林頓總統彈劾案的漫長調查期間尤其如此。獨立檢察官辦公室在一九九九年被新的規則取而代之，允許司法部長在司法部有利益衝突或事涉重人「公共利益」時，指定一名特別檢察官。[20]新規則賦予特別法律顧問自主權，然而總統依然能夠下令將他們解職。[21]這個漏洞在川普時期是美國民主危機的核心問題。

政治領導人為何要同意被自己無法控制的機關監督與限制權力？即便是歷史悠久的民主國家，也少有領導人樂見窮追猛打的獨立調查。所以真正的獨立機構只有在民間要求下才會出現。[22]沒有強烈、目標清楚的公共壓力，國家最終通常只有被噤聲的監察機構，而大眾也必須對這些機構持續保持警覺和關切。

一個禁得起考驗的民主體制不只要選擇掌權者，也要監督掌權者。原因何在？我們可以看看泰國近年的歷史。一九九七年後，泰國採用了一套新憲法並據此成立強大的問責機關。接著在二〇〇一年，一名叫做塔克辛．欽那瓦（Thaksin Shinawatra）的億萬富翁在總理選舉中大獲全勝，因為他成功鼓動了被忽視且心懷怨恨的鄉村地區對抗向來占盡優勢的城市菁英。

正如同十五年後在美國達成類似成就的另一位民粹億萬富翁，塔克辛的當選引起極大的爭議。泰國的國家反貪腐委員會裁定，塔克辛在擔任內閣大臣期間偽造了必需的資產聲明，因此依法不得成為總理。塔克辛發動反擊，動員「人民」對抗菁英，告上憲法法庭。結果他因法官投票結果的一票之差（曼谷謠傳那一票是收買來的）獲判無罪，法院允許他就任。

塔克辛在任期間兌現了許多民粹承諾，但也破壞了泰國的憲政規範。他攻擊對手「愚笨」和不愛國，還利用國家的問責機制反過頭來來調查記者和評論者。

他在兇殘地掃蕩毒販和鎮壓南方少數民族穆斯林的暴力反抗時說：「壞人就該死。」他緊逼媒體不放，要求報導「正面」新聞，用誹謗訴訟甚至刑事調查來威脅評論者。[23]他在任期屆滿後贏得壓倒性連任，並加快推翻制衡機制的腳步。接著在二〇〇六年，軍方將他推翻。泰國的民主至今仍未痊癒。

我想由此能清楚看見泰國和美國的相似之處。泰國的悲劇顯示，即使設計最精良的憲法也會被濫用。自由民主體制的最後防線不在憲法，而在文化——在於自由、見識充足且有原則的公民不容他們的民主或權利遭到濫用。這點對美國和泰國而言一樣真確。

第三章

民主的擴張與倒退

在托克維爾觀察到現代民主於美國崛起的一個半世紀後，一波又一波民主化的浪潮沖上了獨裁政權的海岸。在蓬勃的經濟發展浪潮推動下，每一波浪潮都比前一波進得更遠，退得更少。用比喻的方式來說，歷史雖然不是直線前進的，但只要有英明與堅定的領導人來推動，歷史的確會前進。

——塞繆爾・杭廷頓，《第三波》[1]

自由的潮汐

歷史告訴我們，民主轉型不以個案的形式發生。相反地，民主的興衰都是大規模的浪潮，一波波全面席捲各地區乃至於全世界。美國身為民主的領袖、典範以及經驗導師和實質援助的提供者，這數十年來的所作所為對民主浪潮的興衰扮演著舉足輕重的角色。

正如已逝哈佛政治學者杭廷頓所解釋的一樣，歷史浪潮的方向取決於斬獲與損失的天平。在民主浪潮來臨之際，朝民主轉型的國家數量會遠遠超過放棄民主的國家，整個世界的自由程度也會上升。而當獨裁的逆潮來臨，趨勢就會恰好相反：民主會退縮，全人類的自由也會跟著退縮。浪潮的比喻雖不完美，卻可以提醒我們民主的發展也會倒退。同時這也凸顯了民主當前所遭遇的全面攻勢不但有重大的歷史意義，也難以應付，然而美國卻袖手旁觀。因此，想要理解今日的這場危機，我們得先搞懂昨日的浪潮。

杭廷頓主張第一波全球民主化肇始自美國的民主化，他認為開始的時間點是在（有所爭議的）一八二八年，那一年超過一半的美國白人男性都有了投票權。第一波民主化逐漸攻陷了西歐和波蘭等少數東歐國家、加拿大、澳洲、紐西蘭以及四個南美洲國家。一個世紀後，已經有超過三十個國家「至少建立了最低限度的民主制度」。杭廷頓如是說，雖然從今天的角度來看，有些只算是半民主國家（semidemocratic）。[2]

雖然民主向全世界擴散，但也遇到障礙而挫敗，比如革命失敗、轉型流產、憲政失靈。當第一波民主化到達高峰，反動的浪潮也在一九二二年開始匯聚，義大利的法西斯主義者墨索里尼向羅馬行軍，暗示國王任命他為首相。杭廷頓口中義大利「脆弱而腐敗的民主」很快就被墨索里尼給收拾掉了。而葡萄牙、波蘭與波羅的海諸國也很快被這波民主的逆潮給吞沒。

關鍵的轉折則是一九三三年，納粹黨贏取了德國執政權。希特勒和墨索里尼在歐洲四處散播法西斯主義，同時日本和大部分拉丁美洲的民主，也在人民和軍人引發的動亂中翻覆。三〇年代的自由社會無法克服漫長困苦的經濟蕭條，連英國和美國都對民主愈發懷疑。納粹德國和日本帝國的聲勢如日中天，許多人都斷定專制能夠解決國家的脆弱、衰弱和不安穩，甚至將專制推崇為新的全球時代精神。直到軸心國在第二次世界大戰中被擊敗，這股趨勢才終於煞住了車，第二波民主化也於焉展開。

第二波民主化復興了大部分西歐國家的民主，為日本和土耳其首次帶來真正的民主，也讓民主在拉丁美洲進一步散播。但這波浪潮並不長命，一九六二年便宣告終結。除了哥斯大黎加、委內瑞拉和哥倫比亞，大部分新興和復原的拉美民主國家，包括阿根廷、巴西和秘魯在內，都落入了軍事政變的波浪之中。

由於在非洲、亞洲及中東進行殖民的歐洲帝國都在二戰後瓦解，第二波民主化見證了許多民主和準民主（quasi-democracy）國家因去殖民化而誕生。這些剛萌芽的民主國家主要來自前大英帝國的殖民地，包括印度、斯里蘭卡、牙買加、波札納、甘比亞、加納、奈及利亞、緬甸和馬來西亞，他們已經有了一些選舉和法治的經驗。前面四個倖存了下來（不過印度在甘地夫人擔任總理時，曾於一九五七到一九七七年間進入短暫的緊急狀態，而斯里蘭卡的民主最近也中斷了）。但大部分第三世界的多黨制憲政體制，包括土耳其、南韓、印尼、菲律賓和非洲許多地方，最後都敗給了軍政府、一黨專政或一人獨裁。根據杭廷頓的計算，民主國家在第二波高峰時多達五十一個，然後又落到了僅剩二十九個。[3]

民主大潮

一九七四年四月二十五日，一小群葡萄牙的左翼軍官推翻了「新國家」（Estado Novo），它是歐洲最長壽的獨裁政權之一。成千上萬的公民湧上里斯本的街道，為發動政變的軍人歡呼，將康乃馨插入他們的槍管，這場政變也從此被稱作康乃馨革命。歷經近半世紀的政治迫害與經濟停滯，葡萄牙人民興高采烈地為解放歡呼。北約盟國也為之鬆了一口氣，總算擺脫那個尷尬又落伍的同伴——一個堅守保守宗教觀的獨裁國家，立基於歐洲的法西斯過往，並且沉溺在毫無意義的戰爭中、企圖留住非洲的殖民地。

葡萄牙的獨裁政權崩潰時，沒有人料想到這會引起第三波的全球民主化。葡萄牙沒有什麼民主經驗，緊鄰的西班牙仍受佛朗哥（Francisco Franco）的獨裁統治。接下來的一年半裡，葡萄牙充斥著軍中的派系鬥爭、勞工發動罷工、農民占領農場、共產黨有蘇聯撐腰，內戰似乎就要在混亂中一觸即發。不過支持民主的軍官控制住了分裂的軍隊，社會黨（Partido Socialista）領導人馬力歐·索阿雷斯（Mario Soares）這類勇敢務實的政治人物也在選舉中大敗葡萄牙共產黨。一九七六年，葡萄牙成為第三波浪潮中的第二個新生民主國家。

第一個新生民主國家是希臘。該國在一九七四年土耳其入侵賽普勒斯時戰敗，歷時七年的軍人獨裁隨之告終、恢復了民主。西班牙在一九七八年成了第三個：一九七五年佛朗哥死後，年輕的保守派首相阿道弗·蘇亞雷斯（Adolfo Suárez）運籌帷幄，讓他的國家趕上這一波民主化浪潮。

大部分西方人都分身乏術，想不到這會是一股新的民主潮流。一九七四年四月二十五日，里斯本軍人發動政變的那天，美國特別檢察官里昂·賈沃斯基（Leon Jaworski）還在華盛頓設法取得能扳倒尼克森的六十四卷白宮錄音帶。當時的美國正陷入水門案醜聞、努力想從越南戰場抽身，而國務卿亨利．季辛吉在冷戰如火如荼的同時，還在推行對獨裁者友好的外交政策。當時在西方以外的世界沒有多少民主國家。

然而追求自由的渴望還是感染了亞洲和拉丁美洲，美國政治和對外政策的改變緊接著鼓舞了那些地區。一九七三年，美國國會開始推動人權，並祭出終止美援來制裁侵犯人權的國家。接著在一九七七年，虔信基督教的新任總統卡特開始由上而下翻轉美國的對外政策。

卡特發表嚴正的公開聲明、選擇對某些濫權國家終止外援、在國務院新增人權辦公室，藉由這些作為提升了人權在美國對外政策中的重要性——並且如歷史學家小亞瑟．史列辛格（Arthur Schlesinger Jr.）所言，「成了普世的良知」。[4]美國的施壓不止拯救了無數政治犯及社運人士的性命，也為全球民主運動帶來希望。美國的新政策削弱了軍事獨裁領袖的正當性，迫使他們放鬆控制，同時增強了溫和派的政治實力。舉例來說，一九七八年多明尼加共和國的軍政府為阻止反對黨贏得總統大選而中止計票，卡特隨即發出嚴厲警告並派戰艦前往該國。結果強人統治者華金．巴拉格爾（Joaquin Balaguer）落敗，一個新的民主國家（雖起步躊躇）於焉誕生。[5]一波民主轉型的潮流隨後在七〇年代末到八〇年代初湧現，推動厄瓜多、玻利維亞、秘魯、阿根廷、巴西和烏拉圭自軍事統治恢復為民主政府。

民主革命

當雷根在一九八〇年總統大選擊敗卡特以後，我們還是沒什麼理由期待自由的火山會在世界各地再次噴發。雷根誓言對蘇聯的壓迫人權採取更強硬的立場，不過他和他的新任駐聯合國大使珍妮・柯克派屈克（Jeane Kirkpatrick）也譴責卡特，因為卡特雖然對伊朗國王和尼加拉瓜總統安納斯塔西奧・蘇慕薩（Anastasio Somoza）等美國的威權盟國領袖施壓、要求他們走向開放自由，卻又天真地無視共產黨的暴政。他們主張這種雙重標準只會催生更惡劣且對美國有敵意的政權。[6]在一九八一年的就職演說中，雷根誓言「以忠誠報忠誠」（march loyalty with loyalty）。[7]這代表美國將再度支持忠實的威權盟國，包括皮諾契統治的智利、馬可仕治下的菲律賓、政變頻仍的南韓以及種族隔離的南非。

一九八九年雷根卸任時，這四個政權也都即將終結或失勢。蘇聯也是。時局和雷根本人對自由的熱烈信仰，都造成了他執政時期對外政策的轉變。一九八二年六月二十五日，雷根在英國國會發表了一場歷史性的演講，徹底反轉了馬克思主義，預言蘇聯體制逐漸加深的矛盾將使其成為「歷史的灰燼」。許多美國自由派覺得雷根只是用冷戰思維在看待國際事務，但人在西敏寺的他，其實率先看出「民主革命」正在席捲世界，並應獲美國的支援。雷根提出了新的美國戰略，準備「加強民主的基礎建設」。隔年，國會在兩大黨不尋常的共同支持下，成立了國家民主基金會（National Endowment for Democracy）。

到了一九八二年，全球民主國家的比例僅較一九七四年略增，從百分之三十來到百分之三十四。即使出現了一些新的民主國家，也有些國家失去了民主，土耳其、孟加拉、迦納和奈及利亞皆在其列。而新生的民主政權都不成比例地出現於人口不到一百萬的小島國。

接著在一九八六年的二月，發生了一場政治奇蹟。菲律賓人民首先發起了一連串非暴力的群眾運動，要打倒獨裁統治。當時腐敗的馬可仕已執政二十年，而自從他最大的政敵、充滿魅力的艾奎諾二世於一九八三年八月遇刺身亡，馬可仕就面臨益發強烈的抨擊。侵犯人權的事件益發頻繁；統治家族橫徵暴斂。第一夫人伊美黛彷彿法國大革命前夕的瑪麗·安東尼再世，以百萬元計的瘋狂購物和她的三千雙鞋子，徹底體現了這個政權令人作嘔的貪婪與揮霍。[8] 一九八五年十一月，就在雷根派特使前往菲律賓敦促改革後不久，腹背受敵的馬可仕突然宣布「提前舉辦大選」，以恢復國內外對他統治的信任。

馬可仕以為反對勢力過於分裂，無法構成真正的威脅。但他沒能預料到四項昭告新時代到來的因素——無論對菲律賓或全球來說都是。

首先是羅馬天主教會戲劇性地轉向。在若望保祿二世於一九七八年成為教宗後，教廷原本緩慢走向對抗壓迫的腳步急遽加速。在信奉天主教為主的菲律賓，備受人民愛戴而有「最偉大的辛」（the greatest Sin of all）暱稱的辛海棉（Jaime Sin）樞機主教在隔年即與馬可仕政權決裂，並要求終止戒嚴、舉辦民主選舉。一九八六年，辛海棉團結了反對派共同支持艾奎諾夫人柯拉蓉參選總統。由於馬可仕在選舉中明目張膽地舞弊，辛海棉鼓勵並祝福大規模的群眾抗議。這是馬可仕始料未及的第二因素：成千上萬的菲律賓人動員起來捍衛選票——用美國國務卿喬治・舒茲（George Shultz）的話來說，他們「化為一道有血有肉的人性河流」。[9]

第三個因素則是馬可仕舞弊的證據。超過五十萬名志願者（加上許多國際觀察團隊）監看了九萬個投票站大多數的投票和計票，記錄下大量選舉舞弊情事，而他們同步進行的「快速計票」則顯示柯拉蓉勝選無疑。[10]面對人民示威，軍方發生分裂，而馬可仕也準備動用武力打擊軍事叛變和平民抗議。

獨裁者要能和平退場，需要第四個要素——美國介入。雷根政府勸服馬可仕不要打壓選舉監督組織，而該組織的金援正來自剛成立不久的國家民主基金會。[11]雷根也派了備受尊敬的共和黨參議員理查・盧加爾（Richard Lugar）率領代表團監督這場選舉。危機爆發後，盧加爾和當地天主教會都支持民間獨立計票的結果。

即便大型舞弊的證據漸增，雷根也不願拋棄馬可仕這個堅定的美國盟友。但等到所謂的「人民力量革命」（People Power Revolution）爆發，雷根改變了心意。他威脅馬可仕不要動武，否則就要切斷美軍援助，同時雷根也同意承認柯拉蓉為總統。[12] 二月二十五日那天，馬可仕帶著十二個裝滿黃金、珠寶、衣物和價值一千五百萬美元現金的袋子，讓美國軍機載他流亡夏威夷。[13]

從南歐和拉丁美洲湧起的民主浪潮也在那時沖進了亞洲。一九八六年十月，在美國國會和愈發大膽無畏的黨外人士施壓下，台灣的威權統治者蔣經國也宣布解嚴並允許反對黨成立。＊這個島國已被三十年突飛猛進的經濟改變，在接下來十年內迅速翻新過時的威權政治架構。一九九六年，李登輝當選台灣第一位民選總統。

一九八七年四月則輪到了南韓。南韓跟台灣一樣，在五〇年代是貧窮的農業國家，但到了八〇年代已蛻變為都市化且高教育程度的中產階級社會。南韓人民也逐漸不滿足於經濟繁榮，還想要自由。但獨裁軍人全斗煥的阻撓迫使這群快速興起的中產階級展開大規模街頭抗議。全斗煥原本打算以武力鎮壓騷亂，卻遭到雷根政府的警告。[14] 隨著國內外壓力逐漸升高，全斗煥欽點的繼任者盧泰愚同意舉行總統直選和釋放政治犯。六個月後，盧泰愚在自由的選舉中擊敗分裂的反對陣營，南韓像台灣一樣開啟民主體制，並在後續三十年間不斷深化。

許多亞洲國家旋即跟著轉型。在一九七六年的軍事政變後，泰國國會終於在一九八八年首次由民選議員擔任總理。

在巴基斯坦，民主變革隨著熱衷推動伊斯蘭化的齊亞・哈克（Zia ul-Haq）將軍在一九八八年八月死於空難後到來。三個月後，為民主犧牲性命的前總理阿里・布托（Ali Bhutto）之女，富有群眾魅力的班娜姬・布托（Benazir Bhutto）贏得民主選舉，成為總理。

前東巴基斯坦獨立為孟加拉後，反對又一名軍事強人統治的聲浪益發高漲。該國在一九九一年選出了平民文官政府。同年，尼泊爾爆發大規模的人民運動（People's Movement），挑戰該國的絕對君主制。儘管遭遇政府的血腥鎮壓，抗議群眾仍迫使國王給予政黨合法地位並交出權力。

但也不是每一場追求自由的運動都獲得成功。一九八九年四月，一小群中國學生和知識分子為改革派的共產黨前總書記胡耀邦舉行悼念活動，並很快演變成對出版自由、社會多元和法治的更廣泛訴求。到了五月，北京的大學生開始絕食抗議，天安門廣場湧入成千上萬的抗議群眾。示威從北京擴散至超過百個中國城市，學生、工人及其他社會群體紛紛加入，人數升級為數百萬。六月四日，中國共產黨在天安門廣場發動殘暴的軍事鎮壓。當時中國政府承認約有兩百個平

＊ 譯註：一九八六年九月二十八日，民主進步黨於台北圓山飯店宣告成立。十月，「蔣經國……經國民黨中央常務會通過，以國家安全法替代戒嚴法，同時修改人團法，允許新政黨的成立。」（引述自丹尼・羅伊〔Denny Roy〕的《台灣政治史》第二三二頁。）隔年七月十五日，全台灣除了金馬地區外正式解嚴。

民死亡，但最近一份英國報告指出死亡人數超過一萬。[15]中國民主改革的希望也隨之消亡了超過一個世代。

民主大爆炸

到了一九八九年，世界上的民主國家比例增為百分之四十。這雖然讓人為之一振，但仍稱不上重大轉變。不過，還有更強勁的一波民主變革正在醞釀。

拉丁美洲剩餘的鐵桿威權國家大多也開始讓步了。一九八八年，在天主教會及堅定挺民主的美國大使哈里．巴恩斯（Harry Barnes）支持下，智利詭譎難料的各政黨團結起來，在全民普選中擊敗軍政府領導人皮諾契，斷了他再執政八年的機會。雷根政府的壓力和國家民主基金會的資金發揮了關鍵作用。隔年，泛民主同盟擊敗皮諾契中意的候選人，完成拉丁美洲最重大的一次民主轉型。

一九八九年，巴拉圭為期三十五年的獨裁統治垮台；同年，美國以選舉舞弊引發暴力和美國僑民遭受的騷擾升級為由，進軍巴拿馬，操縱販毒的獨裁者曼紐．諾瑞嘉（Manuel Noriega）隨之被推翻。尼加拉瓜極左派桑定（Sandinista）政權的獨裁者丹尼爾．奧蒂嘉（Daniel Ortega）很快也在美國的經濟和外交壓力下，同意讓國際監督選舉。

然而最具歷史意義的變革發生在歐洲。戈巴契夫在蘇聯啟動了自由化改革，使得莫斯科不太可能再動武鎮壓東歐的示威，例如他們一九五六年在匈牙利以及一九六八年在捷克斯洛伐克的作為。在捷克劇作家哈維爾的精神領導、波蘭「團結工聯」（Solidarity）的頑抗，以及其他作家、記者、學生和社運人士的反抗感召之下，反共遊行在蘇俄帝國境內風起雲湧。

一九八九年十月十八日，東德年邁的強硬路線領導人何內克（Erich Honecker）也在多起大型示威中被迫辭職。數萬公民穿越東德國界湧入西德。何內克只能束手無策地看著他曾誇口將聳立「再超過一百年」的柏林圍牆倒塌——東德政權不久也隨之傾頹。德國在一年後統一，行民主制。

在這一年內，民主橫掃了整個東歐。多數變革大致和平進行，只有羅馬尼亞在為期一週的革命中，草草審判並處決了舉國憎惡的獨裁者尼古拉．希奧塞古（Nicolae Ceaușescu）與他的妻子埃列娜。

一九九一年，波蘭出現了六十多年來第一位民選領導人；匈牙利與捷克斯洛伐克都成為青澀的民主國家；保加利亞朝徹底的民主制前進；南斯拉夫聯邦解體，成員國紛紛成立共和。（不過迅速舉行多黨選舉不全然是好事；塞爾維亞和克羅埃西亞的選舉就導致極端民族主義者上台，將巴爾幹半島拖進戰事，並讓世上多了「種族清洗」這個可怕的詞。）

一九九一年也迎來最大的變動：蘇聯解體。戈巴契夫未能像雷根一樣早早看清共產黨體制無法修復的矛盾。他的改革規模太小也太遲，不過是為蘇俄帝國的解體鋪路而已。

無神論的蘇聯竟在聖誕節死去，實為歷史的強烈諷刺。蘇聯解體後的俄國苦苦掙扎著想建立民主制度。鄰近的波羅的海三國表現好得多，期望能讓自己快速與歐洲整合。不過在烏茲別克和中亞及高加索地區的其他共和國，過去的黨內大老和祕密警察頭子恢復長久以來的獨裁統治，差別只是拿掉了共產黨的招牌。

蘇聯解體衝擊了全世界，引爆了非洲的「第二次解放」。改革的槍聲來自一九九〇年二月的兩起事件。首先是破產的貝南，公民社會的聯盟從採行馬列主義的軍事強人手中和平取得政權，開始了民主轉型並維持至今。南非這個種族隔離的國家在承受多年國際制裁後，終於稍微擺脫了共產黨奪權的恐懼。實行白人至上主義的統治者釋放了被監禁長達二十七年的曼德拉，讓他領導的非洲民族議會（African National Congress）成為合法政黨，並開始為民主轉型進行談判。這又創造了另一個奇蹟：南非的種族隔離在一九九四年和平結束，並舉行了第一場不分種族、真正的民主選舉。南非黑人排了好幾小時的隊，就為投下生平第一張選票，這些選票也讓笑容可掬、寬宏過人的曼德拉成為總統。

人口超過一百萬的國家中民主國家的比例
1974年至2017年

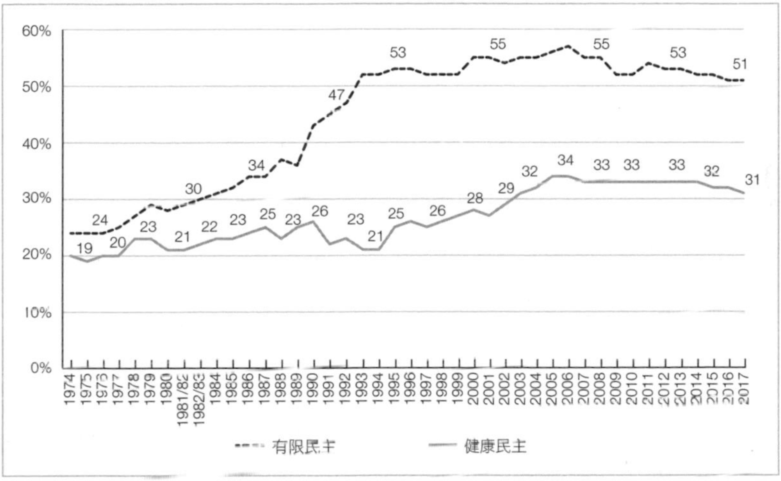

自由之家《2018年世界自由調查報告》與作者本人評估。

在整個非洲，反對黨都獲合法承認，個人和新聞自由也逐漸開放，多國採用了新憲法，開始舉行多黨選舉。就如同在中亞，非洲許多獨裁領袖通常只是以民主為自己塗脂抹粉。不過尚比亞和馬拉威的獨裁者都在選舉中失勢。到了一九九七年，大多數非洲國家都已舉行過多黨選舉，其中有十多國是行民主制——這是非洲大陸前所未有的紀錄。

歷史上第一次，地球上大多數的國家都是民主國家了（至不濟也能透過形式上公平自由的選舉選擇領導人），而且所有國家裡有三分之一相當自由，抑或是我所謂的「健康」民主國家（見上表）。[16]這也是民主首次真正成為全球性現象，除了中東以外的每個地區都有大量自由選舉產生的政府。

二十一世紀初發生過三次「人民力量」革命。首先是在二〇〇〇年十月的塞爾維亞，接著是二〇〇三年十一月的喬治亞，最後是二〇〇四年秋天的烏克蘭。在這三國，大規模民眾動員都用選票擊敗了獨裁者。當獨裁者仍宣稱自己勝選，這些運動讓數十萬公民冒著極大的個人風險走上街頭和平示威。喬治亞的示威民眾舉著玫瑰遊行，和平控制了國會。烏克蘭的遊行民眾則穿上橘色衣服、占領基輔的中央廣場。

這每一場以「顏色革命」（color revolution）揚名的運動，都利用了微弱的媒體獨立力量來揭露舊政權的選舉舞弊、為抗議行動宣傳。這每次運動之所以成功，某種程度都是因為四處開花的非暴力公民抗爭將軍警的力量分散掉。[17]

第三波逆潮？

民主在八、九〇年代飛快的攻城掠地最終不免趨緩。到了兩千年，大部分經濟、社會和地理條件適合的國家都已採行民主制。而有少數在惡劣條件中轉型民主的國家（貧窮、種族衝突嚴重、殘留的威權主義歷史仍未被掃除），似乎出現開倒車的傾向。但既然世上的唯一強權美國和歐洲攜手推動民主，在冷戰過後，民主也似乎變成了唯一正當的政府形式，我們似乎沒理由認為第三波逆潮必然會發生。即便美國在二〇〇一年的九一一事件遭恐怖分子攻擊，事發後的五年間，世界上還是多了七個民主國家。

然而在二〇〇六年過後，三十年的進步開始停滯。民主國家的比例在該年到達百分之六十二的高峰（在人口一百萬以上的國家之中則占百分之五十八），此後民主就逐漸萎縮。到了二〇一七年，民主國家在人口超過一百萬的國家裡掉到僅占百分之五十一。

彼時阿拉伯之春已來了又去。二〇一一年，阿拉伯世界的人民起義對抗獨裁，民主似乎終於要湧入第三波浪潮未及的最後一片荒漠。到了二〇一二年二月，群眾示威在突尼西亞、埃及、利比亞和葉門推翻了獨裁者、挑戰敘利亞及巴林的獨裁政權，在摩洛哥、阿爾及利亞、約旦、伊拉克、科威特與阿曼強力要求改革。只是這些民主序曲多半因內部分歧、外部破壞和埃及軍方這類既有掌權者的頑抗而很快中斷。到了二〇一九年，僅有突尼西亞的民主實驗倖存。敘利亞和葉門陷入內戰，利比亞崩解，多數阿拉伯國家都退回阿拉伯之春前夕的獨裁統治，甚至更加嚴重。

阿拉伯獨裁者的反擊只是全球人權穩定衰減的一角。獨立組織「自由之家」（Freedom House）發現，二〇一七年是連續第十二年，自由倒退的國家數目顯著多於自由提升的國家。最讓人擔心的是，就連某些西方國家都出現自由大幅倒退的現象，包括了波蘭、匈牙利——以及美國。

這個世界已然陷入民主退潮。有一段時間，我有許多同僚不同意這個看法，認為大局仍穩：大多數國家還是民主國家；世界上大部分的人都住在民主國家；而且除了中東以外，各地區都有大量民主國家。[18]但這些數字都在持續下降，自由民主的敵人則形勢大好，要證明民主在全球健康無虞，愈來愈難。

數據掩蓋了更深層的衰退。後續幾章會詳述這令人擔憂的衰退有哪些關鍵因素：歐美興起偏狹的反移民民粹運動；美國民主的品質持續下降；中俄兩國的全球影響力遽升，並積極顛覆世界各地的民主國家與自由價值。沒有美國領導，民主衰退很可能會一路走向威權主義的新黑暗時代。

在前兩波逆潮中，軍事政變是打擊民主的主要手段，在今天卻並非如此。如今的民主通常不是一刀斃命，而是死於凌遲。一國又一國的民選領導人日復一日攻擊著民主的深層組織——法院、商界、媒體、公民社會、大學的政治獨立性，還有諸如公務部門、情治單位、軍警等敏感的國家機關。

無論出手破壞的是俄國普丁這樣的右翼民族主義者，還是委內瑞拉的查維茲這種「玻利瓦式」（Bolivarian）*左翼社會主義者，都是殊途同歸。民主的架構及規範會被一點一滴扼殺，直到剩下空殼。選舉依然存在，反對黨也仍能贏得議席，但統治者及其政黨對權力的鐵腕只會愈抓愈緊。

如果民主是逐漸窒息的話，要找出準確的斷氣時間就十分困難。委內瑞拉的民主一度生機蓬勃，而它死去的時刻最晚不遲於二〇〇四年。當年罷免查維茲總統的公投在大量的制度性舞弊中失敗。[19]公投過後，查維茲已經修憲擴張自己的權力，凡能對他限權的機關都被他無情地削弱。在他霸道又無能的後繼者尼可拉斯・馬杜洛（Nicolás Maduro）統治下，委內瑞拉逐漸萎靡不振。

俄國那更為年輕淺薄的民主，更快就葬送在普丁手裡。[20]繼承患病的葉爾欽（Boris Yeltsin）成為總統後，普丁這個缺乏政治安全感的前KGB特工就將俄國草創的民主架構摧殘殆盡。他並不真正屬於任何政黨，因此在克里姆林宮裡安插了滿滿的KGB和軍方親信。他粗暴地壓制了其他寡頭政客，也就是在狂飆的九〇年代奪取國家資產而躋身億萬富翁的一群人。這些俄國最富有的人若不加入這名新沙皇的行伍，就等著被剝奪媒體帝國、企業財富，甚至是性命。俄國許

---

* 譯註：玻利瓦主義是一種得名於革命家西蒙・玻利瓦（Simón Bolívar）、盛行於拉丁美洲的民主社會主義思想。玻利瓦主義的定義並不清楚，但核心精神是拉丁美洲團結對抗帝國主義。查維茲是最有名的玻利瓦主義實踐者，他當選後在委內瑞拉展開的社會改革被稱為「玻利瓦革命」（Revolución Bolivariana）。

多最勇敢的記者、評論家和反對派領袖也被逐一暗殺。

土耳其的艾爾多安對普丁的奪權手腕可謂亦步亦趨。凱末爾建立的土耳其是堅守世俗主義的共和國，不過率領溫和伊斯蘭主義政黨的艾爾多安於二〇〇三年成為總理後，自由派和世俗化的土耳其人開始擔心他會把國家悄悄伊斯蘭化。不過在執政初期，艾爾多安和他的正義與發展黨（Justice and Development Party）為了讓國家加入歐盟，土耳其的民主因此更加茁壯。當歐盟在二〇〇五年批准就土耳其的會員資格開始談判時，土耳其變得更開放，言論更自由，少數族群庫德族的語言文化也獲得更開闊的空間。

然而隨著加入歐盟的希望日漸渺茫，艾爾多安也露出強人性格的真面目。他和正義與發展黨依循普丁與查維茲的獨裁套路，增強了對司法系統和公務體系的控制，開始逮捕記者、恐嚇出版和學術界的異議人士、威脅膽敢資助反對黨的企業、擴大控制媒體與網路。艾爾多安在當了十一年首相後，於二〇一四年贏得總統大選，而他將土耳其從議會民主制改為總統制的企圖宛如司馬昭之心路人皆知。

隨著對艾爾多安成為獨裁者的恐懼逐漸加深，土耳其的中階軍官在二〇一六年上演了一場計畫欠周、執行草率的政變。艾爾多安則召集支持者擊潰了這次起義。這給了他藉口發起一場自由之家所謂「導致約六萬人被捕、超過一百六十家媒體關閉的盛大獵巫」，並免職了將近一百位民選市長。[21]現在的土耳其是個四分五裂的國家，專制政府甚至疏遠了艾爾多安早期較為溫和的盟友。

全球趨勢每況愈下。就連在最先進的自由民主國家，自由、容忍與法治都在遭受挑戰。而在更為貧窮的亞洲、非洲、拉丁美洲及中東各國，民主更是不斷下墜。統治政權的整體政治光譜都在向下偏移。

在菲律賓，殘忍的民粹主義總統杜特蒂就設法開除了大法官、監禁批評他的重要參議院成員、追捕人權運動者、將大眾媒體斥為「胡說八道」和「垃圾」，並發動據稱有超過一萬兩千人被未審先殺的「反毒戰爭」。[22]玻利維亞和秘魯的威權領袖與政黨、印尼的宗教極端主義，和巴西、墨西哥及南非的貪腐和犯罪，也都嚴重危害民主。巴西陷入了該國史上最大規模的貪腐醜聞，都市區興起的暴力犯罪使得每天據稱有一百七十五人死亡，公開支持威權主義的右翼民粹主義者雅伊爾．波索納洛（Jair Bolsonaro）在二〇一八年十月的決選中當選總統。[23]突尼西亞是阿拉伯之春中唯一倖存的民主實驗場，卻因為貪腐、經濟蕭條、地方政局不穩和舊威權勢力復活，導致國勢萎靡不振。在亞洲，緬甸原本前途光明的民主起步再度退回軍政府支配，疲軟的文官體系無力阻止對國內穆斯林少數民族羅興亞人的大規模種族清洗——這起反人類罪行仍是現在進行式。

問題不只是民主的衰落，而是威權正益發橫行無阻。冷戰結束時，柬普寨的洪森和烏干達的約韋里．穆塞維尼（Yoweri Museveni）雖會操縱選舉和逮捕批評者，但這些獨裁領袖也不得不忍受反對黨、總統競選對手、惱人的新聞媒體和懂得監督與抗爭的公民社會。然而當全球政治氣候變天，這些限制也隨之風流雲散。有習近平和普丁的昂首之姿鼓舞，川普代表的美國又默不作聲，今日的獨裁者公開且毫無悔意地向反對者施加暴政。

二〇一七年十月，已執政三十二年的穆塞維尼派兵進入國會，毆打反對他取消總統任期限制的反對黨議員。多人因此送醫，甚至有手榴彈扔進了某些人的住家。烏干達人權運動領袖尼可拉斯．奧皮約（Nicholas Opiyo）在同月寫信給我：「這裡遍地陷入嚴重民主衰退，部分是因為是西方盟友裝聾作啞。以前國家機器對野蠻暴力還略感羞恥，現在完全沒有了。」

第四章

威權的誘惑

我逐漸覺得，我們把自由民主視為理所當然已經太久了。

——佩爾·歐爾松（Per Ohlsson），《南瑞典日報》（Sydvenskan）專欄作家[1]

二〇一〇年四月，正值青壯卻已略顯發福的匈牙利前總理奧班．維克多（Orbán Viktor）再度執政。奧班在十二年前首次成為總理時年僅三十五歲，但已展現威權傾向，肅清了公務體系、集中政治權力，不過當時的他缺少足夠議員席次助他重設匈牙利的民主制度。如今在當了八年反對黨、嚐過兩次差之毫釐的敗選後，奧班決意永不再讓權力從手上溜走。

他趁著經濟危機和政敵犯錯的機會，開始設法永久掌權。二〇〇六年，奧班最主要的政敵，社會黨（Magyar Szocialista Párt）首相久爾恰尼．費倫茨（Gyurcsány Ferenc）私下對議會黨團說：「我們不分日夜，都在（對選民）說謊。」[2]這段話很快外洩；少有執政黨被抓到自承如此明目張膽的欺瞞。此外，社會黨政府不知節制的支出為國家高築債台，導致匈牙利面對二〇〇八年爆發的金融海嘯措手不及。

到了二〇一〇年，醜聞、謊言和經濟困境愈演愈烈，社會黨失去超過一半的選票和大量議會席次，大贏家則是青年民主聯盟（Fidesz，簡稱青民盟）。青民盟原本是「屬於青年專業人士新貴的自由派政黨」，卻被奧班改造成一個「保守的民族主義政黨，專門服務在經濟轉型中自視輸家的人」[3]，並成為匈牙利脫離共產體制後第一個贏得絕對多數選票的政黨。

匈牙利的特殊制度更助長了這勢不可擋的變化。當初為了讓政府更穩定，匈牙利憲法的起草人讓多數黨可以取得超過得票比例的額外席次。青民盟因而獲得超過三分之二的議席。取得絕對多數（supermajority）席次讓他們可以隨意修改憲法，自由民主體制的憲政支柱也隨之毀壞。

奧班和青民盟絲毫沒有浪費時間。一份研究指出：「執政第一年，青民盟政府就修了十二次憲，一路更改了十五條規定」，掃除了讓奧班無法「只靠青民盟的意見和選票就徹底更改匈牙利憲政秩序」的制衡規定。[4]

青民盟首先取消了國會須達成大多數共識才能重寫憲法的要求，然後削弱了憲法法庭的權力。接著一連串措施又分割了原本用以限制行政權的機關，讓它們為政治服務。青民盟開除了選舉委員會成員，以忠誠黨員取而代之。他們建立了新的傳媒委員會，能夠對報導奧班政府不夠「平衡」的媒體「徵收鉅額罰鍰」。[5]

擺脫一切限制後，青民盟在議會中通過了全新的憲法。這部憲法進一步削弱了憲法法庭的權威、成立了由黨控制的新機關，迫使其他司法部門政治化、擴張黨對其他問責機關的控制——這些機關包括國家審計局、中央銀行乃至於中央統計局。

此後青民盟就一直奉行上世紀中期巴西獨裁者熱圖利奧・瓦爾加斯（Getúlio Vargas）的統治格言：「對友予一切；對敵予法律。」反對人士在攝影機前被捕。國有的廣播和電視台遭到肅清，淪為政府的傳聲筒。[6] 批評政府的電台廣告收入暴跌。揭發弊端的吹哨人遭受騷擾。同時，青民盟的親友各個雞犬升天，創造了一個與黨交好的新商業寡頭階級。[7]

兩年內，奧班和青民盟不只取得了牢不可破的權力，還在匈牙利體制內各處裝了機關陷阱，要是反對黨不知怎地竟還是勝選，青民盟就能加以破壞。就算青民盟二〇一四年的得票率落到低於百分之四十五，仍靠著卑劣的選區劃分保住了三分之二的議會多數。

奧班如今已成為歐洲最有影響力的右翼民粹主義者，開始鼓吹一種新型態的「反自由民主體制」（illiberal democracy），敵視移民和所謂的外來影響。他搬弄人民對哈布斯堡帝國隕落所懷抱的歷史憤慨，鼓動他們同情一戰後卑劣、偏狹的匈牙利專制政體。[8]他誓言對抗從敘利亞、伊拉克、阿富汗等地出逃的移民以「捍衛歐洲的基督教文明」；他將難民指為「毒害」，豎立起綿延百哩的鐵絲網阻擋這些人入境。[9]布達佩斯的中歐大學（Central European University）是獨立思想在後共產歐洲最重要的堡壘之一，在經歷奧班多年來逐步升級的打壓後，最終在二〇一八十月年宣布遷校維也納。

奧班還從他公開崇拜的俄國總統普丁那學來一招，立法要求國內社團組織公開自己是否接受外國資助。匈牙利人權運動者哈拉斯帝·密克羅許（Haraszti Miklós）評道，奧班就像普丁一樣不斷「化憤慨的仇外情結為武器」，轉移人民對於貪腐和苛政的不滿。[10]二〇一八年國會大選時，奧班訴諸毫不掩飾的種族主義，告訴許多城市的市議會：「不要讓我們混到其他顏色。」匈牙利的非白人移民很少，但聯合國人權理事會的官員指出，奧班「已經成功將穆斯林和非洲移民描繪成攸關匈牙利文化存亡的威脅」。[11]

奧班說他建立了一個「反自由民主體制」。他的政府確實反自由，因為他們不容忍多元文化、壓迫異議、藐視歐洲價值且對普丁滿懷善意。但奧班的體制已不再民主。自二〇〇四年加入歐盟後，匈牙利成了第一個背離民主價值的歐盟國家。

民粹的危害

民粹主義和政治本身一樣古老，然而在今天，它已經成為全球民主內部自生的首要威脅。想了解為何現在有這麼多民主國家岌岌可危，就得了解民粹主義。

「民粹」這個詞暗示了它的關鍵特徵：想要受人擁戴，這是最廉價而憤世的一條路線。這意味著動員原本單純、受到欺壓的「百姓」去對抗一眾敵人：腐敗的菁英、有權有勢的國際組織、外國銀行和政府、難民、移民及不值得享有福利的少數異族。[12]

各種民粹主義或許各有不同的敵人和目標，但都有四個核心特徵。民粹主義反對菁英，厭惡權勢與特權階級的傲慢與支配地位，因為那類階級總是輕蔑並利用「老百姓」。民粹分子也反體制，致力於摧毀他們認為有害人民利益與價值的制度。民粹支持公投民主，反對有篩選機制的代議民主；民粹領袖和運動都利用直接的情感連結來動員大眾。最後，民粹分子主張徹底的多數政治，反對限制民選政府權力的監督和制衡機制，以快速達成基進改革。

這四個特徵都會危及民主，但民粹未必會墮落成獨裁。在民主體制運轉期間，民粹主義的某些成分有時能協助改革而打破權力壟斷、減少社會不公並增加政治參與。美國十九世紀九〇年代到二十世紀二〇年代的進步時代（Progressive Era）就是這麼來的。

但民粹政治永遠是與魔鬼共舞。每一種民粹主義都很容易變成出軌的列車。如果把政治行動的煞車放鬆，改革可以更迅速，但也可能撞壞監督和制衡的制度、法治甚至是民主的根基：公平自由的政治權力競爭。三〇年代，小羅斯福就是受民氣激勵而試圖削減最高法院權力，以便克服一些保守的司法障礙、實現新政的目標。但他如果成功改造了法院體系，就會對美國民主制度造成嚴重的長期傷害。[13]

在委內瑞拉、土耳其、玻利維亞、匈牙利、波蘭，還有更多國家，民粹主義逐漸露出猙獰面目。民粹主義還有三個面向導致它有威權的隱憂。首先是它敵視多元社會，然而多元是民主的核心原則，亦即不同的政治觀點和利益都有其正當及必要性。其次是它反對自由主義，積極限制對手和少數族裔的權利，限縮他們的言論、資訊、結社和集會自由。第三個面向則是民粹主義的排外性妖魔化外國人和移民，挑起對文化汙染和人身威脅的恐懼，以便動員「真正」的人民。

民粹愈是貶損各種差異，對各種民主體制的威脅就愈強大。而制度的限制能力愈薄弱，民粹變獨裁的風險就愈大。所以好獨裁的民粹政客總會盡快著手甩掉監督和制衡的機制。

如我們之前所見，現今民主會敗亡，通常都不是因為傳統的突發軍事政變，而是被神不知鬼不覺的威權主義所擊敗。這個過程更為幽微，卻同樣致命，會慢慢割除政治多元性和監督制度，直到連民主賴以為生的最低條件——人民透過公平自由的選舉替換領導人的能力——也被剝奪。

潛行的威權主義無止無休，也沒有固定的順序或清楚可辨的階段。不過它確實有種通則套路，我稱為「獨裁者的十二步計劃」：

第一，開始妖魔化對手缺乏正當性且不愛國，質疑他們的名譽和忠誠，指責他們與真實人民徹底脫節。

第二，掏空法院的獨立性，特別是憲法法庭，肅清法官並以忠心黨羽取而代之，或是修改司法結構以削弱法院、將其納入黨的掌控。

第三，攻擊媒體的獨立性，指責他們說謊包庇某些政黨，並動員大眾激烈排斥媒體、斷絕他們的廣告收入、增加稅金、管制媒體——最後讓忠於自己的企業和與黨關係密切的資本家奪取媒體的所有權。

第四，控制所有公共媒體，讓它們為政治服務，成為執政黨的宣傳機器。

第五，加強控制網路，利用道德、安全或反恐的名義，進一步限縮言論和組織的自由。

第六，壓制其他公民社會的要件，包括各種公民組織和大學，尤其是人權與反貪腐團體，將他們汙衊為傲慢、懦弱、自私、背叛國家人民的菁英分子。迫使大學教授畏於在著作和課堂間批評政府。將參與和平抗爭的學生團體呈現得活該被起訴。創立忠於民粹領導人和政黨的假公民組織。

第七，威脅企業界停止資助反對黨。對資助反對黨與反方候選人的企業祭出提高稅金和管制的威脅——如果企業仍不收手，就會被破產。

第八，建立新的裙帶資本主義集團，只有統治者及其派系的親友和同盟能得到政府合約、信用貸款、經營執照和其他油水。

第九，對公務體系和國安機關施加政治控制。指控忠於民主憲法的專業公僕和軍官是「深層政府」（deep state）成員並加以整肅，利用國家情治機關對付已然被削弱的反對派。

第十，進行不公的選區劃分並操縱選舉規則，讓反對黨幾乎不可能贏得下次選舉。確保執政黨就算無法贏得多數選票仍能繼續掌權。

第十一，控制選務機構，以進一步操縱選舉，讓實質的威權統治制度化。

第十二，重複步驟一到十一，甚而加強執行力度，令公民更畏於反對或批評新的政治秩序，讓所有類型的抵抗噤聲。

這個過程聽起來也許很耳熟，因為諸如委內瑞拉的查維茲、土耳其的艾爾多安和匈牙利的奧班等民粹領導人在踏上獨裁之路後，或多或少都用過這些手段來瓦解民主體制。（俄國的普丁雖然不完全是民粹領導人，也用了很多相同的辦法，而且行事更加迅猛。）波蘭的雅洛斯瓦夫·卡臣斯基（Jarosław Kaczyński）這類前蘇俄帝國出身的獨裁者也亟欲仿效。而這套劇本在民主行之有年的西歐和美國引發了令人不安的迴響。

東歐的反自由浪潮

近年來，反自由的民粹主義浪潮席捲中歐和東歐，扭曲了西歐和美國的政治，挑戰自由民主體制的極限。蘇聯前附庸國的民粹政黨都有一個龐大的野心：完全奪取國家。實際的竊國過程雖各有不同，但共通之處在於打擊能夠阻止執政黨永久掌權的制度、壓制保護公民權利的法院，並且不斷引導人民憎恨社會多元、移民、全球化及歐盟。[14]

這些前共產國家中，模仿匈牙利轉向威權的手腳最快者就是波蘭，甚至猶有過之。故事重演，失去國會大權的保守政黨決定再也不失去政權。二〇一〇年，波蘭總統列赫·卡臣斯基

（Lech Kaczyński）因空難逝世。他所屬的「法律與公正黨」（Prawo i Sprawiedliwość，英文簡稱為PiS，中文簡稱法正黨）是個民粹右翼政黨，當時因敗選而在野，這下更加悲痛——許多忠貞黨員，包括列赫的孿生哥哥雅洛斯瓦夫・卡臣斯基在內，都認為這是俄國的蓄意破壞行動，而雅洛斯瓦夫後來繼任為該黨黨魁。

法正黨在二〇一五年十月重新執政，新政府很快就出手對付波蘭憲法法庭；他們拒絕讓前屆政府任命的三名大法官宣誓，並增加了五名精挑細選的自己人。波蘭新政府很有效地阻止憲法法庭否決執政黨的法案，因為政府要求須有三分之二的大法官同意才能做出有約束力的決議，並立法賦予國會開除任期未屆滿的大法官的權力。憲法法庭宣告這項立法違憲，但法正黨政府拒絕承認釋憲判決。二〇一五年十二月，奧班和卡臣斯基一起確立了「反自由民主體制」的兩個目標：他們對民意的解讀優先於法治，他們國家的主權也優先於於歐盟的規定。[15]

波蘭偏離自由民主體制的速度宛如山崩。法正黨巧妙規避了常態國會辯論，通過了讓他們得以接管所有公共媒體頻道的法律。波蘭政府和匈牙利一樣「肅清了對政府的施政計畫疑似缺乏熱忱的記者及媒體工作者。」[16]公共電視從此成為政府惡劣的反穆斯林傳聲筒。

另一項草率的立法則以打擊恐怖主義之名加強對國內自由的監控和限制。[17]數以萬計的波蘭人民因此上街抗議。二〇一七年七月，法正黨提出一項開除所有最高法院法官（該國最高的受理上訴法院）、讓司法政治化的新法案時，示威民眾如雨後春筍般湧現。由於來自公民、歐盟和美國的壓力不斷增加，政府暫時撤回法案，但法正黨在二〇一八年七月強迫七十二名最高法院法官中的二十七人退休，又引起全國示威，[18]並且迫於歐盟壓力再度策略性縮手。二〇一七年十一月，新法西斯組織發動數萬人，舉著「白色歐洲」、「勝利萬歲！」和「Ku Klux Klan」等刺眼的標語上華沙街頭遊行。*法正黨的內政部長宣稱這是「美麗的景象」。[19]

使前蘇聯國家倒向反自由的主要驅力之一，是該地區對歐洲難民危機、歐盟的共同庇護政策和「歐盟國義務收容難民配額」的強烈反感。[20]波蘭、匈牙利、斯洛伐克和捷克都憤怒地拒絕分擔這份人道重任。[21]

希特勒和史達林的暴行讓這四個國家的種族變得十分均質，不像現今的西歐那麼多元。[22]這幾個國家的境外出生公民比例是歐洲最低（德國和英國約為百分之十三，不過波蘭趨近於零，斯洛伐克和匈牙利不到百分之五，捷克則是百分之七），卻最容易受到本土主義恐慌的感染，[23]讓奧班得以假借不存在的「穆斯林入侵」來提振他下滑的支持度。

---

* 譯註：「勝利萬歲！」（Sieg heil!）是納粹禮常用的口號之一；「Ku Klux Klan」則是三K黨的原文名稱。

然而，對歐洲許多幾乎未直接接觸伊斯蘭文化或多元種族的社會而言，移民危機並非政治變遷的唯一驅力。經濟衰退也不是：雖然波蘭選民是有過苦日子，但波蘭經濟在二〇〇〇年到二〇一四年間成長了三分之二，在法正黨大捷的二〇一五年，成長率更高達百分之三點五。[24]在民主國家，我們永遠不能忽視選民有多麼樂見政權輪替。在睿智的自由派、但有點無聊乏味的聯合政府執政八年後，二〇一五年的民粹反對黨有更令人眼睛一亮的訊息、更靈活的社群媒體操作，和更慷慨的社會福利承諾。

在中歐和東歐，一道社經鴻溝分隔了兩個族群，分別是教育程度較高、更四海為家、年齡層也較低的都會居民，以及教育程度較低、住在鄉下小地方，更遵循國族、宗教與文化傳統，年齡也偏高的年長公民，而且這兩群人很容易被分別視為後共產時代的「贏家」和「輸家」。這波反自由民粹主義正源於這道更深層的鴻溝。[25]社會裡受益和受害於全球化的兩方分歧，也同樣在西方世界裡開始推動民粹主義的浪潮。

民眾對經濟安全崩潰和社會地位下墜的恐懼，往往是極端分子賴以壯大的養分。西摩・馬丁・李普賽（Seymour Martin Lipset）在一九六〇年的經典著作《政治人》（*Political Man*）中就警告過，在面對社經環境巨變、龐大無情的企業和制度及都市的高級知識菁英時，失落的中產階級為了應對（或報復），會成為極右派運動的重要基本盤。[26]威權主義向來容易在偏鄉地區引發更多共鳴，因為這些地方較少接觸多元的族群和觀點。[27]

另一個相關的文化因素也有影響。在很多後共產歐洲地區，自由主義價值一直都沒有像在西歐那樣深植人心，公民社會也比較薄弱、不那麼熱衷政治。這讓東歐社會有如波蘭評論家斯瓦洛米爾・斯洛柯斯基（Sławomir Sierakowski）所說[28]，「諸如言論自由和司法獨立等抽象的自由制度更禁不起攻擊」，世俗主義、女性主義和LGBT權利也是一樣。

隨著文化和經濟民族主義相融，左右派的界線也開始模糊。左派的投機分子選擇擁抱新崛起的排外情緒；而既然奧班已經先鋪好了路，右派的投機分子也捨棄了市場原則，轉而支持社會福利，對外國人顯露赤裸的不信任。左右派的分別不再像歐洲傳統的意識形態一樣，分為支持市場經濟的右派和支持社會福利的左派，而是反自由的民族主義對比支持歐洲的自由主義。

到二〇一七年為止，民粹政黨已經贏得了七個中歐和東歐國家的執政權（分別是匈牙利、波蘭、斯洛伐克、捷克、保加利亞、波士尼亞和塞爾維亞），並且新加入了兩個國家的聯合政府，還成為三個國家的最大反對黨。在二〇〇〇年到二〇一七年之間，這些國家的民粹主義者平均得票率多了超過兩倍，高達百分之三十一，而民粹政黨的數量也多了一倍，增加至百分之二十八。[29]

這股疫情還不斷擴散。二〇一六年，醜聞纏身、四面楚歌的斯洛伐克社會民主派總理勞勃・

費佐（Robert Fico）也在競選時操縱反移民和反穆斯林情緒，企圖贏得連任。他說：「我絕不允許任何一個穆斯林憑配額制度移民我國。」[30]結果他雖保住總理職位，卻得領導一個由多黨組成的聯合政府；他領導的政黨丟了百分之四十的議席。新納粹主義政黨首次進入了斯洛伐克國民議會，贏得將近百分之十的議席，而且左右翼民粹政黨的總得票率已占絕對多數。

在捷克，中間偏左派的總統米洛什・齊曼（Miloš Zeman）左手擁抱反移民狂潮，右手與莫斯科建立穩固關係。還不只如此，在二〇一七年十月的國會大選中，民粹政黨重挫該國的政治建制。反移民的民粹富豪安德列・巴比斯（Andrej Babis）一邊接受警方的貪腐調查，一邊對貪腐宣戰，並當選總理，同時左翼民粹的海盜黨（Pirátská Strana）和反穆斯林的極右翼自由與直接民主黨（Svoboda a přímá demokracie）也各自贏得了百分之十的選票。匈牙利執政的反自由政黨也受到極右派政黨「更好的匈牙利運動」（Jobbik，簡稱更好黨）挑戰。更好黨原本是個反猶政黨，現在則自稱為「基進愛國基督教」政黨，在二〇一八年贏得了五分之一的選票成為國會第三大黨。

民粹主義的竄起告訴我們，歐洲國家也能快速遺忘他們的歷史。在克羅埃西亞，促使右翼民族主義重又興起的肇因，是該國文化部長曾對二戰期間的納粹傀儡政權公然表示崇敬。[31]

這些地區轉向威權主義的表現，驗證了一個古老的教訓：唯有社會規範夠強韌，仰賴其建立的制度約束才夠強韌。法院需要有不願讓民主受損的政黨、公民組織、傳播媒體、大學和宗教人物提供外部支持。[32]

讓歐洲新興反自由民粹主義者更得心應手的最後一個要素，是歐洲聯盟相對疲軟的反應。在九〇年代，歐盟會員國資格一直是促使各國建立自由制度和規範的強大誘因，而維持歐盟合格會員資格（能獲得完整的投票權和大量補貼）所需達到的條件，本應能限制近年來的威權主義趨勢。不過歐盟對於是否該制裁匈牙利，猶豫不決太久了。部分原因是歐盟中各國直選的歐洲議會（European Parliament）的中間偏右陣營已經與奧班的青民盟結盟，所以擔心將奧班踢出去會助長自由派的議會對手。[33]此外奧班也巧妙利用了這一點：歐洲自由派擔心沒了青民盟，取而代之的會是更極端的匈牙利更好黨。到了二〇一八年九月，奧班對民主、公民權利和法治的侵犯，終於連許多右派和中間偏右政黨都覺得過分了，讓歐洲議會以超過三分之二門檻的票數通過決議，制裁匈牙利。[34]

歐盟對付波蘭的民粹主義就比較施展得開，因為法正黨並不在歐洲議會的主要政黨聯盟之列，所以歐盟更早就譴責了波蘭對司法及媒體獨立的侵犯。不過歐盟迄今的反應雖有升級趨勢，仍僅止於警告和審查。[35]歐盟最有力的武器是凍結會員國在歐洲議會的表決權，但這需要其他國家一致同意，而破壞民主規範的匈牙利和波蘭兩國政府都誓言保護彼此免於這種下場。[36]反自由主義因此傳播繁衍。

席捲西歐的浪潮

就連在西歐某些最老牌民主國家，都有愈來愈多人民聽信了民粹主義的魔音。他們變得有如保加利亞政治學家伊凡．克拉斯特耶夫（Ivan Krastev）所說，「一說到移民，就想到恐怖攻擊、社會伊斯蘭化及社會福利超載」，使得人民的焦慮和「對於國家將落入外國人手中、生活方式遭受威脅的恐懼」都日趨嚴重。[37]

歐盟的內部移民只是更加劇這種惶恐，促使英國在二〇一六年六月二十三日公投決定離開歐盟，震撼全球。英國在舉行這場俗稱脫歐（Brexit）公投之前的十年間，接收了大量來自中歐及東歐的移民。到二〇一六年為止，英國已有三百五十萬名來自其他歐盟國的移民，其中三分之二都有工作。[38]

英國的移民人口愈多，社會多元和國族認同的分歧也愈深。我們再次看到，教育程度較低、交際範圍保守的白人勞工選民自覺被社經變遷拋在後頭，被鼓動對抗教育程度較高、交遊國際化的都市年輕人。[39]在英國大城之外的地區，年長的勞動階級白人選民與曾為藍領階級服務的工黨漸行漸遠，卻也覺得不受保守黨重視，於是變得對政治冷漠，或轉為支持極右翼的英國國家黨（British National Party）和反歐盟、反移民的英國獨立黨（UK Independence Party）。到了二〇一五年，英國獨立黨已經成為第三大黨，每八張選票就有一張投給他們。隔年，這些「被拋棄」的選區和富裕但族群較單一的保守黨市郊票倉區，都投出大量的脫歐贊成票——讓脫歐以百分之五十二的些微過半贏得公投。

脫歐只是反對與歐洲整合，而不是反對自由民主。但支持脫歐的英國選民組成，仍極其類似歐洲各地的反移民民粹政黨以及川普排外主義的支持者。新興民粹政黨在西歐國家的國會選舉中，表現明顯不如東歐，但在二〇一七年的平均得票率仍攀升到百分之十三。

二〇一七年在德國，反移民的另類選擇黨也獲得相近的得票率，首次拿下國會席次；該黨內部有一重要派系的「民族主義的人種學色彩之強烈，近乎種族主義」。[40]雖然德國比其他歐洲國家更清楚民主潰決的危險，反自由的民粹運動仍一舉躍居國內第三大黨。

法國同樣受到了新興民粹主義的衝擊。在二〇一七年大選中，反移民的民族陣線（National Front）原本希望擺脫種族歧視、排外和反猶太的陰暗歷史，打入主流政治。不過他們的總統候選人勒龐完敗給年輕受歡迎、走中間路線的艾曼紐·馬克宏（Emmanuel Macron）。馬克宏出身既有政黨體系之外，是出人意料的政壇奇才。然而正如同《紐約時報》所報導的：「將近百分之三十四的投票人沒有投票，或是投了空白和無效票，這代表有許多人投不下去」給馬克宏的這一票。[41]更糟的是，勒龐代表民族陣線出征，贏得三分之一的選票，成績是該黨上回最佳表現的兩倍，為他們取得有利位置。如果馬克宏失足，勒龐的極右翼運動政黨就是替代選項。二〇一八年九月，由於馬克宏未能處理好法國的經濟和社會問題，民調顯示民族陣線的支持率與馬克宏的中間派政黨旗鼓相當。

西歐其他地方的民粹政黨亦有斬獲。奧地利的右翼民粹政黨自由黨（**Freiheitliche Partei Österreichs**）在二〇一七年的大選中雖未能獲得執政權，仍贏得超過四分之一選票並成為聯合政府的重要成員。二〇一五年，當希臘深陷經濟危機，基進左翼聯盟（**Syriza**）也贏得百分之三十六的選票。在西班牙，與基進左翼聯盟主張類似的我們可以黨（**Podemos**）祭出反撙節、反不平等的口號，在二〇一六年大選中贏得四分之一席次。

就算在歐洲自古以來最自由的民主國家裡，民粹政黨的得票率仍隨移民比例水漲船高——丹麥為百分之九，荷蘭和挪威大約百分之十二，而瑞典高達百分之十七。[42]二〇一四年，反移民的極右派瑞典民主黨（**Sverigedemokraterna**）贏得了百分之十三的選票，國會席次也多了一倍；二〇一八年九月成績更佳，拿下百分之十七點六的選票，幾乎成為第二大黨。二〇一五年，意識形態相近的丹麥人民黨（**Dansk Folkeparti**）得票率也高達百分之二十一，幾乎是上次選舉的兩倍，在素以寬容自豪的丹麥成為國會第二大黨。而在二〇一七年的荷蘭，極右派的自由黨（Partij voor de Vrijheid）做出包括關閉清真寺、查禁古蘭經和「禁止女性佩戴頭巾」等等「反轉荷蘭伊斯蘭化」的承諾後，贏得百分之十三的選票。[43]

說到西歐哪個國家的民粹政黨在選舉中的成就最為戲劇化，則首推義大利。二〇一八年，原本謹慎穩健的中間偏左聯合政府下台，換兩個民粹政黨接手執政：許諾帶義大利脫離歐元區的反移民極右派政黨北方聯盟（Lega Nord）獲得了百分之十七選票，而強烈疑歐的反全球化政黨五星運動（Movimento Cinque Stell）拿下百分之三十三。五星運動在一些經濟、環境和社會議題上的立場比較進步，但他們和北方聯盟對於移民、全球化、歐盟和義大利的政治傳統都抱持相同的民粹式憎厭。無論他們的執政聯盟能維持多久，都已經把義大利的政治帶往令人不安的新方向。

歐洲極右派的崛起也對中間偏右陣營產生一股拉力，使得老派保守政黨在移民等議題上更往右傾，並推舉出有極端主義傾向的年輕領導人。從奧地利與希臘到法國和英國，傳統右翼政黨都倒向了反移民的民粹主義。

此外，民粹政黨在歐洲國會裡的席次增加，也更難組成意識形態多少有所一致的聯合政府。[44]由於在二〇一七年的大選表現不佳，德國執政黨基督教民主聯盟（Christlich Demokratische Union，簡稱基民盟）又得再度和主要對手社會民主黨（Sozialdemokratische Partei）共組政府，讓右翼民粹的另類選擇黨成為最大反對黨。在歐洲，傳統政黨紛紛面臨一個痛苦的抉擇：要像奧地利和瑞士一樣把民粹分子納入政府，還是結盟成聯合執政政府對抗民粹主義？後面這個選項的風險在於，如果選民決定要教訓整個傳統政壇，民粹主義就是優先的替代選項。[45]

這些因素都讓新興的民粹政黨得以「正常化」。隨著他們深入政壇，民粹運動的組織也更見專業，表面言行令人可以接受，其實並未拋棄核心的反自由信念。

無論東歐或西歐，右翼民粹政黨都在製造、強化和發動一種恐懼：文化傳承和民族認同會被移民抹滅。其中像是瑞典自由黨和德國另類選擇黨，都和過去的法西斯、納粹和白人至上運動有些淵源。至於其他例子，比方說法國民族陣線和奧地利自由黨，則宣稱已擺脫過去的新納粹和反猶太色彩，轉型成更主流的排外與經濟自由主義混搭意識形態，夾雜厭惡移民和全球化的訴求，並推行有利本國原生族群（但不包括少數民族或新移民）的社福政策以討好群眾。而這些政黨內部都藏有一些比表面正式形象更極端的派系。

除了一些小黨和野心勃勃的少數例外，目前歐洲的民粹政黨並未公然反對民主。但他們針對「真正」人民的譁眾取寵之舉，還有對多元主義、少數族群權益、外國影響和代議民主審議功能的敵意，無疑都是反自由的，甚至有獨裁的隱憂。

美國的歷史早已顯示，排外政黨與運動跟自由價值的認同格格不入。[46]所有從淨化文化出發的政治計劃往往都會朝令人擔憂的方向滑坡。右翼保守派不斷表現出對獨裁者的喜愛也絕非巧合。[47]在二〇一六年的美國大選中，他們的確就一窩蜂湧向了這樣的候選人：唐納．川普。

威權民粹主義在美國崛起

二〇一六年十一月八日，柏林圍牆倒塌二十七週年那天，川普當選美國總統。整個歐洲的新銳民粹分子額手稱慶。有份報導這麼描述：「奧班的心情很好，他說：『我自由了。』歐盟和政治正確都無法再限制他了。」[48]

早在脫歐公投之前，川普就已經認出，他攻擊美國民主自由制度與價值的民粹說詞能打動哪些選民。他有如美國版的奧班，把目標對準讓右翼民粹政黨橫掃歐洲的同一類選民：這些人住在大城市以外的地區，年齡層較高，是屬於勞動或中產階級的白人。此外他們不只自認受移民、全球化、毒品的威脅，面對關於多元文化、同志權利、女性主義及「政治正確」的新文化常態，他們也感到不安。難怪川普的前任首席白宮戰略長史蒂夫．班農（Steve Bannon）會和歐洲的反自由民粹主義者結盟；二〇一八年三月，他在法國民族陣線的黨代表大會上對歡呼的人群說：「歷史站在我們這邊。」[49]

這個前實境秀明星運用與奧班和卡臣斯基同等高超的煽動功力，描繪出一幅充斥墨西哥和穆斯林移民威脅的淒涼景象。他在二〇一五年六月十六日宣布參選的演講中，宣稱墨西哥移民是「一群帶來毒品和犯罪的強姦犯。不過我猜裡頭還是有些好人」。

但這些煽動話術早在幾年前就開始了。川普在二〇一一年春天首次考慮參選總統，並加入種族歧視性的「出生地陰謀論」運動，質疑歐巴馬並非美國出生的合法總統。即使歐巴馬後來不堪其擾，在二〇一一年四月出示夏威夷州的詳細出生證明，川普仍繼續針對總統出生地發布蓄意造謠的推文，暗示歐巴馬「真正」的出生證明可能顯示他是穆斯林。[50]

川普有時也會以強硬的反恐言論來粉飾他對伊斯蘭教和穆斯林的攻擊，而這些攻擊都有直接而強烈的反自由傾向。他呼籲監控甚至關閉美國的一些清真寺，考慮建立資料庫追蹤住在美國的穆斯林。二〇一五年十二月，加州的聖貝納迪諾（San Bernardino）發生恐怖攻擊，造成十四人罹難後，川普還要求「全面禁止穆斯林進入美國，直到我國議員搞清楚到底發生什麼事為止。」[51]他一再謊稱自己在紐澤西看過「上千名」阿拉伯裔美國人慶祝雙子星大樓在九一一事件中倒塌。接受CNN採訪時，他更直接表示「伊斯蘭世界憎恨我們」。[52]

川普競選的一貫策略是操縱不滿與恐懼：他針對移民、恐怖分子、穆斯林、少數族裔和罪犯（尤其是非白人）攻擊。他將世界描述得充滿敵意，所有人都在貿易協議中欺騙美國、竊取美國人的工作、攻擊美國人民，又說國內政界已經腐敗，充滿了謊言、背叛和軟弱。他依循這個路線，在接受共和黨提名的演說中，對因貿易協議不公而「失業的工人」和「破碎的社群」，以及美國「被遺忘的男男女女」保證：「我就是你們的聲音。」[53]他的口號「讓美國再次偉大」，是要讓美國社會的種族和性別秩序都回到六〇年代以前。

自一九六八年的喬治・華萊士（George Wallace）以來，沒有哪個主要總統候選人敢這麼明白地玩弄種族偏見和恐懼、利用對犯罪和社會變遷的焦慮，以及華萊士所謂的「官僚體系與知識界的白痴」想替誠實正直的百姓「掌管一切」所引發的厭憎。[54]華萊士除了蔑視菁英、嬉皮、「盜領社會福利者」和最高法院，還支持種族隔離，因此不只吸引了南方白人，也吸引了內陸工業地區的勞動階級白人選民。華萊士也斥責對外援助是把錢「倒進老鼠洞」，並誓言讓歐洲及亞洲盟國為自己的國防出更多錢，有如預示了川普的孤立主義。[55]他也像川普一樣，對約翰伯奇協會和白人至上論者等極右派的支持來者不拒。然而華萊士在一九八六年是個絕無勝算的第三方抗議型候選人——不過他還是贏得超過百分之十三的選票和五個州的四十五張選舉人票。在民權運動數十年後的二〇一六年，川普贏得主要政黨提名並當選總統。

川普的施政計劃與他對民主規範的蔑視，都宣告威權民粹主義走上美國總統大選的舞台。和一九六八年的華萊士一樣，川普的造勢大會瀰漫著暴戾之氣，而他也加以鼓勵。在初選第一站的愛荷華黨團預選會議開始前，川普在最後的造勢會中鼓吹：「要是有人來丟蕃茄抗議，你們就去把他們揍到噴屎……我會幫你們付律師費。」[56]隔月，有個支持者真的痛揍造勢會場中的一名抗議者，川普也答應要考慮支付法律費用。[57]川普也推崇沒有「政治正確」的「美好往日」，當時可以朝抗議者「迎面」一頓痛揍，看他們「被擔架抬走」。他還暗示，如果民主黨提名的對手希拉蕊（Hillary Clinton）勝選，要阻止那些立場自由且支持槍枝管制的挑剔法官，只能靠「挺憲法第二修正案的人」了——明顯意指槍枝暴力以及暗殺。[58]

川普的威權憒世遠超過華萊士。他煽動群眾無端懷疑選舉的廉正性，警告希拉蕊會操縱選舉、會有死人復活投票、還會有數百萬非法移民投假票來阻止他當選。他表示只會接受「勝選」或「乾淨」的選舉結果。[59]

這些言行不只是不擇手段投機取巧而已。川普的煽動褻瀆了諸多不成文但神聖的規則，而就是因為這些規則，民主政治人物和支持者會遵循美國憲政體制，選舉競爭也不至於淪為暴力相向。這些規範確保憲法、民主程序與法治會獲得尊重；這些規範保障了候選人競爭、記者監督和質疑者批評的權利。但如今是一八六〇年以來，歷史學者道格拉斯．賓克利（Douglas Brinkley）的警告首次得到印證，出現了一個質疑民主程序正當性的主要政黨總統候選人——而該黨有四分之三的支持者都接受了他的妖言惑眾。[60]

在整場選戰中，川普不斷詆毀希拉蕊、威脅讓她入獄，並鼓動支持者使用狂熱、鬧劇般的造勢口號「把她關起來！」，還嘲笑報導他選戰的記者是「徹頭徹尾的王八蛋」。[61]這名共和黨候選人將不利於他的事證報導斥為「假新聞」、針對批評他的記者和新聞台怒發推文、發誓當上總統後就要「放寬誹謗罪法規」，讓公眾人物能控告寫了「熱門文章」的報紙。[62]

川普身為候選人，卻質疑民主遊戲的規則、政治對手的正當性、言論和新聞自由以及反暴力的「政治正確」規範——從來沒有美國總統敢做這些事。[63]川普是一個破壞規範、排外、反自由、反民主的民粹主義者。他的治理方式也不會例外。當世界上最強大的民主國也開始向威權的誘惑屈服，世界各地的獨裁者和煽動人士都會看見這個契機，甚至是奉為模範，加強對自由的攻勢。

第五章

美國民主的衰頹

他在熱烈的掌聲中昂首闊步⋯⋯向人群猛地行禮致敬，目光炯炯、大展笑容，興高采烈地感受群眾的擁護，愉快地打量他演出時不可或缺的抗議人士。他一開口就先痛罵《紐約時報》。會眾鬨然響應他對知識分子和現場反對者的侮辱⋯⋯他們狂野的叫囂充滿威脅⋯⋯他深諳低收入階級的偏見，他的聲音是發動戰爭的號角。他是我們這時代最高明的煽動家。

——理查・史特魯（Richard Strout），於喬治・華萊士在麥迪遜廣場花園的造勢大會，《新共和雜誌》一九六八年十一月九日

二〇一六年川普勝選後，許多美國人雖大感震驚，仍出於希望和公平原則，不安地等待他就職，想知道他會是個怎樣的總統。畢竟川普曾是實境秀明星與房產大亨。他曾傲言自己精通「交易之道」，早年在紐約活動時也沒有特別的意識形態甚或政黨色彩；也許他會停止競選時那些駭人的民粹行徑，像個商人一樣務實。

這些期望川普轉向的人，或許想起過尼克森在一九六八年十一月六日的勝選演說。那是美國史上票數最接近，競爭最激烈的選戰之一。尼克森在選戰期間苛刻地攻擊對手休伯特・韓福瑞（Hubert Humphrey），攻擊民主黨面對共產主義和犯罪的軟弱態度、對越戰問題優柔寡斷。他還採取「南方策略」（Southern strategy），大談「州權」和法治之重要，以此拉攏對聯邦政府致力終結種族隔離而不滿的白人。他甚至想破壞越南的和平談判，私下勸南越等他當選再談更好的條件。[1]

然而當選那晚，尼克森選擇了競選時比較溫和的口號：「讓我們團結起來」（Bring Us Together）。他在總統任內以務實的態度獲得兩大黨支持，推動了成立環境保護局、對癌症宣戰、與蘇聯進行軍備談判、和中國展開外交關係等提案。如果像尼克森這樣譁眾取寵的反共分子都能訪問中國，或許川普也可以轉個漂亮的彎。

川普的被害妄想和報復心或許跟尼克森不相上下，卻打從上任起就缺乏尼克森的務實與治理手腕，而後面這兩個特質正是尼克森因水門案自毀前程有諸多建樹的原因。事實證明，川普無法克服自己挑撥離間、戒心重重、兩面三刀的本性。他妄稱若非希拉蕊得到了幾百萬張幽靈假選票，自己就會贏得普選。他在推特上主張應該驅逐或監禁燒國旗的人，並痛罵批評他的媒體製造「假新聞」。他散布荒謬的陰謀論攻擊政敵、拒絕迴避重大利益衝突、否認二〇一六年選情遭俄國干涉、成為半世紀來首位拒絕公開報稅紀錄的民選總統——這些都還是他就職以前的事。

川普上任後對民主制度和規範有更多直接而駭人的衝擊：

- 為履行競選承諾，禁止所有穆斯林入境美國，並攻擊做出反對判決的法官和法院；[2]
- 赦免臭名昭著的亞利桑那州警長喬·阿爾帕約（Joe Arpaio），他因「故意違反法院命令，持續拘捕非法移民並以種族偏見為依據的方式對拉丁裔司機執法」而被起訴；[3]
- 頻繁而誇張地說謊。二〇一八年，《華盛頓郵報》的事實查核人員估計川普每天的錯誤發言超過六點五次；[4]
- 將媒體妖魔化為「全民公敵」，並威脅要對NBC、CNN和《華盛頓郵報》等獨立媒體施加監管；
- 儘管大量證據指出，俄羅斯在二〇一六年美國大選期間發動了有組織的數位攻擊，又在二〇一八年期中選舉時捲土重來，川普仍拒絕捍衛美國國安；

- 向美國的情治官員施壓，要求他們忽略已知證據，宣稱川普沒有在二〇一六年選戰勾結俄國；
- 要求聯邦調查局的正副局長向他宣示效忠；
- 開除聯邦調查局長詹姆斯·柯米（James Comey），這是第一位沒有明顯違反職業倫理就被解職的聯邦調查局長；[5]
- 強迫司法部長傑夫·塞申斯（Jeff Sessions）停止迴避調查通俄案並忽視某些共和黨議員可能的不法行為，又在二〇一八年期中選舉後的隔天將塞申斯解職，而塞申斯是他最早也最重要的支持者之一；
- 違憲任命未經參議院同意的人選代理塞申斯的司法部長職務；[6]
- 二〇一七年七月從空軍一號上指示小唐納·川普（Donald Trump Jr.）做虛假聲明，謊稱他在選舉期間與俄國律師會面是討論美國人收養俄國兒童的相關事宜。但小唐納實際上是為了取得希拉蕊的醜聞情資；
- 羞辱特別檢察官勞勃·穆勒（Robert Mueller）和妨礙他對通俄案的調查，利用保守派媒體為解僱穆勒鋪路；

- 攻擊政府倫理局（Office of Government Ethics）這個獨立監察機構，向他們施壓，要求停止調查川普的利益衝突；
- 中止白宮長期以來公開訪客日誌的慣例；[7]
- 成立了偏頗的選舉誠信委員會（Commission on Election Integrity），但調查的對象並非俄國在大選期間的網路攻擊，而是共和黨受到大規模選舉舞弊傷害的無端指控。
- 拒絕譴責維吉尼亞州夏洛蒂鎮（Charlottesville）的白人至上論者和新納粹人士，這些人在二〇一七年八月舉行了暴力的種族歧視遊行；
- 以總統身分舉行集會，在會中高喊要讓二〇一六年被他擊敗的民主黨對手下獄；
- 在推特上宣稱美國「最大的敵人」不是俄國、伊斯蘭國或北韓，而是國內的新聞媒體；[8]
- 發推文奚落憲法對正當程序的保障，表示無證移民應該被「立即」遣返，「不需要法官或法院」評估他們的要求；[9]
- 以及反覆稱他的敵人是叛國賊——先是宣稱《紐約時報》犯了「實質上的叛國罪」，因為該報在二〇一八年九月刊出一篇由匿名高級政府助理所寫的批評，後來又指控在他發表國情咨文時未鼓掌的民主黨議員「不是美國人」和「叛國」。[10]

這還只是一小部分。我還沒提到川普如何刻意誇大參加他就職典禮的群眾人數、他的厭女言論、為名下飯店和高爾夫球場做的無恥宣傳、利用裙帶關係把白宮高階職務交給女兒和女婿、對批評者下流的報復之舉，例如撤銷前中央情報局局長約翰．布倫南（John Brennan）接觸國家機密的安全許可、對安全預防措施及許可的鬆懈管理、錯誤描述犯罪統計等數據、一再要求內閣官員在電視上對他諂媚讚揚。我也還沒提及他不適任的其他心理及道德素質：他不斷對通俄案調查大肆發怒、缺乏控制衝動的能力、報復心過強、輕視軍方和情報人員的專業工作、對國安簡報毫無耐心和關心，以及「不但對政府的運作一無所知，也欠缺學習的能力及意願。」[11]

這一切都踐踏了總統的職責、政府的道德標準和美國民主文化。然而，我們還是得區分什麼言論是粗魯無文，什麼又是不民主；何謂差勁的政策，何者又是獨裁與非法的行動。

我們可以忍受粗鄙的總統，也可以反對和推翻差勁的政策。但川普對美國民主制度及規範的威脅史無前例。只有水門案風波最盛時的尼克森才曾如此直接地動搖美國民主的支柱，而他隨即就面臨彈劾去職，因此趁早辭去了總統職位。甫上任的川普對美國民主造成的威脅，就堪比即將下台的尼克森。

本書付梓之際，美國的民主體制多少仍維持著一些限制性制度。儘管《華盛頓郵報》的分析家瑪格麗特．蘇利文（Margaret Sullivan）說這是「歷任總統中對新聞業最持久的打擊」，[12]各大主流媒體的獨立性、調查能量和訂閱量仍節節高升。[13]川普沒能嚇退法官和調查人員。繼任柯米成為聯邦調查局長的克里斯多福・瑞伊（Christopher Wray）守住該局的獨立性，繼續調查通俄瀆職案。穆勒也繼續進行調查，促成了一連串起訴書與認罪協商。川普在各州拒絕配合下，不得不解散可笑的「選舉誠信委員會」，因為大眾和兩黨都擔心該機構真正的目標是推行壓制非裔美國人和拉丁裔的投票率的選民身分證法（voter-ID law）。[14]從國家安全顧問麥可・佛林（Michael Flynn）、衛生與公眾服務部長湯姆・普萊斯（Tom Price）到環保局長史考特・普魯特（Scott Pruitt），許多政府官員都被抓到涉嫌貪汙、腐敗或其他不法行為而被迫辭職。美國輿論也一直不贊同川普任內的作為。於是，儘管享受到蓬勃的經濟成長以及美國現代史上就業增長最持久的時光，美國選民仍在二〇一八年十一月的期中選舉狠狠打臉川普，將眾議院交回民主黨手中。

但川普還是重傷了美國的民主，而且只要他還在任，傷勢就有可能加重。他已經嚴重削弱了情報機關、司法部和首席執法部門聯邦調查局全體的士氣與獨立性。而開除聯邦調查局長柯米，以及後來任命偏頗狂熱的馬修・惠塔克（Matthew Whitaker）為代理司法部長，都難以掩飾妨礙穆勒公正調查的意圖。[15]當川普第三度履行競選承諾，發布禁止外國穆斯林入境美國這種赤裸裸的歧視性行政命令，他提名的首位大法官尼爾・戈蘇奇（Neil Gorsuch）偕另四名保守派大法官都表示支持。[16]他不眠不休地持續攻擊媒體，惹得曾監督海豹部隊刺殺賓拉登的退休海軍上將威廉・麥克雷文（William McRaven）公開指責這些攻擊是「我這輩子所看過對民主最大的威脅」。[17]川普還不斷抨擊政壇對手的正當性，以及質疑穆斯林、拉丁裔和跨性別者等族群是否夠格成為真正的美國人。他甚至再三蔑視開國元勳樹立的多元政治願景。

現行的危機在某些方面甚至比水門案時期更危險。在川普任期的頭兩年，國會兩院都由共和黨人掌握，他大致上不必受到國會的嚴格審查，而國會的審查是憲法所明文昭示，用以防止行政濫權的手段。尤其是眾議院情報委員會主席德溫・努涅斯（Devin Nunes）領導的共和黨員，還不斷設法妨礙穆勒深入調查俄國干預大選一案，不計一切保護川普。[18]另外，美國也比七〇年代更政治化，意識形態更兩極，這在國會裡尤其嚴重。即使川普的整體支持率在執政前兩年內大多數時候都下滑到百分之四十左右或更低，在共和黨內仍超過百分之八十。[19]最後，推特等社群媒體的興起，讓總統能持續和數百萬忠實追蹤者進行直接、情緒性的溝通，同時把美國社會分裂成水火不容且漸趨極端的信念及輿論同溫層。外加忠於共和黨的福斯新聞（Fox News）對川普的盲目支持，美國就如同《紐約時報》專欄作家湯馬斯・佛里曼（Thomas Friedman）所言，正看著一個「不知廉恥的總統，拿沒骨氣的政黨和沒良知的新聞網當靠山」。[20]

因此在川普任期的前兩年，共和黨議員即使明顯懷疑川普，也很少公開質問他一連串侵害民主規範的舉止。亞利桑那州參議員傑夫・佛雷克（Jeff Flake）是其中最積極反問川普的人，但他也是等到二〇一七年十月二十四日在參議院宣布放棄尋求連任，才開始暢所欲言。

佛雷克對黨內同僚做了極為嚴厲的控訴：顛覆民主的共犯結構。他藉由那些翻覆的民主國家指出了最重要的一個教訓，亦即從沒有獨裁者能單憑一人之力擊潰民主。他們需要與分裂的立法機關、司法體系和公民社會共謀才能僥倖成功。佛雷克拿出其他共和黨參議員欠缺的勇氣，譴責整個川普的治國模式就是「人身攻擊，威脅原則、自由和制度，公然輕視事實與正道。」他還警告美國如果放棄領導世界，將損及全球的自由和繁榮。而且他還沒說完：

> 我們必須停止害怕自己會碰到何種後果、停止考慮政壇的安全或合宜常規；我們的政治在墮落，我們有些行政部門的品行可議，而我們不能再假裝這些是正常的事。這些根本反常……
>
> 如果這些行為出自政府高層，那就不是反常而已。這些行為將危害民主。[21]

佛雷克力勸同黨參議員不要「默不作聲、無動於衷……我們可能得發起黨內初選挑戰他的下次連任」。然而，正因為下次亞利桑那州共和黨初選時，憤怒的川普支持者很可能以選票制裁佛雷克，他才會放棄連任機會、說出心聲。佛雷克的支持度其實相當高，卻斷定「一個熱衷自由貿易、支持移民的傳統保守派，要得到共和黨提名的機會愈來愈小。」

要是有個主要政黨生了重病，民主就不會健康。要是國會逃避憲法賦予的職責，共和制就無法興榮。川普確實讓美國民主的困境更加惡化，但製造這個困境的不只有他。我們的共和制度已經衰敗了幾十年，使得當今的危機更加凶險。

大分裂

二〇一二年，已任六屆眾議員的佛雷克在初選中僅拿到代表六分之一亞利桑那州登記選民（registered voter）的五十一萬六千票，就贏得共和黨的參議員提名。加上民主黨初選中百分之十二的選民，參與初選的選民也只有百分二十八；但在十一月的國會選舉中，亞利桑那州卻有百分之七十四的登記選民出來投票。

如果黨內初選只能吸引這麼一小部分選民，那麼到場投票的多半會是意識形態最強烈的選民：更保守的共和黨員和更自由的民主黨員。在亞利桑那州，只需所有選民的百分之八就足以決定共和黨提名的候選人，而這些選民可能就是最憤怒、最右派、最支持川普的百分之八。佛雷克不認為自己挺身對抗川普後，那狂熱的百分之八會放過他——他幾乎完全猜中了。此外，要是佛雷克試著安撫極右派，這種向右靠攏又可能嚴重削減他在大選中的勝算，而他在二〇一二年選舉只以三個百分點之差出線。

在美國政壇上，這種害怕「被初選」而失勢的情緒恐懼益發左右了國會裡的投票行為，也讓國會變得怯懦。共和黨尤其常因這種擔憂而避免妥協，並加入立場極端的陣營。如今的共和黨政治人物不只要顧慮激進選民盲目的憤怒情緒，還得擔心火力集中、金彈源源不絕的各方反對，例如「全國步槍協會」（National Rifle Association）等特殊利益團體、「增長俱樂部」（Club for Growth）等政治行動委員會（political action committee，簡稱PAC），以及財力雄厚的「獨立支出委員會」或超級政治行動委員會等組織。

步槍協會是關心單一議題的團體中最有選舉影響力者之一，他們為二〇一六年的選戰花了超過五千萬美元。步槍協會的口袋極深，有五百萬名忠實會員，這些會員的投票意向都受槍枝這一個議題左右，而且都接受協會嚴格、一貫的指示投票。[22]想想看只要五千萬美元的一小部分就能對投票率低的初選造成多少傷害，再想想看這樣的組織能發揮多大的動員能力，就知道為何有這麼多共和黨議員不想碰嚴格的槍枝管制法案。

不透明的錢潮正在淹死美國的民主。二〇一〇年最高法院對《聯合公民》（*Citizens United*）一案（以及相關聯邦法院裁定）的決議，允許超級政治行動委員會只要不跟任何候選人合作，就可以向企業、工會和個人籌募沒有金額限制的款項，並用以支持或反對特定候選人。[23]在二〇一六年的大選中，有兩千多個超級政治行動委員籌募並花費了超過十億美元。[24]

然後還有501(c)(4)條款下的社會福利組織，步槍協會也在其列。根據該條款，這些組織可以用免稅的捐款來支持和打擊候選人——而且只要他們「花在政治活動上的錢不超過百分之五十，就不用公開個人及企業捐款者的身分」。[25]二〇一六年的選舉中，花最多「黑錢」（dark money）的前五名都是保守派的共和黨外圍組織。[26]而二〇一八年的選戰中，自由派團體所花的黑錢在二〇〇八年後首次稍微多過保守派，至於各種團體的總對外花費，自由派和保守派則相去不遠。[27]

雖然兩黨保持勢均力敵，政治透明度和問責制度的問題依然存在。根據非營利組織競選法律中心（Campaign Legal Center）二〇一七年的觀察，《聯合公民》案的裁定出爐後，美國國內由「候選人親信所成立的超級政治行動委員會大量增加，這些組織不但從他們所支持的選戰中獲益甚多，所花的經費也更勝以往。」[28]

兩極分化漸趨激烈加上選舉資金氾濫，都在最近幾次初選中造成共和黨嚴重傷亡。最驚人的就是已任六屆印第安納州參議員、德高望重的理查・盧加爾（Richard Lugar）。曾任參議院外交委員會主席的他，竟在二〇一二年五月的初選中以百分之二十的得票差距落敗。擊敗盧加爾的是名不見經傳的強硬右派李察・莫達克（Richard Mourdock），他尖銳地抨擊盧加爾的兩黨合作路線。這名挑戰者藉步槍協會、茶黨運動、保守的增長俱樂部和（誕生自保守派富商柯氏兄弟〔Koch brothers〕政治人脈的）自由事業（FreedomWorks）等政治行動委員會之力，動員了一場狂熱的草根運動。至於盧加爾究竟犯了什麼罪？正如《基督教科學箴言報》（Christian Science Monitor）所說，是「與民主黨妥協的意願太強烈」。[29]

在二〇一〇和二〇一二年初選裡，盧加爾是茶黨所擊敗最傑出的共和黨參議員候選人之一。即使盧加爾和二〇一〇年失去提名的猶他州參議員羅伯特．本尼特（Robert Bennett）都是不折不扣的中間偏右派，在關鍵法案的表決中投給保守路線的比例超過百分之六十，[30]這些人對共和黨右翼來說還是過於中庸、有彈性和務實了。

而這股動力也常回火傷及共和黨。在二〇一二年的普選中，曾擊敗巨人的莫達克又因暗示懷孕的性侵受害者應遵照上帝意志生下性侵犯的孩子，而被民主黨的喬．唐納利（Joe Donnelly）擊敗。在內華達、科羅拉多和德拉瓦州，其他茶黨候選人也搞砸了共和黨本來能贏的選舉。但最大的震撼還是在二〇一七年的參議員特別選舉中，民主黨的道格．瓊斯（Doug Jones）拿下了素來深紅的阿拉巴馬州，因為當時有可信的說法指控共和黨籍的茶黨競爭者羅伊．摩爾（Roy Moore）性侵少女。

不過在茶黨支持下，一些高調的保守派仍贏了選戰，進入國會山莊著手改造共和黨。二〇一〇年打倒本尼特的猶他州參議員麥克・李（Mike Lee）在自由事業的記分板上，仍保持著百分之百投給保守路線的紀錄。其他二〇一〇到二〇一二年間的勝選者對茶黨運動也同樣忠誠：肯塔基州參議員蘭德・保羅（Rand Paul）在職涯中的保守得分為九十八；南卡羅萊納的提姆・史考特是八十五；德州的泰德・克魯斯是八十八，佛羅里達的馬克羅・盧比奧則是八十。[31]

二〇一二年後，落馬的共和黨中間派就比較少了，但主因也是還留在位子上的本來就不多。他們大部分不是退休、落選，就是自己先走向右翼。當中間派的參議員鮑伯・寇爾克（Bob Corker）在二〇一八年宣布退休（他在職涯中的保守得分為六十九），立場較保守（得分為八十六）且公開支持川普的眾議員瑪莎・布萊克本（Marsha Blackburn）輕鬆贏得當年選舉，接替寇爾克成為田納西州參議員。

除了提名川普之外，二〇一四年茶黨爆出的另一大冷門，就是讓維吉尼亞的艾瑞克・康特（Eric Cantor）成為第一個輸掉初選的國會多數黨領袖。有錢有勢、全國聲望漸增的康特原本可望成為眾議院議長。他是堅定的保守派，不過偶爾會對移民展現些許彈性，而挑戰老派政治的極右派候選人大衛・布拉特（David Brat）就抓著這點指責康特贊成「赦免」非法移民。這讓布拉特勝出了超過十個百分點。（然而，在二〇一八年的「藍潮」中，他的連任之路又被中間派的民主黨人阿比蓋爾・史潘伯格〔Abigail Spanberger〕中斷。）

茶黨的這些戰果增劇了國會長期以來的兩極分化趨勢。在十九世紀末到二十世紀初之交，政治理念的鴻溝在參議院分隔了民主黨和共和黨，在眾議院尤為嚴重。不過意識形態對立在二〇年代到七〇年代之間有所緩和。當時共和黨內有來自東北部和西岸的中間派，民主黨裡也有來自南方的保守派，兩黨的國會成員都足夠多樣化，能夠調整結盟對象，在預算、稅率、民權、環保等重大議題上達成決定性協議。

但八〇年代末之後，中間派就成了國會裡的瀕危物種，國會政治也沿著地理邊界逐漸兩極化。除了少數族裔主導的眾議員選區以外，南方基本上已經是共和黨保守派的鐵票區，同時東西岸也漸漸成為左派票倉：民主黨自由派目前握有西岸全部六州以及東北部多數的參議院席次。在二〇一八年的眾議院選舉中，共和黨基本上已經被逐出南至紐澤西的東北部八州。[32]

湯馬斯．曼恩（Thomas Mann）和諾曼．奧恩斯坦（Norman Ornstein）在他們二〇一二年的預言式著作《事情比看起來還糟》（*It's Even Worse Than It Looks*）中指出，第一百一十一屆國會大選（歐巴馬任期最初兩年的那一屆）是美國現代史上第一次，兩黨參議員的意識形態沒有任何交集。[33]已經從週刊轉為網路媒體的《國家週刊》（*National Journal*）在二〇一四年如此評論：「兩黨在參眾兩院已經畫了超過三十年的意識形態界線，如今終於畫清了。」[34]各州議會也有同樣的兩極化趨勢。[35]二〇一八年期中選舉是一百零八年來第一次，除了一州之外，每個州議會的參眾兩院都由同一個黨所控制。一名專家說：「我國的州議會不是純紅就是純藍，這清楚反映了政治的兩極化。」[36]

曼恩和奧恩斯坦主張，兩極化的主因在於共和黨大幅右傾，因此國會兩極化的程度「不對稱」。但有跡象顯示他們兩人宣稱的情況可能正在改變，因為川普時期的進步派選民也在初選中將民主黨推向左翼。最戲劇性的是，就像康特敗選的鏡像一樣，在二〇一八年的紐約初選中，年僅二十八歲、富有群眾魅力的民主社會主義者亞莉珊卓・歐加修—寇蒂茲（Alexandria Ocasio-Cortez）也擊敗了原有望成為眾議院議長的約瑟夫・克勞利（Joseph Crowley）。另一個民主社會主義者拉希妲・特萊布（Rashida Tlaib）也以些微差距獲民主黨提名參選密西根州的眾議員。這兩名候選人都在十一月輕鬆當選（特萊布根本沒有競爭對手），不過史潘伯格等民主黨的中間派也贏下了搖擺選區。

美國政治的兩極化依舊不對稱，這代表局勢仍對右派有利。政治學者凱斯・波爾（Keith Poole）和霍華德・羅森塔爾（Howard Rosenthal）發明了一個評分機制來評估國會議員表決時的意識形態取向；一分代表徹底保守，負一分則代表徹底自由。從七〇年代中開始，隨著南方的民主黨保守派退休或敗選，民主黨的參眾議員多少都更傾向自由。但重大改變主要發生在共和黨內。共和黨眾議員持續快速保守化，平均得分從七〇年代末的零點二大幅提升到二〇一四年的零點七。參議員同樣劇烈右傾，而且無論參眾兩院，共和黨中間派都幾乎消失殆盡。[37]波爾和羅森塔爾對此的結論是：「自南北戰爭重建以來，國會兩極化的程度就不曾像現在這麼高過。」[38]隨著二〇一八年共和黨中間派大量退休或落選，這個趨勢多半會更快。

但這不代表美國大眾的兩極化也挽救無望。我在史丹佛的同事莫里斯・菲奧里納（Morris Fiorina）一直主張，在黨派或意識形態上分歧加深的，主要並非社會大眾，而是政治人物、政治運動者和選舉金主。[39]

原因何在？其中一個主因是大規模的政治版圖重組。共和黨橫掃了南方，新英格蘭則成為民主黨的地盤。[40]民主黨在六〇年代大力推行民權倡議時，共和黨參議員貝利・高華德（Barry Goldwater）在一九六四年的總統選舉中奪下深南部（Deep South）原本偏民主黨的五個州；一九八六年，除了詹森總統出身的德州以外，民主黨失去了所有的南方州。尼克森實行南方策略後，南方各州在往後的總統大選中就一直是共和黨票倉。八〇年代到九〇年代初，眾議院議長紐特・金瑞契（Newt Gingrich）帶領共和黨走上基進路線，無論在委員會還是在議院都採取焦土戰術，徹底拒絕與民主黨合作，成功擴大了在眾院的黨團規模。兩邊的黨派之見從此愈演愈烈，國會內的信任關係則一落千丈。[41]

而在政治版圖重組的背後深處，則是各地區經濟活動、社會價值和身分政治的轉變。另一名史丹佛的政治學教授喬納森．羅登（Jonathan Rodden）解釋，隨著製造業重心從人口稠密的東北部城市遷往了人口稀疏、土地和勞力便宜的遠郊及鄉村，這些鄉村地區轉而投給共和黨，信仰虔誠的社會保守派也改變了共和黨。同時，民主黨則變成更專屬於重視社會自由的後工業城市政黨；這些地方的族群多元，公部門的工會參與率高，居民熟悉全球化、移民社會、創新和知識經濟。[42]因此美國（和其他先進民主國家）如今的政治兩極化主要反映出城鄉差距，城市近郊區則成為主要戰場。

居住在美國內陸、在文化上比較保守的民眾漸漸認為，城市的知識菁英——用菲奧里納的定義是「在學術界、專業領域、娛樂產業、媒體和政府高層工作的人」[43]——都是些妄自尊大的傢伙。鐵鏽帶（Rust Belt）的勞動階級白人常覺得自己經濟困頓，而整個國家的文化和政治菁英都偏袒除了他們的每個族群。鄉村和遠郊白人逐漸成為一種身份認同，他們渴望找回認可和尊嚴。[44]這種渴望促成了激烈的「憎恨政治」（politics of resentment）。

川普趁機利用了這種文化上的失落，贏得超過百分之七十未受大學教育白人的選票。[45]川普看到郡層級的二〇一六年總統選票分布地圖時，一定很滿足：除了沿海地區和零星的中西部城市有幾塊藍色以外，整個國家紅成一片。[46]

近年來，民主黨和共和黨的支持者不只住在不同地區，信奉的道德觀也來自不同的世界。雖然美國現在的無政黨中間選民是史上最多（比任一兩大黨的支持者都多），但兩大黨的支持者也比數十年來更均質、彼此更沒有交集。[47]

造成這道鴻溝的因素之一是不公的選區劃分（gerrymandering），也就是在劃分選區時圖利某個政黨。為了確保「一人一票」，議員選區必須在每十年一次的普查後重新劃定，而這在大部分的州裡都是議會的工作。如果一個黨能控制州議會的參眾兩院和州政府，就可以盡量最大化將來在州議會和美國眾議會選舉中分到的席次。

兩黨都曾在掌權後用過不公的選區劃分這種無恥招數，但共和黨從中得利較多。從下表可以看出，二〇一六年裡哪個政黨受政黨失衡之害最大。以在眾議員超過五席的州裡，席次比例較得票率少超過十個百分點為標準來看，民主黨在這十九州中的十五州裡都深受嚴重的選區劃分不公之害。

以北卡羅萊納州為例，民主黨在此獲得了百分之四十七的國會選票，卻只贏了十三席中的三席。該州州議會的選區重劃委員會被法院要求在二〇一六年選舉前重劃選區，而共和黨籍的委員會主席大方承認了他之所以「劃十席給共和黨，留三席給民主黨，是因為我覺得要劃十一席給共和黨，只留兩席給民主黨不太可能。」[48]

這種自私的黨派之見能解釋為何共和黨在二〇一六年只拿到百分之四十九的選票（民主黨則

二〇一六年眾議院選舉中失衡州的得票率與席次比例

州	敗選政黨	得票率	席次比例	贏得席次
阿拉巴馬	民主黨	33	14	1 of 7
康乃狄克	共和黨	36	0	0 of 5
喬治亞	民主黨	40	29	4 of 14
印第安納	民主黨	40	22	2 of 9
肯塔基	民主黨	29	17	1of 6
路易斯安那	民主黨	31	17	1 of 6
馬里蘭	共和黨	36	13	1 of 8
麻薩諸塞	共和黨	15	0	0 of 9
密西根	民主黨	47	36	5 of 14
密蘇里	民主黨	38	25	2 of 8
北卡羅萊納	民主黨	47	23	3 of 13
俄亥俄	民主黨	41	25	4 of 16
奧克拉荷馬	民主黨	27	0	0 of 5
奧勒岡	共和黨	38	20	1 of 5
賓夕法尼亞	民主黨	46	28	5 of 18
南卡羅萊納	民主黨	39	14	1 of 7
田納西	民主黨	34	22	2 of 9
維吉尼亞	民主黨	49	36	4 of 11
威斯康辛	民主黨	50	38	3 of 8
選區重劃由無黨派委員會負責的州				
亞利桑那	民主黨	43	44	4 of 9
加利福尼亞	共和黨	35	26	14 of 53
紐澤西	共和黨	45	42	5 of 12
華盛頓	共和黨	45	40	4 of 10

資料來源：https:// ballotpedia .org/ United States House of Representatives elections, 2016.

拿到百分之四十八），卻能獲得百分之五十五的眾議院席次。隨著「大數據」革命的發生，立法者也開始借助電腦模擬來精準分割選區以最大化政黨利益，這樣的不公平正漸趨極端。不過重劃選區的工作只要由無黨派的委員會執行，結果就會民主得多；從表格上採用這種方式劃分國會議員選區的四個州就能看出成效。

選區劃分不公只是造成大分裂的原因之一。民主黨支持者傾向高度集中於都市中心，因此他們在投票地圖上也更為集中。[49]於是共和黨能夠從看似「自然」的選區劃分上得利。但選區劃分不公除了加重這種不公平，還造成了其他結果。如果保守南方州的民主黨議員都來自非裔美國人高度集中的選區，立場較溫和的民主黨候選人要在這些州的搖擺選區脫穎而出，就更不可能了。反之亦然，在麻州和馬里蘭州等由民主黨主導選區重劃的州裡，較溫和的共和黨眾議員也很難勝選。用更原則性的說法就是，只要主導選區重劃的政黨故意不公，競爭激烈的「搖擺」選區就會減少，而原本這類選區比較可能由吸引中間選民的中間派勝出。兩極政治也就只會更形惡化，繼續侵蝕民主。

破碎的媒體版圖

社群媒體興起以及受眾狹隘、有政黨偏好的媒體（partisan media）增加，這兩者造成的媒體版圖變動也導致今日的兩極化發展。以前大多數的美國人都是從三大無政黨色彩的無線新聞台和地方報紙獲取資訊，但這種共通的公共媒體時代已經過去了。美國人現在接收新聞的管道要破碎得多，多半來自有線新聞台、政論節目、電台談話節目，還有社群媒體網站，尤其是推特和臉書。

一九八七年，聯邦通信委員會（Federal Communications Commission）取消了要求給予對立觀點等量陳述時間的公平原則（Fairness Doctrine）。保守派電台的談話節目從此進入超級政治化的時代。拉什．林博（Rush Limbaugh）、尚恩．漢尼提（Sean Hannity）、勞拉．英格罕（Laura Ingraham）以及陰謀論者格林．貝克（Glenn Beck）等主持人靠著發表尖銳的保守派觀點，大肆抨擊民主黨與左派，譴責和這兩者的一切妥協，在國內獲得大量關注和商業成功。

這造就了立場極端的新一代評論家和媒體平台。力挺川普的極右派媒體布萊巴特新聞網（Breitbart.com）也是循類似途徑在網路上崛起。最受歡迎的八個廣播談話節目都是保守派節目，常惹爭議的林博現有一千四百萬聽眾，在過去三十年間也一直蟬聯冠軍。[50]

右派的福斯和左派的MSNBC這些高度偏袒特定政黨的新聞台崛起，又進一步加深了雙方的鴻溝。這些有線電台的觀眾數量雖然仍遠比不上三大新聞台，但也和廣播節目一樣，只會讓政治活躍人士的觀點更加強硬極端。而這些路線強硬的活躍人士又會影響哪些候選人能獲得政治獻金、政治能量和志工的幫忙——也就是誰會贏得黨內初選。在右派裡，這種被催動的媒體受眾協助金瑞契在柯林頓時期發動共和黨革命奪下國會，也幫助茶黨在歐巴馬時期崛起。左派的活躍人士也促成了自己的政治奇襲行動：二〇〇四年的霍華．迪安（Howard Dean）、二〇〇八年的歐巴馬和二〇一六年的伯尼．桑德斯（Bernie Sanders）。

社群媒體也是這類挑釁政治的理想舞台。線上內容傳播極快，幾分鐘內就能爆紅。推特使用者發文時不用揭露真實身份，這有利於吹哨者揭發貪腐、幫助人權運動者對抗獨裁，但種族主義分子也能藉此散播惡意，意圖不軌的政權更能藉此干擾選戰。[51]在一個人人都能自命記者、專欄作家或影片製作人的時代，媒體的版圖或許會變得更為民主，但也會失去專業素養。

社群媒體對民主更長遠的危害，是它讓選民更缺乏處理複雜問題的能力。隨著資訊來源暴增，人的注意力就會大幅縮短。社群媒體公司，特別是臉書、谷歌、Instagram和推特這幾家，都陷入人性科技中心（Center for Humane Technology）所謂的「有限注意力的零和競爭，而這是他們的生財之道。」[52]因此社群媒體工程師設計平台和演算法的首要目標就是吸睛，讓使用者看到聳動、煽情的訊息，即便這些訊息錯得一塌糊塗，或是來自假裝成人類的機器人帳戶（推特上的這種帳戶可能占了百分之十或更多）。一旦民眾上鉤，熱門貼文開始廣傳，觸及的使用者就會不斷增加，公司就能獲得大量廣告收益，而美國社會也變得更憤怒、更兩極、更好操縱。

社群媒體公司也累積了巨量的使用者資料，讓企業、政府、政治宣傳和罪犯都能對任何類型的族群「精準投放」（microtarget）資訊。二〇一六年，川普競選團隊花在臉書上的經費遠遠超過希拉蕊團隊，據報導這些經費的目標是「從十六個搖擺州，一千三百五十萬名可說服的選民中找出川普的潛在票源，特別是民調所忽略的中西部」。[53]當然，川普本人也一直發布爭議推文，在博得新聞版面之餘蓋過那些比較節制的對手。[54]

人性科技中心列出了一份令人擔憂的操縱民心手段清單，包括針對特定的地區、種族或宗教投放謊言；找出本來就傾向相信陰謀論和種族主義的人；抓準公民情緒脆弱的時機傳遞訊息（比如臉書就發現沮喪的青少年會買更多化妝品）；以及創造上百萬個偽裝成真人的假帳號和機器人，營造虛假的共識感愚弄數百萬人。[55]

最近的研究也指出，在二〇一六年大選的最後一個月，美國大眾可能普遍接收過數則虛構的政治宣傳故事。[56]這些真正的「假新聞」能比真實新聞傳得更快更遠——背後通常是有組織的引戰酸民（在線上刻意發布語不驚人死不休又有爭議的宣傳內容）和機器人在推波助瀾。三名麻省理工學院的研究人員檢視了二〇〇六年到二〇一七年間在推特上散布的新聞故事，發現「不論哪一類消息，謊言都比真相擴散得更遠、更快、更廣也更深入人心」。而其中假的政治新聞又比其他類型的消息傳得更廣更快，能觸及更多人並引起更多爭端。[57]

從幫兒童做科學作業到提供癌症病患支持系統，網路能提供很多幫助，但它也是最適合民粹煽動的媒介。川普比任何一個想當總統的人都更懂這件事。而且很不幸地，普丁也懂。

萎縮的民主

美國從不是一個完美的民主國家。打從建國之初以來，奴隸制、種族歧視、性別歧視、排外心態、幾近滅絕美國原住民的作為、壟斷式的資本主義、貪腐，以及對公民自由的接連打擊，都傷害並桎梏著我們年紀尚輕的共和國。

憲法在頒布十年內，就因為約翰·亞當斯在總統任內簽署的《外僑與煽動叛亂法案》（Alien and Sedition Acts）而蒙塵。林肯總統在南北戰爭期間中止了人身保護令（habeas corpus）。伍德羅·威爾遜總統在一戰期間通過新的《煽動叛亂法》（Sedition Act）迫害反對美國參戰的批評者。在二戰初期，超過十萬名日裔美國人因為氾濫的仇外情緒而被拘捕並送進集中營。冷戰期間，麥卡錫參議員以反共為名的妖言惑眾害了許多人命。越戰時期，示威者經常遭受多屬非法的政府監控。在二〇〇一年九月十一日的恐怖攻擊之後，布希政府的反恐政策不斷擴張，許多美國人的通信遭受祕密的無證監聽，中央情報局會在審問時刑求恐怖行動嫌疑犯。

當我們思考川普時期憲法權利和規範所遭遇的危機，應該把這些歷史放在心上。即便九一一事件後通過了問題重重的《美國愛國者法案》（USA Patriot Act），在這幾年間，美國的公民自由所受的保障還是遠比前幾次戰爭期間要好。但在未來，對於戰爭、恐怖攻擊或外國顛覆行動的過度恐懼，都可能讓川普有藉口傷害美國最核心的自由。（想像一下川普可能在美國本土發生大規模傷亡的聖戰攻擊事件後提出什麼建議。）

近年來，許多獨立評鑑都指出美國的民主品質正在下滑。備受重視的自由之家以零到一百分評價國家的政治權利和公民自由；美國的分數從二〇一〇年的九十四分下降到二〇一七年的八十六分——比任何西方民主國家都更嚴重。[58]下降的主因是益增嚴重的國會失能、湧入政壇的資金洪流和刑事司法中的種族歧視。但自由之家也指出了川普時期特有的幾個問題：俄國對二〇一六年大選的網路攻擊與川普政府對此事的冷淡反應，而且政府普遍「違反基本的倫理標準」，以及令人擔憂的「政府透明度降低」。[59]

隨著華盛頓極化加劇，禮義的規範逐漸消解，國會跨黨派合作的能力也大減。如今每年平均有百分之六十的重大議案會陷入僵局——這是半個世紀以前的兩倍。[60]

國會也因為兩極分化而無法認真且公開地進行商討，更無法監督總統是否濫權。二〇一七年十二月，為了實現先前承諾的稅制改革，共和黨在參眾兩院倉促通過了這個影響極大又非常複雜的法案，不過「民主黨參議員抱怨他們直到表決前幾小時才收到法案和修正案，而且還是透過遊說團體，而不是從提案人手中拿到的。」[61]

前面提到的政治黑錢也侵蝕著我們的民主。這些資金背後都有人操線。不只選舉經費，遊說界向來幾乎是一面倒向企業和產業界人士，也是一大問題。二〇一七年最大手筆的遊說團體是美國商會（U.S. Chamber of Commerce），一共花了八千兩百萬美元來遊說國會。

二〇一七年，遊說支出排行前二十名的團體裡，只有第十一名的開放社會政策中心（Open Society Policy Center）不屬於企業或產業組織；這個自由派富豪索羅斯（George Soros）所資助的組織，大約花了一千六百萬美元提倡有關人權、移民和刑事司法改革的進步政策。[62]而前十名的遊說團體大約花了二十倍的資金，為藥廠、房產仲介、醫院、醫師、波音公司、谷歌母公司Alphabet和整個商界的利益說項。

川普在選戰結束前提出了一些合理的改革來「清理華府的瘴氣」（drain the swamp），限制捐款人和特殊利益的政治影響力，並且減緩公職人員在遊說界和政府間循環任職的速度。但是川普上台沒多久，他的政府就瘴氣四溢了。二〇一七年底，無黨派色彩的選戰法律中心（Campaign Legal Center）警告，川普的主要捐款人正在獵取值得擔憂的權勢，而且「川普提名的官員有超過一半和他們正負責管制的產業界有往來」。[63]

民主有多少復原能力？

我描繪的未來聽起來像杞人憂天嗎？恐怕只能說是輕描淡寫。

很多政治分析家和觀察者，或說他們當中的大部分人似乎都斷定，川普執政的第一年就證明了美國的制度有良好復原力，且能夠限制他對民主造成長期傷害。[64]他們認為，川普雖有不少問題發言，但真正破壞公民自由和憲法約束的作為並不多。的確，他雖然辱罵媒體，但並未沒收記者的檔案、監禁記者、關閉媒體或審查新聞。[65]的確，他羞辱反對他的聯邦法官，但大部分法官仍能秉持專業公正履行職責。

我當然很感謝記者、法官和其他人展現勇氣，但我不接受這種說法。川普的執政表現比我這輩子在美國政壇的所有見聞都更讓我警戒，而前面那種安於現狀的論調令我難以信服。

誠然，美國還不像匈牙利或土耳其那樣缺乏制衡的力量，能讓反自由的政治人物掌握大位。

然而威權對民主的進犯通常是逐步進行，而他們能否成功的關鍵因素正是這個過程能持續多久。兩年不算什麼重大考驗，川普卻在任期之初就令人深感不安。

最值得憂心的並非川普本人，而是許多共和黨政客、保守團體和右派媒體都樂意隨他起舞、甚至狐假虎威。二〇一七年，美國最有影響力的司法倡議組織聯邦黨人學會（Federalist Society）仿效了小羅斯福總統在大蕭條時期試著削弱最高法院的未果之圖，提議「將聯邦上訴法院（federal Courts of Appeals）的法官人數增加到兩倍甚至三倍」，很明顯是為了對付妨礙川普的那些法官。[66]《華爾街日報》原本在原則上反對川普，視他為背叛保守價值的暴發戶，但經過內部清洗後，開始在社論中為他的放肆言行辯護、縱容他的陰謀論心態。向來相信美國應領導世界的共和黨國會議員，也因為川普通過了有利企業的減稅，而對川普的保護主義不置可否。由於川普提名過年輕的保守派大法官，長期宣揚家庭價值的基督教福音派也就對他與情色女星的下流醜聞視而不見了。早在川普上台之前，超過二十個州（其中泰半的議會被共和黨掌控）已著手撤銷讓公民更易於登記投票的措施，特別是那些方便窮人和少數族裔的措施。自從二〇〇八年非裔美國人和其他少數族裔的投票率激增，讓歐巴馬當選總統後，整個南方基本上都朝這個不民主的方向走；二〇一八年，被共和黨掌控的州更是極力壓制美國原住民的投票率。[67]

聯邦政府所受的傷害不知會延續多久——不只是聯邦調查局、中央情報局和其他情治單位，包括國稅局、環保局、外交系統、檢察官和司法部職員的任命、消費者金融保護局（Consumer Financial Protection Bureau）等重要管制機構以及許多公務體系的基礎，都遭到川普全面地貶抑、打擊、忽略或是削減預算。川普政府對國家機關的輕賤是如此鋪天蓋地，甚至連農業部都受到影響；而農業部的服務對象可是最忠於川普的鄉村選民。[68]

我們也很難完整評估川普縱容極右派和公開鼓勵肢體暴力所造成的傷害。我們只知道，二〇一六年舉辦過川普造勢大會的城市，在大會當日發生的攻擊事件比平日多出百分之十二。[69]

二〇一七年的夏洛蒂鎮事件造成一人死亡，二〇一八年的匹茲堡「生命之樹」猶太會堂（Tree of Life Synagogue）槍擊案導致十一人罹難；但在此之前的幾年間，美國的新納粹和白人至上團體就不斷增加。[70]成千上萬對非裔美國人、猶太人、拉丁裔和其他少數族裔「懷抱恨意與怒火的重武裝公民」，集結在自稱「另類右派」（alt-right）的新一代魅力領袖身後。他們也走上街頭支持川普的政見。研究本土恐怖主義的前國土安全部資深分析師戴露．強生（Daryl Johnson）這麼評論：「僅僅十年前，像是邊境圍牆、旅行禁令、大量驅逐非法移民之類的想法，只在白人至上論的討論版上才會得到熱烈迴響，現在卻被當成美國的正式政策提出。」[71]

只要這種現象被等同於總統的領導才能，美國的民主就陷入嚴重且益發深沉的危機。

第六章

俄羅斯的全球攻勢

俄國干預了我國二〇一六年的大選。他們的作為暗藏戰略目的，作法非常老練，也在這上面投入了大量技術。這是一場由政府高層策劃，積極且審慎評估過的作戰……他們衝著美國而來。他們認為民主這場偉大的實驗威脅到了他們，他們會盡一切努力摧毀和玷汙民主。

——前聯邦調查局局長詹姆斯．柯米對參議院的證詞，二〇一七年六月八日[1]

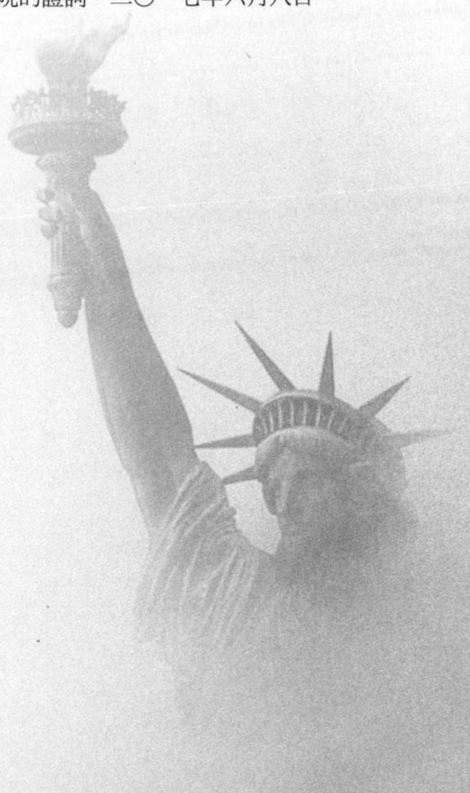

二戰過後，美國人原以為終於可以獲得長久的和平，但喬治．凱南（George Kennan）的一封電報戳破了同胞的幻想，而這也是美國外交史上影響最深遠的電報之一。時任美國大使館副館長的凱南從莫斯科發來這封後來聞名於世的《長電報》（Long Telegram），以一支健筆警告美國，蘇聯正努力擴展全球勢力、侵略西方的民主。為了強調「克里姆林宮對世界事務神經質的認知」，凱南繼續補充，這種認知「源自俄國人傳統與本能的不安全感」還有「恐懼更能幹、有力、組織更完善」的西方社會。蘇維埃聯邦的領導人知道自己「脆弱且虛假」的體制「禁不起與西方國家的政治制度接觸，更無法相比」。

凱南眼中的蘇聯領導階層充滿焦慮、恐懼且缺乏良好資訊。他預言這樣的蘇聯將會不斷對美國和西歐國家出手「削弱國民的自信」，在西方民主國家內部「製造社會和勞資糾紛、挑起一切形式的分裂」。[2]

當蘇聯在一九九一年瓦解，許多人都希望俄國能擺脫過往獨裁、不安和偏狹的傾向，成為更開放、更民主的國家。有一段時間，事態還真是如此。葉爾欽擔任總統期間，俄國開始出現了競爭性政治、獨立媒體、公民組織和稚嫩的市場經濟。雖然都還是尚未生根的實驗，但已能讓人期盼俄國會真心與西方合作。

然而這份希望命若蜉蝣。自由開放變成貪腐橫行和經濟失調，權力再次集中到新任俄羅斯總統手中。新一代政商寡頭「私有化」了舊蘇聯、奪取鉅額財富，一般公民卻連以前社會主義時代的安全網都喪失了。根據二〇一八年美國參議院的報告，葉爾欽任內「惡性通貨膨脹、撙節政策、債務和災難般的民營化結合起來，導致國內生產毛額在一九九〇到一九九八年間下降超過百分之四十，幅度是美國大蕭條時期的兩倍，持續時間則是三倍。」[3]對於大部分俄國人來說，蘇聯之死所帶來的並不是現代化，也不是融入西方，而是貧窮和國恥。接著，新的領袖出現了。符拉迪米爾．普丁誓言要讓俄羅斯再次偉大。

普丁在柏林圍牆倒塌時是派駐東德的ＫＧＢ官員，後來在九〇年代政壇亂局中飛速晉升，曾任聖彼得堡副市長、承接ＫＧＢ職責的聯邦安全局長、副總理、總理，最終在體弱多病的葉爾欽於一九九九年突然辭職後成為代理總統。幾個月後，普丁巧妙煽動被血腥的車臣戰爭激起的強烈愛國心，在一場充斥違規行為而遭國際監察員批評的選舉中，當選為真正的總統。他很快將權力集中至克里姆林宮，清除政敵和批評者（有些人的死仍是懸案），並成為世界上私人財產最多的統治者之一。[4]

二〇〇〇年以來，俄國的盜賊統治在普丁治下變得更加嚴重。他藉著石油和天然氣的鉅額收入重建俄國的軍事力量，在二〇〇八年入侵喬治亞，又在二〇一四年侵略烏克蘭，並不斷挑起與西方之間的衝突。普丁掌權近二十年來一直無法讓經濟現代化、也無法改善俄國百姓生活或阻止俄國人口減少，而他需要俄國社會繼續忽略這些敗績。

普丁對俄國與世界的觀點，和凱南在《長電報》中描述的蘇聯領導人驚人地相似。他相信西方世界正積極圍堵俄國、消耗俄國國力。借用凱南的話來說，普丁將「國外描繪成為一個邪惡、充滿敵意、圖謀不軌的世界，但又萬病悄悄叢生。」[5]儘管握有無與倫比的權力，普丁對他的統治正當性毫無信心，才會在看到群眾示威時驚慌譴責這是西方逼他下台的詭計。

二〇一一年十二月的事件正是如此，當時的莫斯科和其他城市有數萬名俄國人上街抗議該次國會選舉中的舞弊，他們高喊「普丁是小偷」和「俄羅斯不要普丁」。[6]普丁的反應卻是譴責美國國務卿希拉蕊煽動了這場他上台以來最大的示威。希拉蕊曾對「選舉的執行表達嚴正關切」，呼籲徹查舞弊和威脅情事的報告。[7]普丁震怒了。他宣稱俄國境內有數億美元的「境外資金」被用來醞釀政治變革。[8]他還宣稱：「我們需要保護國內事務不受這種干涉。」[9]而這句話的意思在幾年後就大白了。

包括二〇〇四年烏克蘭橙色革命和二〇一一年阿拉伯之春在內，這位俄國暴君向來痛恨美國和歐洲支持遠近各地的民主「政權更替」。利比亞革命推翻並私刑處死長期獨裁的格達費讓普丁格外惱怒，接著惹火他的是烏克蘭的親歐派在二〇一三和二〇一四年發動革命，罷黜了他的重要夥伴——親俄派的獨裁者維克多．雅努科維奇（Viktor Yanukovych）總統。[10]出身俄國的美國記者茱利亞・約費（Julia Ioffe）如此評論：「對普丁而言，真相再清楚不過了：美國在他視為俄國腹地之處推翻了他的親密盟友。美國為支持烏克蘭民主派非政府組織所花的錢都有了回報。」[11]

這些挑戰讓普丁重啟凱南在一九四六年所述的劇本，只不過細節因應數位時代有些改編。他會嘗試凱南警告過的那些策略，包括激化分歧、加強社會和種族糾紛、淘空西方民主大國的自信並離間它們彼此。雖然從前的蘇聯絕對想像不到，但它們如果知道的話，一定也會迫不及待地使用普丁的工具：社群媒體。他第一個目標是希拉蕊和二〇一六年的美國大選，更遠大的目標就是民主本身。

駭入美國的民主

二〇一六年三月，一場「網路釣魚」郵件的「全力閃擊戰」將希拉蕊的總統競選團隊和民主黨設為攻擊目標，而這次精心操作的出擊只是「一場大型作戰的一部分，目標是從世界各地上千個信箱擷取數百萬封郵件」。[12]這次攻擊是俄羅斯政府涉入的駭客行動「幻想小熊」（Fancy Bear）的一環，持續了一整個春天，截獲希拉蕊競選團隊主任約翰・波德斯塔（John Podesta）的五萬封信件。他們駭入民主黨全國委員會的檔案庫，目標是民主黨的民選官員、選務員工、策略顧問和智庫。最後俄國這場作戰從十多個民主黨人的信箱中獲取超過十五萬封電子郵件。

俄國的軍事情報機關格魯烏（GRU）[13]攔截這些信件後，在精準的時機揭露（主要透過維基解密），造成民主黨內部分裂，使得希拉蕊失去信用，瓦解她的聲勢。首批信件在二〇一六年七月的民主黨大會前夕流出，引起黨內左派反希拉蕊的情緒，逼得她辭去黨主席，同時也促使伯尼．桑德斯的一些支持者對民主黨全國委員會提告。十月七日，波德斯塔的郵件開始流出，把民眾的注意力從前些日子《華盛頓郵報》的轟動要聞引開：該報發現了川普在二〇〇五年下流地自誇性侵女性的影片。選戰最後階段的每個禮拜都有一批新的洩密郵件湧入社群媒體網站，讓媒體競逐醜聞。[14]

七月的郵件外洩後不久，科技和政治專家都指出俄國政府與領導人可能是源頭。整場選戰中，川普對普丁讚譽有加，但希拉蕊向來都和這位俄國領袖針鋒相對。她在歐巴馬政府時期對普丁的用詞常比總統更尖銳，比如把二〇一四年普丁併吞克里米亞比作「希特勒三〇年代的作為」。二〇一六年七月，曾任歐巴馬時期對俄事務高級主任，後來又擔任駐莫斯科大使的麥可．麥克福爾（Michael McFaul）看出玄機，指出這些洩密郵件實為普丁對希拉蕊的「報復」。[15]

二〇一六年大選過後，我們才開始看見俄國攻擊行動的全貌。美國情報機關一致同意，洩密郵件和選戰中的「假新聞」都是俄國的攻擊。川普的情報頭子，國家情報總監丹．科茨（Dan

Coats）後來也證實了這個結論。[16]

二〇一七年一月，前任國家情報總監詹姆斯・克拉柏（James Clapper）在卸任前發表了一份評估，這份評估代表中情局、調查局、國安局的一致判斷，普丁曾直接下令發起「影響力作戰」（influence campaign），傷害希拉蕊陣營、協助川普當選及「動搖大眾對美國民主程序的信任」。美國情報單位的評估還補充道：「克里姆林宮力圖推動長久以來追求的目標：擊垮美國所領導的自由民主秩序；這種秩序的發揚，向來被普丁和俄國資深高官視作對俄國和普丁政權的威脅。」[17]

情報單位在這份報告中的結論是：「普丁和他的幕僚以及俄國政府顯然偏好川普而非國務卿希拉蕊當選總統。」希拉蕊原本看似有望勝選，俄國陣營遂極力攻擊她的誠信和治理能力。一旦川普的聲勢累積起來，莫斯科就轉為試著協助他上台。

如同情報單位所評估的，「莫斯科的影響力作戰」融合了「數位攻擊等祕密情報作業，以及俄國政府機關、國營媒體、第三方中間人、付費社群媒體使用者或『網軍』（troll）」的公開施力。莫斯科的數位作戰也刺探了超過二十州的選民登記資料庫，並入侵過其中數個，[18]這讓俄國未來不只更有機會在選戰中製造混亂，甚至可以直接動搖美國的選舉程序。

二〇一八年二月，負責調查俄國是否介入大選的特別檢察官穆勒，公布了向聯邦大陪審團遞交的起訴書，起訴對象包含十三名俄國人和三個俄國組織。他所揭露的俄國作戰計畫比先前所知更為仔細和大膽。

其中一個被告單位是龐大的「網際網路研究機構」（Internet Research Agency），經營人是一個與普丁過從甚密的俄國大亨。起訴書中主張，該機構自二〇一四年五月即開始對美國選舉進行「資訊戰」。（他們在俄國併吞克里米亞，對烏克蘭祕密發動戰爭後就開始了這些攻擊，美俄關係因此降到冷戰後的新低點。）克里姆林宮除了製造齟齬與不信任，也是為了打擊川普的共和黨籍主要對手、協助川普當選總統。如一份新聞報導所言，「起訴書詳述了一起天衣無縫的陰謀。被告的作法包括前來美國進行研究、雇用專家修飾社群媒體發文以『確保它們讀起來像真人所寫』，並竊取真人身份購買網路廣告。」[19]

俄國單位的研究讓他們能針對搖擺州（swing state）選民出手，特別是佛羅里達州。[20]他們利用熱門的社會和種族議題製作臉書廣告（有些還用盧布付款），並且如《華盛頓郵報》所指出的，「深知如何用臉書找出最可能回應這些廣告的選民，並加以左右。」[21]這次作戰手法之精微，他們甚至知道想削減希拉蕊的少數族群選民，有個高招就是鼓勵他們不是拒投就是投給綠黨候選人吉爾・史坦（Jill Stein）。（CNN的政治分析師哈利・恩頓（Harry Enten）指出，「在密西根、賓州和威斯康辛三個關鍵州，投給史坦的票比川普贏過希拉蕊的票數還多。」[22]）

替俄國進行這些假新聞猛攻的是有組織的「網軍工廠」。Vice新聞（Vice News）指出，他們假裝成憤怒的美國人加入網路對話，在「種族、移民、槍枝甚至邦聯旗等熱門議題的正反兩方」都推波助瀾，並在「現實生活中為同議題的正反兩方舉行集會」。[23]

最有名的例子就是二〇一六年五月二十一日在休士頓，兩個（至少各有二十五萬名成員的）網路社群在一個伊斯蘭中心舉行了對立的示威。一邊是「德州之心」（Heart of Texas），動員的口號是「阻止德州伊斯蘭化」。另一邊是「美國團結穆斯林」（United Muslims of America），訴求則是「拯救伊斯蘭知識」。兩邊行動都不是由德州人或美國人所發起，舉辦和管理者來自俄國聖彼得堡，都是領薪水的網軍，他們的工作就是撕裂美國社會。[24]

二〇一六年大選後，俄國網軍繼續用假社群媒體帳號籌辦集會，既抗議川普勝選，又舉辦挺川普的集會互別苗頭。還有一個現在已經漏餡的網軍行動，是偽裝成「田納西共和黨非官方推特」（Unofficial Twitter of Tennessee Republicans，用戶名@TEN_GOP）的帳號，花了兩年為川普、脫歐和歐洲極右翼宣傳。這個帳號一面抨擊希拉蕊、進步派、穆斯林和主流媒體，一面和美國的保守派要人交好。大西洋理事會（Atlantic Council）數位鑑識研究室的班・尼莫（Ben Nimmo）指出，該帳號「有超過十三萬追蹤者，在美國右翼裡很有份量；一些川普的副手也會轉發該帳號的推文。該帳號在二〇一七年七月被停權時，整個美國的極右翼都激烈抗議。」[25]

俄國對美國民主的資訊戰如今還在持續，在社交和傳統媒體上進行尼莫所謂「全方位的全國通訊操弄」。俄國RT國際電視台甚至官方外交機構的推特發文，又進一步強化了俄國網軍和機器人的效果。[26]俄國網軍創造了上百個臉書和Instagram帳號，例如Back4Black和BlackMattersUS，且各有成千上萬的追蹤者。它們挑撥不同身份認同的族群彼此激烈惡戰，同時蒐集個人和商務資料，用以協助修改政治訊息、購買政治廣告，以及更巧妙地介入美國政治，或只是用於詐欺也行。[27]

川普及其陣營是否為了競選利益，積極勾結俄國的大型數位攻擊行動？特別檢查官穆勒或許會有答案。但我們已經知道，在二〇一六年郵件遭駭事件後，曾有一名俄方中間人向川普的外交政策顧問喬治．帕帕多普洛斯（George Papadopoulos）吹噓：「克里姆林宮握有好幾千封信件的希拉蕊醜事。」[28]而那年六月，川普以前的一個俄籍事業夥伴為了「向川普先生表示一些俄國的支持」，「提供了一些正式文件和資料給川普陣營」，這些資料「能用來控訴希拉蕊和她跟俄國間的交易」，而小唐納．川普的回函是「我很喜歡。」[29]小唐納後來即同意與一個「正從莫斯科飛過來的俄國政府律師」在川普大樓會面，與會者還有競選總幹事保羅．曼納福特（Paul Manafort）和川普的女婿傑瑞德．庫許納（Jared Kushner）。[30]

這不只是「干預」而已。這是公然的深度政治介入，也是對美國民主的嚴重攻擊。俄國的操作對二〇一六年選戰造成了強烈的衝擊。遭駭的信件像滴水穿石般逐漸加深民主黨的分歧，強化了希拉蕊的負面形象。這個操作在桑德斯的支持者之中造成最大的傷害，其中有百分之十二的人在普選中改投川普。[31]

選戰愈演愈烈的最後關鍵一個月裡，衝擊可能也更趨嚴重。政經體育分析網站「五三八」（FiveThirtyEight）指出，美國人「顯然都在關注」每週最新一檔維基解密的爆料。[32]有鑑於俄國的攻擊不斷持續，臉書估計有一億兩千六百萬美國人在他們家的頁面上看過俄國假新聞。俄國的線上戰略目標是盡力壓制關鍵搖擺州選民投給希拉蕊的比率，而實際上，川普在賓州、密西根和威斯康辛州僅以毫釐之差贏得選舉人票（總計約八千票），[33]而我曾推論如果俄國沒有介入，希拉蕊幾乎穩贏選舉人團投票。日前最詳盡的學術分析也得出相同的評估，出自德高望重的賓州大學傳播教授卡斯琳．霍爾．賈密森（Kathleen Hall Jamieson）。[34]國家情報總監克拉柏的看法更直接。他在回憶錄中寫道，俄國影響力作戰的目標設定得無比精準：「連俄國人自己都驚訝能讓川普勝選。」[35]普丁操弄二〇一六年大選的目標有二，其一是在美國民主中散布分裂不和的種子，其二是懲罰希拉蕊並讓川普當選。這兩個目標都實現了。

二〇一八年二月，川普自己的情報首長警告，俄國認為兩年前的介入十分成功，正準備在二〇一八年的期中選舉故技重施。[36]當時，德國馬歇爾基金會（German Marshall Fund）的「維護民主聯盟」（Alliance for Securing Democracy）正在追蹤大約六百個和俄國影響力作戰相關的推特帳號。[37]這些帳號抓住新的政治爭議，煽動美國的社會政治對立。比如說，佛州帕克蘭造成十七人死亡的高中槍擊案才發生幾小時，這些帳號就猛發極端的支持和反對槍枝言論。這些俄國帳號也會攻擊共和黨要人，而這些人一般都支持「妨礙普丁利益，尤其是關於烏克蘭問題或支持制裁俄羅斯」的政策。[38]曾任職歐巴馬政府和希拉蕊競選團隊的蘿拉・羅森伯格（Laura Rosenberger）觀察到，「美國正遭受攻擊，美國曾經遭到攻擊，美國還在遭受攻擊……然而政府似乎坐以待斃。」[39]

俄國的毒觸手

二〇一六年的美國大選並非俄國第一次介入選舉，也不會是最後一次。德國馬歇爾基金會發現，二〇〇四年以來，約有二十五個民主國家遭俄國暗中顛覆，其中包括波羅的海國家、其他多數歐盟國家，以及喬治亞和烏克蘭。一份參議院報告也發現，這些從蘇聯時期的顛覆和造謠戰術發展而來的作戰行動，一直在利用金錢、謊言、政治宣傳和各種更強大的工具，既協助莫斯科同路人也傷害批評者，外加打擊北約盟國和民主制度。[40]俄國的這些行動沒有固定方向且見風轉舵，對光譜兩端的政黨和運動都樂於支持：以德國為例，極右派的「另類選擇黨」和繼承東德共產黨的極左派「左翼黨」（Die Linke）都同時得到莫斯科的協助。

這些俄式攻擊的核心概念是世上可以有「一個目的，多重事實」，共同目標是傷害真相本身。[41]彼得・波莫蘭契夫（Peter Pomerantsev）在二〇一四年出版的書裡，完美描述了普丁治下的俄國所使的詐術及劣行，書名是《俄羅斯，實境秀：黑道、神棍、拜金女、新教父普亭的獨裁王國》（*Nothing Is True and Everything Is Possible*）。[42]克里姆林宮的謠言戰既無意說服、也無須說服大眾認同俄國的立場，只要讓民主國家的政府與政治領袖失去信譽即可。二〇一七年，「廣播理事會」（Broadcasting Board of Governors，現為聯邦獨立機構美國國際媒體署〔U.S. Agency for Global Media〕）的執行長約翰・蘭辛（John Lansing）在公開作證時說：「如果一切都是謊言，最會撒謊的人就是贏家。」[43]

俄國媒體戰用的是蘇聯「比爛」（what-aboutism）的老招。他們的政治宣傳靠著反問「美國警察還不是對黑人開槍？」，把所有批評拖進道德相對主義的泥淖裡。批評普丁併吞克里米亞，普丁就會問：「美國還不是併吞了德州？」批評俄國軍事介入敘利亞，克里姆林宮的宣傳機器就會問：「美國還不是入侵伊拉克？」《華盛頓郵報》記者丹恩・札克（Dan Zak）觀察到，這種歷久彌新的推卸伎倆「看似在舉出可以參考對照的實例，實際上卻是在轉移責難、混淆視聽、徹底迷惑理性的聽眾」。[44]

不管是否有意，川普都一直在用這種比爛遊戲抵擋或軟化有關俄國和普丁的批評。比方說，二〇一七年二月，福斯新聞主持人比爾・歐萊利（Bill O'Reilly）問總統要怎麼對付普丁這樣的「殺手」？而川普的回答是：「世上有很多殺手啊，你以為我們國家就很清白嗎？」[45]

前英國軍情六處探員克里斯多福・史提勒（Christopher Steele）在整理有名的川普與俄國關係「相關文件」之前，曾調查過俄國影響英國、法國、德國和義大利政治的行動。根據《紐約客》記者簡・梅爾（Jane Mayer）的概述，史提勒的《查理曼報告》（Charlemagne）記錄了「克里姆林宮長期以來的積極政治介入，包括煽動恐懼與偏見的社群媒體戰，並以銀行貸款、餽贈和其他方法，對屬意的政客提供『不透明金援』」。[46]克里姆林宮偏愛右翼、反自由民粹或極端民族主義政黨及政客，包括前義大利總理貝魯斯柯尼（Silvio Berlusconi）和法國極右翼政治人物瑪琳・勒龐，後者的民族陣線在二〇一四年從俄國獲得一千一百萬歐元的貸款。

俄國的對歐作戰和介入二〇一六年美國大選一樣，有雙重目的。莫斯科的長程目標是增強極端主義者的政治力量以侵蝕自由民主體制，短程目標則是破壞歐盟，進而終止歐美為懲罰俄國入侵烏克蘭而施加的制裁。

多項其他研究也證實了史提勒《查理曼報告》的調查結果，尤其是在二〇一八年一月，由參議院國際關係委員會中的民主黨少數派發表的一份報告。這份犀利而完整的分析記錄了歐洲如何遭受「普丁對民主的不對稱打擊」。該報告指出眼下「惡毒的影響力作戰」，是延續冷戰期間蘇聯「積極措施」（active measures）作戰的邏輯和歷史脈絡。普丁用了許多相同的工具，對內建立全面的政治控制，對外則逐步破壞民主體制。俄國針對法國、德國、義大利、荷蘭和瑞典等歐洲國家的全國大選，動用政治宣傳、不實資訊和祕密資金，還在二〇一六年的脫歐公投中搧風點火，促使英國離開歐盟。

俄國網軍和機器人在致力打擊二〇一六年美國大選的同時，也用數千（甚至可能數萬）個假帳號發表支持脫歐的推文，而這些帳號在六月二十三日投票後突然消失，只留下根柢鬆動的歐盟。[47]脫歐公投原本的領袖奈傑·法拉吉（Nigel Farage）一直強烈反對制裁俄國，他可能也收了大筆來自俄國的非法資金。[48]簡而言之，在這場比數相近的公投中，英國在俄國的設計下退出了歐盟，克里姆林宮達成破壞歐洲整合這一大目標，先下一城。而當川普總統在二〇一八年七月的北約高峰會上指責歐洲盟友並威脅退出後，克里姆林宮分裂北約的野心又更進一步。[49]

士氣大振的克里姆林宮也嘗試在二〇一七年加泰隆尼亞獨立公投前，在網路上激化分離主義情緒以分裂西班牙。[50]二〇一八年三月的義大利國會競選期間，俄國也用了成千上萬的社群媒體帳號分享「可疑的資訊來源、偏頗的專家意見和誇大的新聞標題」，繼續在網路上造謠。有個西班牙記者寫道，俄國的網路作戰已然「精於激化有關移民危機的公共討論」，讓移民問題在義大利國會選舉中壓過其他所有議題，為極右翼、民粹領袖和反移民政黨鋪好勝利之路。[51]

簡單來說，俄國正在對全球的民主發動攻擊。莫斯科的目標不限於選戰，手段也不囿於社群媒體。普丁大手筆資助國營媒體，用「精心的製作和聳動的內容」觸及全球，其中最主要的打手就是RT電視台和Sputnik衛星通訊社，後者有三十一種語言的廣播節目和網路新聞。這些節目能夠拉抬俄國和反西方的聲音（最好來自西方內部）、推動俄國期望的政策（比如脫歐和加泰隆尼亞獨立）、歪曲事實、助長對民主的譏嘲，並且像蘇聯時期一樣，宣傳純屬杜撰的陰謀論來敗壞美國的名聲。[52]

冷戰時期，蘇聯所兜售的無稽狂想有中情局暗殺了甘迺迪，還有愛滋病毒是華盛頓創造的生化武器。而現在，普丁的宣傳機器所謠傳的是美國在烏克蘭祕密實驗化學戰的技術。這些宣傳針對的是四面楚歌的烏克蘭民主政府，他們被克里姆林宮控制的宣傳媒體指控是法西斯政權並且在軍事衝突中犯下暴行，但暴行的禍首實則是矢口否認的俄羅斯。

俄國也利用其他國家或與國家有關的機構網路來進行攻擊，比如國安機關、公營和私人公司、組織犯罪、智庫和偽獨立組織。參議院國際關係委員會的少數派報告指出，這些單位「滲透決策機關……散播著克里姆林宮版本的故事」，並向合意的政黨、政客及外圍組織提供資金。[53]

雖然克里姆林宮同時尋找極左和極右翼的盟友，普丁還是特別受極右翼、白人民族主義者和反猶太團體歡迎，而這些團體也敵視穆斯林、移民、同志權利和女性主義，他們往往高呼要守護「傳統價值」。[54]國外的民主之敵正在協助和教唆我國國內的容忍精神之敵。

銳實力

俄國官方當然不這麼認為。他們堅持，俄國為影響西方政治、言論和政策所做的努力，就和海外廣播、文化活動、教育交流和資助獨立媒體及公民社會組織，這些西方民主國家慣用的「軟實力」沒什麼兩樣。

但對於哈佛大學的約瑟夫・奈伊（Joseph Nye）等發明這個概念的學者來說，軟實力指的是一個國家說服、吸引和鼓勵其他國家採用該國偏好的政策、價值觀及體制的能力。軟實力不需要民主，但它確實意味著開放心態、正向參與，而且多少需要靠事實講道理。[55]俄國、中國和伊朗等其他威權國家的作法迥然不同，不過他們把自己的意志加諸其他國家的手法，也不再是軍事科技和經濟壓迫等老派的硬實力。現在的獨裁者逐漸運用財富、盜竊、欺詐和分化來讓人懷疑民主、腐化有影響力的聲音、控制資訊、審查不利己的報導和威脅批評者。他們更常藉由否定而非吸引來塑造人的想法。這不是「魅力攻勢」，而是更隱晦、更腐敗、更凶惡的手段。

國家民主基金會在二〇一七年提出了一份獲得廣大迴響的報告，克里斯多福・沃克（Christopher Walk）和潔西卡・路德維希（Jessica Ludwig）分別在裡頭以「銳實力」而非軟實力來稱呼獨裁者的這些招數。他們寫道，這些招數就像匕首的尖端，旨在「割開社會的肌理」。對俄國來說，這表示他們必須「不停從各個面向打擊民主的聲望」，攻擊民主本身的概念、規範和價值。[56]

俄國也沒有停下軍事現代化的腳步，他們尤其重視利用無人機、高科技戰車、電子干擾、駭客入侵和長程對空飛彈，以提升發動快速、機械化戰爭的能力。加上武器射程和準確度的改良，這些侵略性投資對北約帶來新的嚴重威脅。[57]雖然如此，俄國終究是個衰落中的強權，這些惡毒的意圖和民族主義的虛張聲勢也遮掩不住他們落後的經濟，以及逐漸對二十一世紀失去影響力的事實。

切割世界各地民主肌理的獨裁勢力，還有另外一股：正迅速崛起成下一個超級強國、地大物博且不可一世的中國。中國的手段比俄國更有耐心也更小心翼翼，主要依靠北京大量的對外援助和投資所帶來的地緣政治影響力、無所不在的廠商和移民，還有對海外組織、政客、媒體、智庫和大學公開或祕密挹注資金。這類影響力意在慢慢破壞民主國家關鍵制度的獨立性、遏止對中國的公開批評、攔截會防止中國崛起並稱霸世界的對外及防禦政策。

長期而言，全球民主所遭受的最大外部威脅是正在崛起且野心勃勃的中國，而不是衰退且自怨自艾的俄國。相比於中國在全球的影響範圍和力量，俄國顯得小巫見大巫。中國藉著澳洲記者兼政策顧問約翰．加諾（John Garnaut）形容的「利誘、威逼、與矢口否認等組成的見不得光的手段」，正悄悄展開一場無聲的入侵。[58]當川普主政下的美國放棄數十年來領導世界的角色，美國的自由民主也從內部衰敗，中國對民主的入侵正同時發生。

第七章

中國的無聲入侵

中國和俄國的意圖日漸明顯，欲將世界塑造成與其威權模式相符——使他們有權否定他國經濟、外交和國安決策。

——《二〇一八年美國國防戰略報告》[1]

二〇一七年十一月，坎培拉查爾斯史都華大學（Charles Sturt University）公共倫理學教授克萊夫．漢密爾頓（Clive Hamilton）所著的《無聲的入侵》（*Silent Invasion*）掀起一波國際論戰。這本書嚴徵博引，揭發了中國如何用一系列驚人的手法操縱澳洲政治與社會。《無聲的入侵》原本預計如同作者的其他著作，由獨立出版社愛倫昂溫（Allen and Unwin）出版。但在付梓之際，愛倫昂溫卻因為害怕北京政府或其代理人的報復和法律行動，決定喊停。[2]（根據報導，另有兩家出版社也拒絕了這份書稿。[3]）

漢密爾頓和許多澳洲人一樣，越來越憂心中國對澳影響力日增的跡象。二〇〇八年四月，在奧運聖火傳往北京途中，他在坎培拉國會大廈的草坪上加入一場支持圖博的示威活動，卻發現數萬名「憤怒而兇悍」的中國學生在欺侮一群人數少得多的示威藏人和聲援的澳洲人。[4]這場霸凌讓他心裡發寒，但他仍繼續埋首學術工作和環境議題倡議。

時序接著來到二〇一六年中，涉及澳洲工黨明日之星鄧森（Sam Dastyari）的一則醜聞震驚了澳洲社會。這名年輕的反對黨參議員，不僅收受中國政府關係企業的非公開私人資助與大量選舉捐款，還開始帶頭倡議親北京政策。他無視工黨立場，力勸澳洲尊重中國對幾乎整個南海的主權申張。

這起「發言費」醜聞引人更認真檢視中國對澳影響力擴張中的網羅。網羅的中心是中國的企業利益和富裕的中國移民，而這兩者已成為澳洲兩大政黨最主要的金主。

鄧森否認自己是有意配合北京布局，雖然他被工黨短暫貶為次要的後座議員（back bench），但很快又重返領導階層。然而到了二〇一七年十二月，先是一支外洩影片顯示他言不符實，仍在為中國領土主張做明確的辯護，內容一再擴增，而且是照讀預擬的稿子。接著又有報導揭露，鄧森曾警告資助他的中國商人黃向墨，澳洲情報機關可能正在竊聽他的電話。[5]這兩件爆料迫使他辭去參議員職務。同月，《澳洲人報》（*The Australian*）又報導，中國公安部長曾在二〇一七年稍早時暗中威脅工黨：若不支持北京屬意的引渡條約，就會喪失澳洲華人的支持。[6]

當時，漢密爾頓已經完成了書稿。這本書歷經數月爭議，最後改由哈迪葛蘭（Hardie Grant）出版社在二〇一八年出版。他的研究揭露了大約從二〇〇四年開始，中國共產黨的作戰行動如何以令人警覺的程度滲透澳洲社會、政治和經濟——「從我們的各級學校、大學、職業公會到媒體；從採礦、農業和旅遊等產業到港口和電網等戰略資源；從地方議會、州政府到首府坎培拉的政黨。」[7]

最驚人的是，中國已經成功收編了澳洲的民間和政治要人，包括前幾任首相和外交部長。漢密爾頓寫道：「他們訪中時獲得盛情款待。」鮑伯・霍克（Bob Hawke）於一九九一年辭任總理後的十五年間，不斷促成許多商業合約，也為自己累積了數千萬美元的財產。[8]安德魯・羅布

（Andrew Robb）二〇一六年卸任貿易部長後，也和一個中共關係企業集團簽訂合約，該企業為「不特定的服務」每年付給他近七十萬美元。[9]

北京施加影響力的另一關鍵目標，是澳洲超過百萬人的華僑社群。他們受到嚴密的監視，來自中國眼線和情報人員的威脅也日趨頻繁。有些人被警告如果不停止「反中行為」，他們身在中國的親戚將會受到傷害。

中國不只致力消滅批評北京政府的聲音，也為中國政策動員活躍的澳方支持。標準作法是將這些北京行動編排得像是由澳洲在地所發起。這些行動看似發自草根情感，實際上卻只是「鋪了草皮」（astroturfed），背後其實都有中共在澳的「聯合戰線」資助、推動和組織。

二〇一八年六月下旬，澳洲國會通過了一項法案，賦予國家更多權能對試圖暗中影響政治及公民社會的境外勢力行動提起告訴，並且獲讚譽為「七〇年代以來澳洲最重大的反間諜改革」。[10]

另一個法案則倣效美國，要求外國遊說團體登記註冊。[11]第三個法案則是禁止外國對政黨、候選人和遊說團體捐款，不過目前仍躺在國會等待通過。然而，中國現已成為澳洲經濟的重心，澳洲每年有三分之一的出口所得和一百萬名遊客來自中國。[12]愈來愈多商界人士和政治菁英會說「我們已經注定離不開中國」和「我們活在中國的世界裡」。[13]北京的終極目標是損害澳洲的主權，破壞美澳同盟，讓澳洲繞著中國打轉，並且就像漢密爾頓說的，確保澳洲成為「中國經濟成長穩定可靠的補給基地」。[14]但中國的野心不會止步於此。

中國的銳實力路數

中國像俄國一樣，利用民主國家的多元開放來顛覆民主，而北京治內的手段也同時益發苛刻、高壓與針對個人。澳洲的警世寓言已經告訴我們，中國和俄國只接受由他們來影響世界上的民主國家：這兩大獨裁強權要進入美國社會幾乎不受任何限制，而外國的記者、研究人員、學生、大學、基金會、智庫和企業卻只有接受中俄的嚴格掌控，才能走入這兩國的社會。

然而，中國的目標和資源都比俄國更為全面。中國像俄國一樣，致力於削弱西方民主國家之間的盟約、損害美國主導的自由世界秩序，並擴張北京在經濟和地緣政治上的影響力。中國也像俄國一樣，致力於稱霸他們自認應得的勢力範圍。但除此之外，這兩大獨裁國家的差異非常鮮明。

俄國的問題是曾為超級強國的憤怒、不安和怨懟，而中國的問題在於新大國崛起的野心、狂妄和剛愎。俄國想要重新支配莫斯科在蘇聯時代的勢力範圍以及共產衛星國，重奪蘇維埃聯邦一度享有的更廣泛國際影響力。中國則是渴望稱霸全亞洲和太平洋，正積極深耕與海外華裔社群之間的紐帶，以便擺弄新加坡這類國家的政策。[15]但中國也逐漸渴望挑戰美國在世界經濟、政治、信念，乃至於軍事上的領導地位。

北京的目標是創造令人驚豔的成長率，同時拋開西方那套繁瑣的問責制度或自由與人權的大道理，以威權式國家資本主義的「中國模式」打造「全球化2.0」。[16]美式的民主和資本主義正逐漸顯露疲態，而中國領導人認為自家模式能與之正面交鋒。中國的影響力作戰逐漸擴張到亞洲之外，入侵這個中國想領導的二十一世紀世界的每個角落。

中國投射「銳實力」的方式，在許多重要的面向上都不同於俄國。一則是北京的銀彈遠更為充裕。近年來，中國每年的對外援助高達三百八十億美元，不過這些出口信貸或貸款的利息都和市場上的條件相差不遠，甚至根本一樣。[17]如果把這算成是「援助」的話，那中國確實超越了美國，成為最大的雙邊外援（bilateral foreign assistance）提供國。[18]

這種借貸能把弱國推入債務陷阱，讓他們不得不將戰略資產賣給中國。斯里蘭卡就陷入了這樣的困境，該國腐敗的獨裁者積欠北京高達八十億美元的債務。[19]因此在二〇一七年，斯里蘭卡為了免除約十億美元的債務，將深水港漢班托塔（Hambantota）租給中國九十九年，該港口面向印度洋的貿易路線，讓中國得以將經濟和海軍實力「貫入印度的勢力範圍」。[20]

中國這些作為的科技優勢也不容小覷。他們徵召了華為這樣的電信巨擘，前往亞非各國協助資訊基礎建設現代化，開闢出一條「數位絲路」。這些協助包括升級行動電話頻譜和安裝高速光纖線路。[21]但中國監視自家公民的數位技術也可能包藏在這些為國外打造的系統裡，並且流入其他獨裁政權手中。[22]實際上，中國一直都在向其他獨裁者出售網路監控技術，而新的監控手法將隨他們自己的太空通訊網路一同升空，利用超過一百五十顆人造衛星涵蓋全球。[23]

中國也利用財富建立新的國際金融機構，他們是新開發銀行（New Development Bank）和亞洲基礎設施投資銀行（Asian Infrastructure Investment Bank）的最大股東及主力成員。中國向亞投行繳納了五百億美元的資本，且目前已有超過八十個國家加入該行，包括美國和日本以外的各大主要工業國家。[24]中國還準備沿著一帶一路斥資超過一兆美元，打造遍布南、中、西亞，直通歐洲與非洲的經濟與戰略聯盟。[25]為了獲得「中國對各國需求孔急的基礎建設計畫提供補助貸款」，超過七十個國家都已加入一帶一路；資深中國專家裴敏欣（Minxin Pei）指出，迄二〇一七年為止，中國借給這些國家的款項「已高達令人咋舌的兩千九百二十億美元」。[26]其中很多國家可能被大型基礎建設隨附的鉅額貪汙機會誘惑，更何況金主對公開透明毫無興趣。

喬治·華盛頓大學的資深中國專家沈大偉（David Shambaugh）觀察到，「這等規模的投資前所未有；即使在冷戰期間，美蘇雙方也不曾像中國花這麼多錢。」中國對外投入的資金「共有一兆四千一百億美元；相較之下，馬歇爾計畫的花費僅相當於現在的一億零三百萬美元」。[27]美國從不曾有過這種全球想像或投資——沒有一個西方民主國家有過。一帶一路的鉅額支出在中國國內也引起怨聲載道，[28]但即便只實現了一部分，中國的經濟與政治勢力也會大幅擴張。

中國的外援不成比例地湧向獨裁國家（回報通常是在聯合國表決中得到這些國家應和），影響力作戰針對的卻是世界各地的民主國家。[29]北京的作戰策略比俄國更有耐心、想得更遠，循著媒體合約、投資、合夥契約、慈善與政治捐款和董事會職務等等途徑，更深、更廣地滲透到民主國家的維生器官裡，包括媒體、出版社、娛樂產業、科技公司、大學、智庫、非政府組織，甚至是政府和政黨。

中共的紀律和實力讓中國能夠利用比俄國更廣泛、更全面的組織網絡。[30]共產黨的聯合戰線除了操作情報、進行政治宣傳和間諜活動以外，最重要的是利用民主國家內部的分歧，並與海外華人社群及要人合作。[31]當然，俄國的影響力作戰也充滿這些列寧式戰術。不過中國的攻勢雖較不顯眼，卻已擴張得比俄國更廣，手法也更機巧。中共在操弄僑民的身份和社群連結上，走得也遠比俄國更前面。[32]中國靠著散居全球的六千萬華人，能夠散播政治宣傳、動員影響力，並將反對中國滲透的示威行動打上「反中、反華、排華」的烙印。[33]

媒體。中國全球影響力作戰的要素之一，是國有媒體機構在世界各地斥資數十億美元、積極拓展地盤。這些媒體包括新華通訊社、《中國日報》（黨營英文報紙）、《環球時報》（附屬共產黨機關報《人民日報》的文摘）、中國環球電視網（中央廣播電台的國際頻道）以及中國國際廣播電台。新華社擁有一百八十間海外辦公室，是世界第四大新聞通訊社，僅次於法國新聞社（Agence France-Presse）、美國聯合通訊社（Associated Press）和路透社（Reuters）。[34]沈大偉警告，這些官方媒體同時播報新聞和共產黨的政治宣傳，「在這場中國所謂與西方的『論述戰』中，形成最主要的武器。」[35]不同於BBC、CNN或德國之聲等西方民主國家的公共或私人媒體，這些國營或黨營媒體以一致的美化視角呈現中國、中國政府及其企圖。二〇一五年有份報告估計，中國對外宣傳的花費在一百億美元之譜，大約是二〇一六年美國公眾外交（public diplomacy）預算的五倍。[36]

《中國日報》等國營媒體也會透過簽訂契約，讓他國的全國或地方媒體刊載中方文章，國際閱聽人因此間接接收了中國產製的內容。這些付費置入的內容會編排得像是當地報紙的社論。即便當下的影響不大，置入內容的收益還是會「創造依賴」，進而「影響整份出版品的內容」。[37]合作契約所帶來的中國資金、合夥關係及交流，都能讓媒體怯於批判中國、放棄民主體制中審視掌權者的「監督新聞」，走向另一種模式。[38]

中澳關係專家費約翰（John Fitzgerald）指出，在二〇一四年，由國家出資的澳洲廣播電台

（Australian Broadcasting Corporation, ABC）向中國「做出不尋常的讓步，大量刪減中文節目裡的新聞和時事相關內容」。[39] 二〇一六年四月，澳洲總理麥肯・滕博爾（Malcolm Turnbull）訪問中國，ABC在報導人權和南海爭議等敏感議題時，「甚至刪改了**自家**評論的中文翻譯版」。[40] 隔月，幾個澳洲的私人媒體集團也和中國簽署六份合約，答應「在電視網和主要出版品上播報與刊登中共的政治宣傳」。[41] 除此之外，中共中央宣傳部還完全掌控了澳洲華人社群的媒體。[42] 中國官方會審查澳洲中文媒體的來賓甚或叩應觀眾，確保內容吻合北京觀點。澳洲的BBC中文廣播電台已不復存；如今「幾乎所有從這些電台上聽到的節目都是些地方閒談，佐以中央宣傳部的聲音」，且都是從中國的國營廣播電台直播。[43] 澳洲的中文紙本媒體也被類似的審查籠罩，愈來愈多事業主選擇聽從北京指示，以換取在中國的「房地產投資機會、教育和專業服務」。[44] 無論大小報社都被施壓停止出版批評中國的刊物，尤其是關於法輪功的刊物。

澳洲最直接遭受中國控制海外中文媒體的策略侵擾，卻遠非唯一受害的國家。在美國，中國也藉著併購或收編既有電台，以及成立新電台，「幾乎消滅了美國華人社群過去閱聽的大量中文媒體」。[45]

大學。中國靠著合作契約和交流計畫，尤其是大約五百二十五間孔子學院的全球網絡，在世界各地的大學院校發揮與日俱增的影響力。[46] 孔子學院由中國教育部的漢語推廣辦公室成立和管理，是共產黨對外宣傳的一部分，這些學院除了推廣中文和中國文化，也常同時宣揚中國政府的路線。

每間孔子學院除了帶來金錢補助，也都附設一個提供教師和教材的中國合作機構。在名聲斐然的美國學校裡，和孔子學院建立關係，涉及的可能只是少許資金和禮貌性來往。但在亟需北京金援的地方，孔子學院能發揮的功能就大得多，甚至可以禁止敏感的講員和話題進入校園，比如一九八九年的天安門大屠殺、圖博問題和人權議題。美國大學教授協會在二〇一四年警告：「大多數的孔子學院成立契約都包括保密條款，並要求對中國的政治目標與作為做出難以接受的讓步。北美的大學允許孔子學院為推行中國的國家方針招募及控制學術人員、選擇課程和限制討論。」[47]澳洲、歐洲和拉丁美洲也出現類似疑慮。裴敏欣指出，由於不願在學術自由和透明度上妥協，共有「分別位於四個國家的七所學校」關閉了校內的孔子學院。[48]美國也有愈來愈多大學院校在這麼做。

中國也極力拒絕「學者、記者，和任何中國官方認為發表過政治冒犯著作或言論的人」入境，以防堵批判性質的報導和分析。[49]二〇一四年七月，印第安納大學的歷史學者艾略特・史珮林（Elliot Sperling）方降落北京，就因為被認為曾口頭聲援維吾爾族人權異議領袖伊利哈木・土赫提（Ilham Tohti），而遭到驅逐出境。傑出的美國漢學家黎安友（Andrew Nathan）和林培瑞

（Perry Link）也被禁止前往中國，理由是他們在二〇〇一年編輯並出版了有關一九八九年示威抗議的祕密檔案：《天安門文件》（*The Tiananmen Papers*）。獨立的外國記者和新聞機構，比如《紐約時報》和彭博社，不是上了黑名單，就是在中國重重受阻、寸步難行。

隨著中國逐漸強大，中國的智庫也擔起為黨喉舌的任務，令他國學者感受到必須順應的壓力。[50]如同沈大偉所言：「中國的審查機制和宣傳設施一樣正走向全球，顯然也帶來衝擊。這個擾人的趨勢讓研究中國的他國學者擔心起自己是否能繼續造訪中國，而漸漸開始自我審查。」[51]

在北京傳遞影響力的管道裡，中國學生學者聯合會是最麻煩的一個。光在美國就有大約三十五萬名中國學生，而該組織靠著美國的一百五十處，以及法、德、英國大約兩百處的校內分會，將全世界的中國留學生連成一片網絡。學聯分會看似一般的社交俱樂部，但他們引發爭議的原因，在於普遍缺乏透明性、與中國大使館或領事館有財務往來、宣揚中國政府的立場，且頻繁出手壓制批評北京的聲音。該會也被指控監視校園活動、向中國當局通報有關圖博或人權等議題的行動、將「不愛國」的中國學生甚而學術研究回報政府。

一些在美國大學就讀的中國學生也因直言不諱而備受騷擾。二〇一七年五月，中國學生楊舒平在馬里蘭大學發表畢業演講後，就因為稱讚美國乾淨的空氣和開放的政治，並稱「民主和自由是值得奮鬥爭取的新鮮空氣」，[52]而在中國的社群媒體上遭受公審。學聯和背後支持與授意的中國大使館及領事局，因為審查或控制中國留學生的言行，包括指揮學生抗議「反中」行動，而被批評侵害言論自由。二〇一六年，加州大學聖地牙哥分校選擇邀請達賴喇嘛擔任畢業典禮的致詞嘉賓，當地學聯分會就以「強硬手段」威脅校方，並且承認與洛杉磯中國領事館合作。[53]

政商關係。遍布世界各地的投資不只為中國增加了經濟籌碼，也因為幫助許多有力的當地人士致富，在政界建立起寶貴的夥伴關係。

如同在澳洲，英國、法國和德國的前政府高官退休後，都因為和中國利益合作而發了財。[54]就連在民主國家，這些可疑的交易都逐漸重組了政治和對外政策。舉例來說，捷克的民粹總統米洛什・齊曼（Miloš Zeman）就因為對中國「展現更親切的態度」，為捷克的企業在中國取得了珍貴的許可。接著，由中國大亨葉簡明所領導石油及金融集團華信能源，仰賴高層官員「在總統辦公室與華信能源間周旋」，開始大量收購捷克國內的事業。據《紐約時報》所述，隨著資金湧入，齊曼成了「北京的重要支持者」，為中國擁有台灣主權的主張背書，並大加讚揚一帶一路。[55]齊曼除了宣稱中國「將捷克的對外政策從歐盟的支配中解放出來」，更任命與中國軍方關係密切的葉簡明為經濟顧問。[56]

在整個歐洲，北京也影響了意欲「吸引中國資金或在全球獲得更大認可」的政治人物和知識分子。因此，如同一份重要研究所述，歐洲國家「逐漸傾向『未戰先降』，主動依中方偏好調整政策。」[57]比如希臘的比雷埃夫斯（Piraeus）就在中國投資下成為「地中海最繁忙的港口」，因此當歐盟欲通過決議譴責中國的人權紀錄和對南海的侵略行為時，希臘屢次阻撓。[58]打中國牌也符合中歐和東歐威權民粹統治者的利益。這路牌打擊了民眾對自由民主體制的信心，因為它暗示著有一種更成功的威權模式，同時讓反自由民粹主義者有辦法警告歐盟罷手嚴厲制裁。

中國的外交官和記者向來也與歐洲的新興極右派政黨有所接觸，比如德國的另類選擇黨。[59]在拉丁美洲，中國也藉由慷慨資助參訪行程、交流和其他支持，和當地政黨、政治人物、官員及其他領袖建立和睦關係，希望能吸收「有力人士」成為「涉中事務的實質代表」。[60]

中國巨大的市場和經濟力量是一份龐大的籌碼，讓中國能藉此向美國和其他西方國家的公司施壓，要他們在台灣和圖博地位問題上遵從中共的路線，並進一步將各公司母國的政策推往傾中的方向。同時，中國企業在西方國家的份量漸增，也讓中國得以實現多樣的戰略目標，尤其是收購智慧財產。[61]

慈善機構。近幾年，來自中國的慈善捐款金額驚人地躍升，捐贈者都是與中國政府和共產黨關係緊密的中國富人及基金會。這些捐贈也是中國投射銳實力的新途徑。如此豐厚的資金雖然未必會附帶明顯的政治條件，但也可能促使受贈方自我審查。

這方面的佼佼者當推「藉著贊助美國的研究機構以推行中國政府立場」的中美交流基金會。[62]該基金會由香港前行政區長官董建華成立，一名與中共高層關係密切的億萬富翁，現任人民政協（中國的主要諮詢機關）的副主席。《外交政策》（*Foreign Policy*）記者貝塔妮．艾倫－愛伯拉希米恩（Bethany Allen-Ebrahimian）指出，雖然該基金會自稱不是中共的代理人，但「仍與人民解放軍有數項合作計畫，在華盛頓和中國大使館雇用相同的公關公司」。他們在美國也登記為外國代理人。[63]二〇一八年一月，德州大學在參議員泰德．克魯茲（Ted Cruz）及其他批評中國人士的壓力下，拒絕了中美交流基金會為該校新成立的漢學中心提供資金。

二〇一七年，海航集團在紐約設立了海南省慈航公益基金會，由德國前副總理菲利普．羅斯勒（Philipp Rösler）擔任主席，而海航是中國最大、最不透明、負債最高的集團之一。[64]這個基金會的資產估計有一百八十億美元，是美國第二大的基金會。但由於所有權曖昧不清，許多觀察人士認為它的資金來自中國政府或共產黨的掩護公司，使得慈航基金會無法在美國獲得免稅資格，而慈航也無意尋求免稅資格。[65]慈航已向哈佛和麻省理工學院保證許多重大捐助，並承諾在接下來五年間捐出兩億美元。[66]這一大筆錢將會為世界上最強大的獨裁國家營造樂善好施善的形象。

聲望競爭

過去數十年間，美國政治人物都認為，對世界各地的人來說，比起中國的獨裁和國家資本主義，美國的自由民主和開放市場經濟遠更具吸引力。但近年的趨勢逐漸不同以往了。

皮尤研究中心（Pew Research Center）在二〇一七年調查了三十六個國家，發現世人對中國和美國的好感差距正漸漸縮小。民眾對美國的正面觀感從二〇一四年到二〇一六年間的百分之六十四，下降到百分之五十。同一時間，對中國的好感卻只有些微下降，從百分之五十二降到四十八。在澳洲、荷蘭和西班牙，正面看中國的民眾比正面看美國的民眾多出超過十個百分點。而在加拿大、德國、法國和英國，對美國和中國的喜好程度也相差不到百分之五。只有在義大利、波蘭和匈牙利，美國的公評才明顯大幅領先。不過在四個人口以穆斯林為主的中東國家，以及包括墨西哥、智利和秘魯在內的一些拉丁美洲國家，中國比美國更受喜愛。這種轉變有一大部分無疑是因為厭惡唐納・川普的總統政績，[67]但中國為爭取友誼和影響人民所付出的耐心和靈巧手腕也在生效。

這在亞洲尤其明顯。針對東亞和東南亞地區的《亞洲民主動態調查》（Asian Barometer）集團在二〇一四到二〇一六年間調查了十二個國家，發現平均有百分之五十的人認為中國是這些地區最有影響力的國家，回答美國的人只有百分之三十。在亞洲，平均有百分之七十四的人認為美國帶來正面的影響，但中國也不遑多讓，有百分之五十八的人對中國的影響有好感。

而從針對三十六個非洲國家進行調查的《非洲民主動態調查》（Afrobarometer），可以看出中國在非洲的收穫。二〇一五年，平均有百分之三十一的非洲人認為美國的模式最好，百分之二十五的人則偏好中國模式。（川普在調查進行時尚未當選，還沒展現粗暴的種族歧視，離二〇一八年一月說出非洲都是些「屎爛國家」（shithole countries）也還有好一段時間。[68]）三分之二的非洲民眾表示，中國日漸活躍的經濟行動，包括基礎建設和商業投資，都對他們的經濟有「很多」或「不少」影響，而百分之六十二的人認為這些影響是正面的。非洲人一般都強烈支持民主，但也正與全世界最強大的威權政體愈走愈近。

實力大進的中國

中國的影響力漸增，經濟和軍事力量這些較傳統的國力指標也是。中國的經濟必然將超越美國。（一個人口只有中國四分之一的國家，不可能永遠保持四倍於中國的經濟規模。）未來數十年間，歐美的人均財富或許仍將高於中國，但中國的經濟規模在二〇五〇年就會成長到美國的一點五倍。中國的財富增長也一定會帶來更強的力量。

美國仍維持著世界最強大的軍隊，但這樣的平衡正在快速改變。華盛頓的獨立智庫戰略與國際研究中心在二〇一八年提出一份報告，指出「過去十年間，中國的國防支出增加了將近五倍」。中國的軍事支出現已超過俄國的兩倍，並大於日本、南韓、菲律賓及越南的國防總和，僅次於美國。[69]中國也正勤於建立空軍、海軍及衛星戰力，意欲逼使美國在太平洋上退後，以成為稱霸亞洲的軍事力量，而中國的武力包括足以擊沉美國航空母艦的高精度反艦飛彈。[70]《紐約時報》的史蒂夫．李．邁爾斯（Steven Lee Myers）寫道，中國已經能「在對中國最重要的地區，也就是台灣周圍水域及南海爭議地帶挑戰美國的軍事霸主地位。」[71]

中國的經濟崛起和軍事擴張，與他們對科技優勢的追求密切相關。在「中國製造2025」的全國產業戰略下，中國正積極爭取稱霸全球的尖端轉型技術，包括人工智慧、超級電腦、雲端運算、機器人、無人機、電動車、虛擬實境、區塊鍊、基因編輯和其他生物科技。[72]

中國追求這些技術的手段，從產業間諜和電腦犯罪，到派遣大量學生攻讀美國科研與技術碩博士學位，到投資歐美科技新創產業，無所不包。他們甚至強迫外國企業須轉移技術才能換取廣大中國市場的入場券。[73]這些盜竊、獨占和強迫交付美國高科技的行為層出不窮，導致川普在二〇一八年中對中國祭以懲罰性關稅，此舉也讓許多擔憂中國獨霸野心的亞洲人感到慶幸。

除此之外，中國本身的科學突破也正迅速發展，雖然有部分是靠成立各種基金會剽竊或取得技術。中國的研發支出已經從幾年前占國內生產毛額的百分之二點一，提升到了百分之二點五左右。雖然美國整體研發占國內生產毛額的比例更高，達百分之三到四，但政府在這方面的支出已經從一九六〇年代的百分之二下降到如今的百分之零點七。

中國對未來技術鍥而不捨、精心策劃的努力追求，總有一天會終結美國的軍力優勢——而那一天或許會比我們想像的更早到來。美國和亞洲盟國現在已經難以逼退中國。而中國仍一直展現實力、走自己的路。北京在二〇一三年將防空識別區延伸至日韓領空，如今似乎已經成定局。二〇一二年，北京也派遣海軍占領黃岩島，一個遠更為接近菲律賓而非中國、極具戰略價值和主權爭議的環礁。中國還在備受爭議的南沙群島大膽開採礁石，填海造島並在其上興建軍事基地，甚至鋪設能供戰略轟炸機起降的跑道。中國對南海的掌控愈來愈徹底。裴敏欣指出，中國意在「告訴東亞國家，中國是這裡最大的強權，美國無法依靠。」[74]

如今，中國已經成為世界上最活躍的強權。很多外國政治領袖和評論者不喜歡中國贏取影響力和掌控權的高壓手段，因為其中很多根本是新型態的殖民主義，但更多人都因為中國的金錢、權力、野心和對其成就的景仰，而被誘入中國的陣營。

中國和俄羅斯都利用了二戰後的重要契機。杜魯門（Harry Truman）總統、國務卿迪安・艾奇遜（Dean Acheson）以及戰勝的民主國家同盟所小心樹立的自由制度，正在嚴重崩壞。美國跟歐洲無法永遠支配世界銀行或國際貨幣基金等組織卻不將其掏空，也誘使中國建立強而有力的機構分庭抗禮。

二〇一六年，環太平洋地區十二個自由貿易國家簽訂的跨太平洋夥伴關係協定（Trans-Pacific Partnership, TPP）不僅必要且富有遠見，原因就在此。該協定不只能促進經濟整合和提供重要的勞動和環境標準，也是一個戰略，藉此在亞洲打造全新的經濟與政治秩序，由透明規則而非中式重商主義主導，同時維持美國的關鍵領導地位。而川普總統卻決定撤出這項協定，簡直是自二戰後自由世界秩序建立以來，對美國全球領導地位最嚴重的自殘行為。撤出協定不但送了威權中國一份大禮，也重挫了東南亞國家的民主熱望，同時是中國崛起和美國衰落的警鐘與催化劑。二十世紀稱霸全球政治的民主大國退場，這對意在二十一世紀稱霸全球政治的獨裁大國來說，是作夢也想不到的好運。

第八章

我們對民主失去信心嗎？

所謂普世價值，是指任何地方的人都有理由認定它有價值。

——阿馬蒂亞・沈恩（Amartya Sen）[1]

現在我們看到的不只是獨裁體制的攻城掠地，甚至是獨裁者也竟然自詡為當代的道德和文化精神標竿。無論亞洲、非洲、拉丁美洲、中東，甚至部分的西方民主國家，都有愈來愈多的菁英主張「中國模式」的威權國家資本主義才是未來的潮流。新加坡總理李光耀只花兩個世代的時間，就帶領國家從貧困走向富強；當今的獨裁者也跟隨著他的腳步，主張經濟快速發展需要秩序勝於自由，而獨裁統治比自由民主更適合西方以外的文化。

但這是獨裁者治下的人民想要的嗎？老牌民主國家的公民又如何看待暴君的崛起？人民正在對民主失去信心嗎？

答案很簡單：並沒有。沒有任何大規模調查顯示民意對獨裁的評價有所提升。

然而，這不代表我們可以就此安心。在美國和其他相若的民主國家，對民主的質疑仍與日俱增，支持威權主義的資本顯然也愈來愈多——當國家遭受挑戰時，反自由民粹主義者將能以犧牲自由為代價，號召更多選民。

這種山雨欲來的危機在巴西、墨西哥、菲律賓和突尼西亞等國家更令人有感，因為當地的民主制度並未有效消弭犯罪和貪腐。幸好，老牌民主國家的公民仍普遍認為民主是最好的政府形式。而獨裁者不論用什麼文化主張為自己辯護，比如「亞洲價值」、「伊斯蘭文化」或其他非西方價值，或託詞窮人忙著賺錢而無暇關注自由，都與堆積如山的證據不相符。實際上，在非洲這塊世上最貧窮的大陸，人民不只對民主展現驚人的高度支持，也重視許多自由價值和監督統治者的制度。即便在仍是民主荒漠的阿拉伯世界，數據也顯示人們普遍憧憬民主與可問責的政府。

如今對民主最大的威脅，不是人民的價值觀或意見，而是（包括許多民選）統治者的貪腐和權力慾，以及國會和法院等監督機構的積弱不振。

如果缺乏對民意的理解，就很難寫一本關於民治政府的書。然而要完整匯集全世界對民主的看法也不容易，因為不同的調查不僅進行時間有別，使用的指標也各異。不過，數據仍然是很有力的證據。而數據顯示，只要政治領袖可以實現經濟進步，並尊重民主原則和法治來治理國家，世上任何一個地方的人民都可以抗拒獨裁的誘惑，擁抱民主。

美國人民對民主態度的變化

《民主期刊》（*Journal of Democracy*）在二〇一六年刊登了一篇聳動的文章，由政治學者羅貝托．佛亞（Roberto Foa）和亞夏．芒克（Yascha Mounk）撰寫，挑戰了我輩專家一直以來的假設，那就是西方先進工業化民主國家擁有牢固的根基。在這些政治學者生活的世界裡，民主的正當性已經堅若磐石，沒有主要的政治力量膽敢以不民主手段獲取權力，也沒有政治領袖在試圖破壞民主制的規範、監督和平衡後，還能逃脫制裁，因此這些學者才會說民主已然鞏固（consolidated）。在這樣良好的環境裡，民主當然是唯一的遊戲規則。但一個真正有韌性的民主國家，不只是菁英間要有這種共識，主要政黨、利益團體和大眾也都要有。只有無條件相信民主是最好、最公正的政府形式，才能讓民主樹大根深。[2]而佛亞和芒克主張，如今開始衰弱的正是這種信念。[3]

佛亞和芒克追蹤美國與歐洲社會對民主的態度已長達二十年，他們警告，西方輿論當中開始浮現一場「民主正當性的危機」。他們寫道：「在北美和西歐一些民主理應已然鞏固的國家裡，公民不只對政治領袖更吹毛求疵，也開始懷疑民主作為政治制度的價值，不指望自己能對公共政策發揮影響力，並且更情願支持帶有威權色彩的替代選項。」[4]

雖然近期的調查證據顯示佛亞和芒克只說對了一部分，但我們還是有理由認真擔憂這件事。首先看看美國。我在二〇一七年七月加入了獨立、無政黨背景的「民主基金會選民研究小組」（Democracy Fund Voter Study Group），和其他學者一起根據五千個代表性樣本調查美國人對民主的態度。[5]好消息是，美國民眾依然壓倒性支持民主是最好的政府形式：約有百分之八十六的樣本說民主是很好或非常好的體制，百分之八十二說生活在民主社會裡非常重要，百分之七十八說民主無論如何都「比其他任何類型的政府還要好」。華府雖然已變得兩極分化和失能，美國人卻也不如想像中那樣對我國民主感到幻滅。有六成的美國人對美式民主的運作或多或少感到滿意，[6]比其他先進民主國家好一些。

但我們也得到一些壞消息。除了上述三個民主支持度的問題，二〇一七年的調查也評估了人民對兩個威權選項的態度，一個是「不必受制於國會和選舉的強力領袖」，一個則是軍事統治。結果竟然有百分之二十四的美國人渴望強人統治。這比佛亞和芒克在二〇一一年的調查結果低很多，但相較於同年皮尤研究中心對三十八個國家的調查，仍高於其他先進民主國家，比如加拿大只有百分之十七，法國為百分之十二，對悲慘的納粹歷史記憶猶新的德國更只有百分之六。[7]

此外，美國境內對於軍事統治的支持也在穩定攀升，從一九九五年的百分之八，到二〇一七年約百分之十八。這不只遠高於加拿大（百分之十）和德國（百分之四），也高於以色列（百分之十）和南韓（百分之八）等深切依賴軍隊的民主國家。（不過，選民研究小組在深入訪談中發現，美國受訪者對「軍事統治」的認知更接近由軍隊維持法律與秩序，而非讓軍方凍結憲法並直接治理國家。）

在表面的數據下，還潛伏著一些令人不安的趨勢。首先，美國人對民主的支持不如我們所希望的穩健。我們的調查小組在二〇一七年的五個問題中，有三個關於民主、兩個關於威權，只有略過半數（百分之五十四）的美國人一貫地堅持民主立場。實際上，有百分之二十八的樣本在至少兩個問題中給了非民主傾向的回答。

更糟的是，民眾也趕上了當今嚴重兩極分化的政治情勢，對民主價值變得猶疑不定，甚至帶有敵意。當然，美國也曾流行過反自由的情緒。我們不知道有多少美國民眾在三〇年代、或在五〇年代歇斯底里的反共風潮中，願意支持獨裁者上台，而那些人數也可能比現在更多。但在那幾個過往時期裡，無論人們面對的挑戰是什麼，總統對民主的忠誠都沒有如此可疑。就這方面來說，唐納·川普對美國的民主是前所未有的威脅，而這也反映在調查數據深層的模式之中。

在二〇一六年總統初選中，川普支持者大體上更為支持「強力領袖」（百分之三十二），其他主要政黨候選人的支持者僅有百分之二十（或更少）有此偏好。而在該年大選中投給川普的選民，有此傾向者大約是投給希拉蕊的選民的兩倍（百分之二十九對十六）。至於二〇一二年投給歐巴馬、二〇一六年轉而投給川普的人，則是威權傾向最重的一群，支持「強力領袖」的比例高達駭人的百分之四十五。

這個模式在國外也很類似；右派公民比左派公民更容易支持威權人選。舉例來說，貝魯斯柯尼的義大利力量黨（Forza Italia）屬於中間偏右，而英國排外的英國獨立黨則屬於極右翼，兩黨支持者都比國內其他政黨遠更為支持「強力領袖」（超過百分之四十）。對仇外的民族陣線有好感的法國公民，也比其他政黨的支持者更偏愛軍事統治。

在川普治下的美國，這種贊同獨裁的態度也逐漸與你死我活的黨爭與激進的意識形態匯流。在川普時期，共和黨支持者比民主黨支持者更傾向支持「強力領袖」（百分之三十一對二十一）。自認為保守派者支持「強力領袖」的比例超過自由派的兩倍（百分之三十對十三）。如果根據他們對墮胎、同志權利、種族和宗教議題的觀點，把樣本分為文化保守派、中間派和自由派，文化保守派和文化自由派對強人政治的支持度差距更大，高達約二十個百分點。[8]

在當今的美國，種族歧視和宗教不寬容，與獨裁支持度有非常高的相關性。令人擔憂的是，多達六分之一的美國人願意從種族的角度，甚至根本可以說是種族主義的角度，來看待美國人這個身份，亦即只有祖先是來自歐洲的人才算是真正的美國人。比起主張歐洲血統「完全不重要」的美國人，前面那些人支持「強力領袖」的可能性高出四倍，也更容易質疑民主。

在支持加強監控清真寺或對穆斯林加強機場安檢的美國人身上，也出現同樣令人擔憂的反應模式。這些受訪者支持「強力領袖」的比例，是強烈反對拿宗教信仰來為人貼標籤者的三倍。[9]每當川普掀起文化論戰、挑撥反穆斯林仇恨、拒絕明確譴責白人至上論者、攻擊從加州眾議員瑪克辛・沃特斯（Maxine Waters）到籃球明星雷霸龍・詹姆斯（LeBron James）等非裔批評者的智力，靠的就是煽動這些潛在選民。[10]

川普時期的政黨惡鬥也逐漸斫傷美國大眾對監督和制衡總統權力的支持。絕大多數美國人依然主張總統應受到法院（百分之九十一）、國會（百分之八十一）和媒體（百分之七十五）的監督及問責。但相較於批評者，川普的支持者卻極度不支持這些對總統權力的監督。川普支持者反對國會監督總統的比例是批評者的九倍（百分之三十六對四），反對媒體檢驗他的比例是十倍（百分之四十八對五），主張「總統不應受到他認為是錯誤的法律及法院決議所束縛」的比例則是五倍（百分之十五對三）。

最後一個讓人憂心的模式同時發生於美國和其他主要民主國家：教育水準較低的人整體上更支持威權主義。[11]

這些民意所隱含的不滿格外引人擔憂，是因為我們的歷史剛好走到了一個關口。[12]川普並非唯一衝撞和糟蹋民主規範的總統，在歧視移民和少數族裔的煽動人士領頭下，反自由的民粹主義浪潮正席捲許多先進工業化民主國家。調查數據顯示，打種族和移民牌的政客和傾向「跟隨領袖」的公民特別契合。無論是因為移民、全球化、收入不平等還是經濟不穩定，只要愈多選民害怕世界的變化超出自己的掌控，就會有愈多川普、奧班、勒龐這種反自由的民粹政客宣稱自己是這些疑慮的唯一解答。然而這只是譁眾之徒取寵的伎倆。

另一個大問題是，如同我們在第五章看到的，比起一百年以前，美國兩大政黨的意識形態更加涇渭分明、沒有交集，然而兩者也比過去更加勢均力敵。這樣的態勢使得美國政壇淪為一種兩黨之間你死我活、沒有合作可能的零和戰場。當每個人的政黨認同最終變質為敵對部落之間水火不容的鬥爭時，政治妥協的可能性就會降低，中間派要勸說同一陣營中的極端派和激進分子也會變得極其困難。對共和黨籍的國會議員來說，當最主要的踐踏規範者是政黨領袖和總統本人，要這麼就更難上加難了。

當然，社群媒體快速傳播錯誤、仇恨和極端訊息的能力，也加劇了美國民意中這股危險的趨勢，更不要說還有俄國等境外勢力，正居心叵測地利用美國政治的兩極分化與民心易受煽動這兩個弱點，準備扳倒美國的民主。

所以，真正的危險不是有大量美國人叛離民主理念；真正的問題在於，正當我們的民主政治受到前所未有的襲擊之際，美國人對民主認同的程度卻顯得搖搖欲墜，且囿於黨派之見。

窮人一樣渴望民主

美國國內的這些趨勢令人深感不安。但在世上一些生活沒那麼幸福的地區，我還是從民意中看到濃厚的希望。

有很長一段時間，專家都認為窮人不可能關心民主。一九四〇年代中期美國心理學家亞伯拉罕・馬斯洛（Abraham Maslow）率先提出一個影響特別深遠的理論。馬斯洛主張全世界的人類有著相同的需求層次，最基層的需求是民生物資和人身安全，「更高層次」依序則是尊嚴、歸屬感和自我實現。[13]該理論多年來經過不斷修正與強化，支持者主張貧窮、混亂國家的人民會著重「生存價值」，關注收入及安全，而富裕國家的人民則會追求「自我表達價值」，強調選擇的能力、尊重多元差異，並且不只是要求民主，還要求建立能讓自由及責任政治穩固成長的基礎結構。[14]從這個觀點看來，社會經濟的發展是至關重要的前提：社會愈是繁榮，愈能將國家推往「自我表達價值」的方向，最後走向民主。[15]

此一學派被稱為「現代化理論」（modernization theory），暗示較為貧窮的國家即使有了民主，也會缺乏必要的文化土壤，且其自由程度恐怕不及富裕國家的民主體制。這個理論主張，未開發地區民眾對民主的支持較為空洞、片面，對真正自由民主體制所需的自由、容忍、法治和制衡缺乏堅定信念。

這個理論在民調資料前是否站得住腳？它確實能合理解釋多數富裕民主國家為何能維持對民主的強烈支持。由於它著重在經濟富裕程度和民眾看待民主態度之間的關聯，故也能以「實質收入下降，貧富差距卻同時提升」來解釋美國和部分歐洲國家對民主的支持度的下滑。[16]然而，事實上，在許多中等收入或貧窮國家，民眾支持民主的程度卻比一般假設的程度更高、更深刻，也更普遍。

首先，我們來看看民主國家比例最高的開發中地區：拉丁美洲。二〇一七年，大型年度民意調查《拉丁美洲民主動態調查》（Latinobarómeter）調查了十八個拉美國家，各國中大部分的人都仍然同意改寫自邱吉爾之名言的命題，即「民主或許有其問題，但仍是最好的政府體制。」從墨西哥的百分之五十四，到烏拉圭的百分之八十四，同意此觀念的比例平均為百分之六十九。

自二〇一三年一度高達最巔峰的百分之七十九以來，拉美地區對民主的認同平均下跌了十個百分點。這意味著拉丁美洲的人民對民主的績效滿意度穩定下滑。墨西哥、哥倫比亞、秘魯和巴西都長期承受暴力或貪腐問題，這些國家的民眾對當前民主績效的滿意度不到百分之二十。只有百分之三的巴西人認為他們國家的施政是以照顧全民福祉為目的，而不是只為「少數有權有勢的群體」服務。[17]

東亞的情勢更加慘澹，這從我參加過的《亞洲民主動態調查》的定期民調數據可見一斑。[18]如果我們比較東亞最富裕的三個民主國家（日本、南韓和台灣），和另外四個中等收入的民主國家（印尼、蒙古、菲律賓和泰國），也可以發現民主所獲得的支持也顯得有些淺薄，一如現代化理論所預期。

抽象地看，這幾個國家無論貧富，基本上都非常重視民主的價值。在二〇一四到二〇一六年間，這些國家平均有百分之八十九的人民都同意前述「民主或許有其問題，但仍是最好的政府體制」這個命題。但被問到對於威權的觀感時，幾個較貧窮國家的人民的立場就動搖了，或是更糟。當我們問到「我們是否應廢除國會和選舉，讓強而有力的領袖決定一切」時，有三分之一的泰國中高收入者和菲律賓中低收入者都支持這種強人統治——菲律賓也真的在二〇一六年選出強人總統杜特蒂。

《亞洲民主動態調查》也探查了亞洲人對言論自由、法治以及立法權對行政權的監察等自由價值的認同程度。[19]這些問題旨在調查各國人民同不同意某些反自由的想法，包括讓政府「決定是否允許社會討論特定思想」、在重大判決上要求法官接受「行政部門的觀點」，以及政府「如果始終受立法機關監督」就無法「成就大事」。

這些問題的答案似乎因收入水準而有明顯差異。平均來說，有四分之三的日本人和三分之二的南韓及台灣人反對這些反自由的陳述。但在較不富裕的亞洲民主國家，人們就不那麼堅持這些原則。平均只有百分之五十的印尼受訪者反對這些想法，而蒙古、泰國和菲律賓受訪者反對的比例僅略高於百分之四十。（這個比例和柬普寨、馬來西亞、緬甸和新加坡這四個鄰近的獨裁國家差不多。）

不過，世界上最貧窮的大陸——非洲——的民意卻讓老派政治科學家相當驚艷。我們可能會以為，比起中所得的亞洲，低所得的非洲比較不支持民主或言論自由和法治等自由價值。但事實並非如此。在二〇一六到二〇一八年間的調查中，近三萬名來自撒哈拉以南，從貝寧到辛巴威等二十二個非洲國家的受訪者，有很高的比例不但支持民主，也都認同民主的自由價值。這些國家普遍貧窮，但平均有百分之七十二的人民同意「民主永遠好過」其他的政府形式。[20]

非洲人對民主的支持度雖然略遜於前面七個中高收入的東亞國家，不過那些國家不但富裕得多，實行民主的時間也超過一個世代。然而非洲人對自治政府（self-government）的熱忱卻遠高於拉丁美洲。非洲有許多人飽經獨裁和軍閥統治的荼毒，對威權的厭惡也不亞於東亞國家。平均有百分之八十五的非洲受訪者反對獨裁，相較之下，東亞受訪者則只有百分之六十九。至於對軍閥統治的唾棄程度，兩個地區都差不多是百分之七十五。

非洲如此強烈認同多黨政治、國會監察政府績效，以及媒體監督當權者等自由價值，讓老一輩的政治理論家大為吃驚。大約有四分之三的非洲人支持自由選舉和兩屆總統任期限制，還有百分之七十支持媒體監督政府是否有不正當的行為。[21]更出人意料的是，非洲對這些自由政府的核心原則及民主本身的平均支持程度，從二〇〇五年以來就居高不下。

如果問一個普通的非洲人，他的國家有什麼問題，答案一定很清楚：是統治者。在二〇〇五年到二〇〇六年間，對十八個非洲國家的四次不同期調查一直顯現同樣的模式：百分之七十四的人要求民主，但只有百分之四十七的人期望民主會實現（來自二〇一五年的數據），落差極大。

最後來談談阿拉伯世界。如果我們可以預期有哪個地方可能會鄙視民主，那大概就是中東了，那裡是全世界民主化程度最低的地方。雖然中東各地在二〇一一年爆發了追求自由的起義行動，但除了突尼西亞這個小國以外，短命的阿拉伯之春在其他國家均以慘敗告終。

不過另一份區域性調查《阿拉伯民主動態調查》（Arab Barometer）的數據仍令人驚奇，因其顯示本區民眾同樣憧憬民主、憎惡威權統治。[22]在二〇一一年的十個受訪國家和二〇一三年的十二個受訪國家中，平均有百分之七十二的阿拉伯人同意邱吉爾那段話，而在二〇一六年受訪的六個國家中，同意的比例更高，平均為百分之八十一。[23]被更深入問及能夠保障公民權、政治平等和行政可責性的民主體制時，阿拉伯人的反應更加正面：二〇一三年，有百分之八十五的受訪者贊成這樣的體制。

平均約有百分之七十五的阿拉伯人強烈贊成漸進而非立即的政治改革。但他們也不期望獨裁者將他們從混亂無序中解救出來。實際上，反對不受國會及選舉限制的「獨裁總統」的阿拉伯人年年增加，從二〇〇七年的百分之七十五，到二〇一一年的百分之八十，再到二〇一三年的百分之八十三（和二〇一六年六個受訪國的平均比例相同）。如下圖所示，這比其他地區高出不少。阿拉伯人對伊斯蘭宗教獨裁也沒有多少熱情；各國絕大多數人都認為絕對「不宜如此」。

對民主與威權的態度，依地區劃分

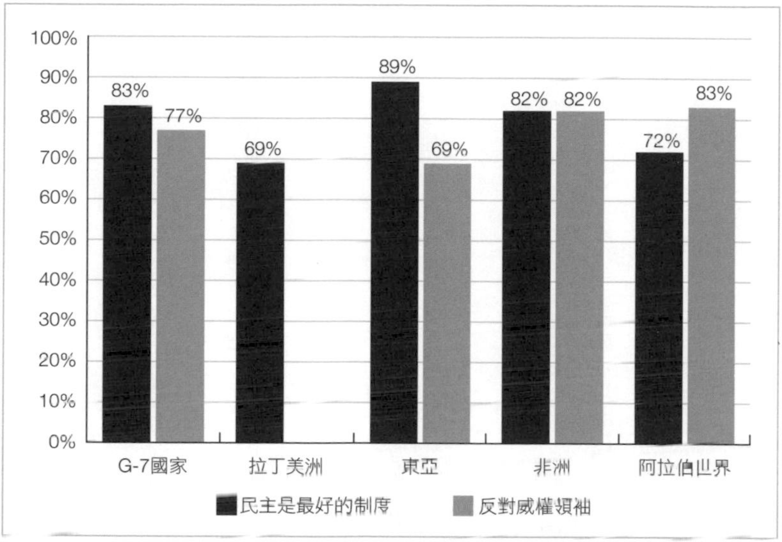

資料來源：皮尤研究中心、《拉丁美洲民主動態調查》、《亞洲民主動態調查》、《非洲民主動態調查》、《阿拉伯民主動態調查》

突尼西亞是阿拉伯之春後唯一繼續試行民主制的國家，但由於貪腐盛行又缺乏效率，人民對民選政府的評價愈來愈低。在二〇一一年到二〇一六年間，認為民主不利於國家經濟的突尼西亞人比率從六分之一增加到一半。但這些年間，認為民主是最好政府體制的突尼西亞人從百分之七十增為百分之八十六。[24]或許人民並不像某些理論家假設的那麼缺乏耐心和重視物質。

各地的調查結果可以簡單總結成一句話：民主是普世價值。平均而言，世界上每個受訪地區的民眾，大多數甚至絕大多數都認為民主是最好的政府形式，**而且**同意有權無責的強人很糟糕。真要說起來，那些經常被評估為就算不支持獨裁、也對民主不感興趣的地區，支持民主和反對強人統治的平均程度與美、英、法、日等富裕的G7民主國家不相上下。[25]

危機在於理想的幻滅

整體來說，全球的民意數據都清楚且令人驚喜地顯示，貧窮並非民主最大的敵人。柬普寨和緬甸這些亞非國家的窮人也渴望民主；他們只是渴望民主是為他們服務，而非為統治階級服務。[26]開發中世界的公民仍不時會受到威權主義的誘惑，但被誘惑的與其說是窮人，不如說是理想幻滅的人。

經濟發展和公平公正對民主的成長至關重要。但大眾是否會長期穩定堅持民主，最重要的因素其實是當權者是否忠於自由體制的規範：透明化、責任政治、包容異己、尊重法律，以及確保反對黨發揮重要的監督職務。以民為本、信守上述價值的民主國家不只能讓國民安居樂業，更能讓大眾恢復信心，相信民主是人類所能想到最好的政府形式。

第九章

面對獨裁者的挑戰

這正是我們的敵人所圖謀的……他們自知力量和影響力不如我們，所以打算暗中顛覆我們、侵蝕我們抵抗的決心、用恐懼令我們屈從。他們自知除了自私和恐懼，無法對世界貢獻什麼，才致力於打擊我們的自信和自我價值感。

——參議員約翰・馬侃，
於慕尼黑安全會議上的發言，二〇一七年二月十七日[1]

世界各地的人民或許想要民主，但俄國和中國不希望他們遂其心願。這兩個獨裁大國的實力和主導權遽增，正是對當前全球秩序的最大威脅。當然，我們不應忽略那些影響力僅及特定地區的獨裁者（尤其是伊朗）對民主的挑戰，或是蓋達組織、伊斯蘭國等非國家的恐怖組織。但綜觀世上的民主之敵，只有普丁和習近平這兩個領導人才有足夠的實力和野心來破壞整個自由世界的秩序。因此，任何捍衛及復興民主之戰，都必須有一套對抗中、俄威權勢力並加以遏制的策略。

我們的目標不應是開啟新冷戰。但我們得像身處以前那場「黎明前的漫長鬥爭」一樣，兢兢業業，放長眼光，不屈不撓。除了像冷戰時期那樣的努力，我們也必須承認美國的力量有其極限，因此我們需要民主盟邦。我們還得在兩種極端之間找到正確的路線：避免過份的戒慎恐懼引發的偏執、排外和國家權力過度伸張，也要避免過分的自信導致無所作為，讓高漲的威權主義有機可乘。

七十年前，獨具慧眼的美國外交官喬治・凱南（George Kenman）從莫斯科發來著名的《長電報》，這封電報至今仍有重大的意義。不過美國如今的挑戰也更為複雜，既因為我們的敵人不只一個，而是兩個世界強權，也因為他們的興起正逢美國的力量與決心減弱時，美國友邦也不再團結，而是同床異夢。即便如此，凱南當時提出的八個戰略原則仍然有效。

第一，我們必須理解威脅的本質。環顧這個世界，自由社會正面臨中俄兩國以或明或暗的手段滲透民主程序、消減民主價值、分裂民主同盟，以提升自己的權力。我們不僅要摸透威權國家發揮影響力的各種軟硬兼施的手段，也要更宏觀地看清貫串這些手段的惡意有怎樣的模式。

第二，我們必須教育民主社會了解有關獨裁威脅的規模、動機和伎倆。人類面對危險時的直覺反應通常是否認或恐慌，但這兩者對擬定策略均無助益。既因為如今的威權國家能以各種難以察覺的方式滲透操弄對手，也因為後工業民主國家距離上一次捍衛自由的戰鬥已經長達數十年了，很容易就否認或輕忽中俄兩國的威脅。多數人民都不想承認國家或我們自身有多脆弱。在歷經領導人失策導致損失慘重的潰敗，例如二〇〇三年美國入侵伊拉克的後果，民主國家的公民會希望國家卸下沉重的國際負擔，也是可以理解的。把錢花在國內事務而非大量投資國防外交，是很自然的想法，而歐洲的這種傾向又較美國更為強烈。但如果民主國家要認真籌謀對抗獨裁者進犯的策略，就需要獲得民眾支持。

第三，民主國家必須加強集體的軍事決心與能力，以面對中俄軍力的快速擴張和現代化。綏靖無法抵擋威權勢力的崛起或復甦。歷史上沒有多少事情比這更明白的了。面對這些威脅時，只有結合軍事力量和外交策略，才能保障和平及安全。無論是新的軍備控制條約，或是尋求共識以解決北韓等區域性挑戰，我們都必須隨時且盡可能與北京及莫斯科合作，緩和彼此間的情勢。我們也應避免用非必要的行動與語言來妖魔化或貶低敵人，更不該汙名化他們在美國的移民，這對增進國家安全毫無幫助。但只要俄國和中國做出不該發生的侵略行為，無論是入侵烏克蘭或南海，都必須讓他們嚐到苦頭、付出代價，否則更囂張的侵略行為就會接踵而至。凱南在一九四六年對蘇聯勢力的觀察至今仍適用於中俄兩國：這些獨裁國家或許對「理性的邏輯」無動於衷，卻對「武力的邏輯高度敏感」。因此，每當他們「遇到任何的強大阻力，就會輕易撤退」，而且通常都會撤退，「因此，與他們為敵時只要擁有足夠實力，並清楚表現出手的決心，那就幾乎不需動用這些實力。」[2]

第四，我們應尊重中俄的領導人及社會。莫斯科和北京現在這種干預各國的行為，某方面來說是為了彌補過去的恥辱。在很多俄國人心目中，一九九一年蘇聯解體代表的是蘇維埃帝國隕落、莫斯科失去領導全球事務的權力，以及社會安全網崩潰。從一九九〇年到一九九九年，俄國的人均所得下跌了百分之六十（以美元計）。[3]在一九九〇到二〇一三年間，俄國人的平均預期壽命成長率（一點八歲）遠遠落後全球（六點二歲），「世界排第一零八，介於伊拉克和北韓之間」。[4]同一時期，中國雖達成壯觀的經濟成就，但仍然念念不忘西方和日本帶來的「百年國恥」，也就是從一八三九到一八四二年的清英鴉片戰爭開始，到抗日戰爭與二戰同時結束的這一個世紀。自一九四九年掌權以來，共產黨就下定決心，要奪回中國在這段苦難時期丟失的領土與榮耀。尊重不代表承認俄國對前蘇聯領土（或克里米亞）和中國對南海的主張，更不用說容許中國長期以來對台灣的文攻武嚇。但如果要避免非必要的衝突，就需要承認中國和俄國都是偉大的國家，並理解兩國的歷史傷痕——而他們想在當代的世界舞台上一展拳腳，未必需要重創我們的核心利益和價值。

第五，若有可能，我們應該區別貪腐的領袖和該國社會，小心針對獨裁政體進行制裁，避免牽連無辜。把俄國和中國的**社會**當成敵人是很危險的。莫斯科和北京獨裁政權的政治宣傳手法愈發強而有力、影響深遠，不但為領導階層贏取了強烈的「愛國」支持，並激起強烈怨恨西方的民族主義，輔以對國際資訊的審查，更成功避免了國內大眾產生質疑或發展出多元批判的觀點。西方民主國家和中俄兩國社會之間若產生不必要的對峙，只會被威權領袖營造成國際衝突，為他們拉抬民意、化解批評力道。但我們的目標是獨裁體制，是打擊俄國的寡頭權貴和中國的共產黨高層，而不是與兩國人民為敵。這需要全新的精準手段來制裁個別政客、揭發嚴重弊端，和阻擋來自國外的攻擊。然而二〇一八年川普對中國發動的全面貿易戰，卻極有可能造成巨大的損害。我們應該尋找更精確、有效的手段來介入社會，拉開社會與政權之間的距離。

第六，我們必須忠於民主價值。凱南在《長電報》中向同僚呼籲對「我們社會的秩序與信念，要懷抱勇氣與自信。畢竟……最大的危險就是放任自己變得如同我們所面對的敵人一樣。」[5]我們不能自甘墮落，像我們的威權敵人一樣用假資訊、恐嚇威脅和貪腐這些自私的策略，來贏得這場捍衛自由的全球鬥爭。如果我們這麼做，就等於承認中國與俄國的體制和西方民主國家之間，不存在道德或理念上的高下，也沒有其他實質的差異，也等於承認國家之間不過是為了權力而鬥爭，毫無道德理想可言。那樣一來，普丁的目的就達成了。

第七，我們必須改革戰後的自由民主秩序，讓它更契合當前時代。在二十一世紀的世界政局中，巴西、印度、南非和其他新興市場國家扮演的角色更為重要。正如同記者法里德·札卡利亞（Fareed Zakaria）所說，這是一個「其他國家崛起」的世紀。[6]我們必須發展出一套更全面、多極的世界秩序，才能守護民主的價值與利益。我們必須像凱南在一九六四年的主張一樣，「對我們想看見的世界，描繪出一個更積極正面、富建設性的願景」。[7]中國正試著用「一帶一路」和其他全球戰略，塑造一套由中國威權領導取代西方強權的世界秩序。我們也必須拉攏以印度為首新興市場國家，以涵蓋更廣的治理、權力平衡和法治為地基，建立另一個更好的未來。

最後，我們必須修復和強化國內的民主，成為值得效仿的榜樣。除非我們對我們自己的自由體制有信心，並能證明該體制能解決我們社會上的問題，我們將難以與敵對的威權模式競爭。

本書接下來的篇幅將會處理上述的挑戰。就像俗話所說的一樣，以卵不能擊石。以下是我們所能做、也必須做到的事：世界上的民主國家若不能提振自己的表現，就形同為中俄的滲透和顛覆提供了肥沃的土壤。美國和其他富裕民主國家若不積極發動對抗威權的戰役，抵擋假資訊，並推廣民主的理念、知識與工具，資訊戰的贏家就會是中俄兩國。老牌民主國家若不重振決心，鼓舞世界各地的民主人士，與他們對壘的威權支持者就會藉中俄慷慨的資助取勝，而這些資助當然有其代價。我們若不攜手對付洗錢和盜賊統治，不只是放過威權敵人最致命的弱點，更會讓我們國家輕易受到外國的操縱。我們若不合作讓網路有利於民主的萌芽茁壯，雲端世界就會淪為讓惡意滋生、政治兩極分化、威權宣傳的高速公路。無論是美國、西方還是全世界，都該以這些可為且應為之務當作起點，抗衡並修補中俄對民主造成的危害。

面對普丁

俄國雖在普丁治下東山再起躍為強權，但缺乏明確理念或國家目標。普丁就像小偷，在公寓的走廊上尋找哪扇門忘記上鎖，逮到機會便潛入室內，沒找到就繼續碰運氣。無論在數位、金融還是真實世界，我們都得鎖好自己家門，以防他輕易得逞。

要對抗朝全球民主揮兵的克里姆林宮，首先應該聆聽和我們同樣信仰自由價值，又比我們更了解普丁的人：俄國的民主人士。符拉迪米爾・卡拉—穆爾札（Vladimir Kara-Murza）是其中最勇敢的人之一，普丁政權曾兩度試圖毒殺這名記者兼社運家。這些暗殺行動所用的毒藥非常尖端，唯一可能的來源是俄國情治單位。兩次暗殺都讓卡拉—穆爾札在鬼門關前走了一遭，復健過程也危險而漫長。第一次暗殺發生於二〇一五年，距離他的政治導師兼好友、俄國反對黨領袖鮑里斯．涅姆佐夫（Boris Nemtsov）在二月走出克里姆林宮時遭到槍殺，僅僅事隔三個月。儘管如此，卡拉—穆爾札並未放棄改革俄羅斯的行動。

關於如何應付普丁對民主的威脅，卡拉—穆爾札提出了三條綱領。「首先是在討論普丁的時候，不該用俄國來代稱普丁。」普丁想要的正是將這場衝突定調為文明之間的戰爭，戰場上的一方是墮落野蠻的西方，一方是只想維護自身文化與主權的俄國人民。但我們開戰的對象並不是俄國人民，而是普丁的統治階級爪牙，這些人劫持了俄國的國家機器和豐饒的天然資源。普丁罪愆的受害者不只有我們，還有一億四千萬俄國人民。西方的外交辭令必須清楚區分普丁的盜賊統治與暗自對其不滿的俄國人民。而我們也需要不斷努力區隔兩者。

第二，不要無端讚美普丁。我們最不該做的就是恭喜他在選舉中「獲勝」了，偏偏歐巴馬和川普兩位總統都犯過這個錯誤。俄國根本沒有真正的選舉，只不過是模仿民主程序，為普丁缺乏正當性的獨裁遮羞而已。俄國的民主人士要求我們：**請不要認可這種民主的贗品。不要鼓勵普丁，也不要打擊努力爭取真正民主的俄國民運人士**。我們需要為普丁這樣的獨裁者立一道新的黃金律：如果你不批評他，就至少別說話。

第三，我們需要從統治集團的痛處下手：他們的資產和享受這些資產的資格。也就是對犯下侵犯人權、掠奪性貪腐和其他罪行的人祭出針對性的制裁。關於這類問責制度，二〇一二年是個重要的里程碑，當年歐巴馬簽署了《馬格尼茨基法案》（Magnitsky Act）；該法案的命名是為了紀念俄國的反貪腐吹哨者謝爾蓋·馬格尼茨基（Sergei Magnitsky），他於二〇〇九年在俄國監獄中被毆打致死。歐巴馬政府在該法案的名單上列出十八名俄國政府官員及商界人士，禁止他們「入境美國、凍結由美國銀行管理的任何資產，並禁止他們在將來使用美國的銀行體系」。[8] 二〇一四年三月，俄國入侵克里米亞並對烏克蘭東部採取軍事行動之後，由美國領導的西方政府便制裁了許多俄國政府官員、軍官、政商寡頭、銀行和公司，從而禁止他們前往西方國家或在西方進行商業活動。

針對性制裁之所以有效，是因為它懲罰的是貪汙和侵犯人權的個人，而非全體俄國人民。卡拉—穆爾札借用了涅姆佐夫的話，盛讚《馬格尼茨基法案》是外國通過的法案裡最挺俄羅斯的立法：「因為這項法案針對的是侵犯俄國公民權利的人，還有偷走俄國公民財產的人。」卡拉—穆爾札說：「我們目前還無法阻止盜賊統治集團繼續竊取俄國的財富，但至少可以阻止他們在西方消費這些不義之財。」普丁和他的黨羽亟欲規避這些懲罰措施，而這顯然就是為什麼他們設法讓美國在二〇一六年選出一個氣味相投的總統。

不過克里姆林宮現在卻顯得有些後悔。二〇一八年四月六日，川普政府宣布了一波新的制裁，這次的制裁對象更貼近普丁權力網絡的核心。有鑑於俄國在二〇一六年介入美國大選以及後續的數位攻擊，華盛頓凍結了「超過三十六個俄國自然人與法人」的在美資產，禁止他們在美國從事商業行為或利用西方金融體系。有些制裁對象還是「普丁最親密的商界盟友和他們的公司」。[9]其中包括普丁的女婿基里爾・沙馬洛夫（Kirill Shamalov）、身價估計一百四十億美元的俄國第九富商維克多・維克塞伯格（Viktor Vekselberg）、國營俄羅斯天然氣工業股份公司（Gazprom）的首席執行長阿列克謝・米勒（Alexey Miller），還有資產估計六十七億美元的普丁親密商界盟友歐柏嘉（Oleg Deripaska），他先前也和名譽掃地的川普前競選總幹事保羅・馬納福特（Paul Manafort）之間有商業往來。[10]制裁公布隔週一開市時，俄國股市立刻重挫十一個百分點，盧布跌幅超過百分之四，俄國前五十大富商估計也損失了一百二十億美元資產。[11]

正好在這次制裁前不久，因為前俄國情報人員謝蓋爾・史克里帕爾（Sergei Skripal）在英國遭克里姆林宮以蘇聯的軍用神經毒素謀殺，導致一批派駐西方國家的俄國「外交官」（實際上都是已知或未確認的間諜）遭到驅逐。二〇一八年三月，美國、英國和大約二十五個其他西方國家「展現了團結」，驅逐了超過一百名俄國間諜。《衛報》（*The Guardian*）將這評論為「冷戰以來西方對俄國情報網規模最大的聯合打擊」。[12]

但西方出手仍十分留情。儘管史克里帕爾遭到暗殺、俄國在英國領土上使用化學武器，還有超過一打住在英國的普丁政敵遭到謀殺或死因可疑，英國的態度就如奧利佛．布爾魯（Oliver Bullough）這名作家兼反貪腐運動者筆下所述，仍是「對克里姆林宮憑盜賊統治所得的黑心錢敞開大門」。[13]政府和包括「銀行、法律事務所、會計師、私立學校、藝廊甚至保守黨的募款活動」[14]在內的私人機構，不但協助洗淨這些掠奪而來的財富，多半也都知情。其他西方民主國家也對普丁身邊的政商寡頭有程度不一的包庇，讓他們可以漂白黑錢、洗刷名聲並過著揮霍奢靡的生活。《華盛頓郵報》的專欄作家安．艾普邦姆（Anne Applebaum）這麼評論：「俄國政府十分輕蔑英國，因為他們認為英國菁英已是囊中之物。可悲的是，事實也許正如他們所想。」[15]

川普儘管拒絕譴責普丁，甚至承認二〇一八年四月基本上是因為國會和國安團隊的壓力才同意制裁，仍不斷宣稱自己的對俄態度比歐巴馬更強硬。但無論是美國總統或其他西方政府，對待普丁的方式仍太過溫和。沒有一個國家推動足夠嚴格、全面的對俄戰略。那麼，這樣的戰略應該涵蓋哪些內容？

完整內容將在下一章揭曉，不過最重要的是全世界一起堅定對抗盜賊統治。即便這會讓一些銀行、房地產業者、法律事務所和說客損失一些財富，但我們仍需要改革司法和監管體系，讓民主社會的規則更清楚透明。

我們還可以制裁更多普丁的盟友。不只是停止發簽證給政商寡頭和他們的家人，還要徹底修正「黃金簽證」（golden visa）計劃，不再讓財源可疑的富有外國人能靠一丁點「投資」來立即取得簽證，並且快速取得永久居留權甚至公民權。[16]馬爾他和賽普勒斯等國用粗糙的這類計劃換取「快錢」，讓「有錢的外國人幾乎不須受任何檢驗，就可以取得歐盟公民權」。這種計劃最大的受益者正是「會被其他歐盟國家拒於門外的中國和俄國商人」。[17]

我們還可以用許多方法提高普丁集團運作的成本和壓力。首先，我們需要更大膽、有力地利用情報手段來揭發俄國統治階級的腐敗，而第一個目標就是符拉迪米爾．普丁。這名俄國獨裁者據信擁有數百億美元的個人財產。[18]而他對自己的統治正當性非常不安，所有關於他和親信貪腐的報導，在他看來都是生死攸關的威脅。我們不需要學普丁自己那套蘇聯式的假資訊戰術。只要靠現有的金融情報和深入調查的報導，就可以大幅削弱他的正當性。

我們還必須更進一步搜查、公布俄國的顛覆行動，向大眾解釋其危險的嚴重性，萬不能再因黨派分歧而怠忽此事。如同蘿拉．羅森伯格（Laura Rosenberger）和詹姆．傅萊（Jamie Fly）所組成的跨黨派政策團隊所言，我們需要整合美國和盟國的政府機構，擬定一份協調一致的行動計畫，監控並遏止俄國的巨大野心。先進民主國家需要新的方式共享情報，「彼此切磋抗衡對策，以知道哪些有用、哪些沒有。」（舉例來說，法國總統馬克宏在二〇一七年競選時，就在競選團隊的電腦中放了反間用的假情報，減輕了俄國假新聞的影響。）幸好，北約和歐盟都在研究整合性手段，用於偵察及阻擋俄國的假新聞和其他數位攻擊。[19]

這些措施必須盡速執行。俄國、中國和其他敵人早就在不斷入侵、搜索、洗劫我們的電網、銀行、企業和其他重要設施。拿俄國來說，這些數位攻擊包括二〇一六年入侵超過二十個州的選民登記資料庫，還有二〇一七年被川普政府稱為「史上破壞力和造成損失最大的數位攻擊」的勒索病毒（NotPetya）。[20]二〇一八年七月，國土安全部透露，為俄國政府工作的駭客已攻入美國防護最嚴密的數位控制室，讓克里姆林宮有能力在美國製造大規模停電。前五角大廈高階官員麥可·卡本特（Michael Carpenter）認為：「他們正在對西方發動一場看不見的戰爭。」[21]我們不只要讓數位系統更現代化、加強對惡意程式的防護，更要破壞敵人的數位作戰能力，研發更強的進攻能力以制止他們。

除此之外，還有一些基本措施能協助民主國家對抗中俄的影響力作戰。首先，民主國家應增強對中俄新聞台、記者和商務人士的監控，因為這些人經常成為母國威權政府的情報人員。這需要更優秀的電子情報技術和情報人員，並為我們的特勤及分析人員提供中文和俄語訓練。其次，美國和西歐盟邦需要像中俄一樣，為比較貧窮的民主國家培養學者、記者、公民團體和政策專家，才能協助脆弱的貧窮國家分辨、揭發和抵抗這些看不見的作戰。[22]

我們還需要處理中俄國營媒體電台的問題。目前的局勢是非常不公平的：威權國家的政治宣傳工具能在民主國家裡自由傳播，但西方民主國家就連CNN和BBC等獨立新聞網都很難接觸中俄的一般大眾，甚至被完全隔絕。記者的狀況也是一樣：我們的記者在中俄境內受到嚴重限制，甚至被拒發簽證，而他們的記者在美國卻自由得多。當然，會有這些問題是因為我們反對言論審查，他們卻不在乎。因此，固然我們的網路不需要封鎖獨裁國家的節目，但是，如果美國自由而勇於批判的新聞媒體無緣接觸中俄的觀眾，那為什麼我們要讓對方進入美國的有線電視網？我們應該像處理貿易和自由議題一樣，要求讓西方廣電媒體享有對等的播送管道。在決定是否核發簽證給中俄記者時，也應考慮美國記者是否有同等權利進入該國。[23]

面對習近平

二〇一八年夏天，這本書即將完成時，我前往亞洲位於中國擴張野心第一線的地區，進行了一趟多國旅行。這些國家包括印度、泰國、香港和台灣。我在印度和對外政策思想家、學者、人權運動者和甫退休的外交官交流，其中包括一些曾位高權重的外交工作人員。我在台灣見了幾位在該國進步政府內位居要津的舊識，還有一些來自台灣蓬勃的民間組織、公民社會和新聞媒體的人物。我在泰國和台灣向學生及同僚發表演講，探討如何面對中國崛起帶來的壓力。在香港，我和俗稱泛民陣營的民選議員、政治人物和學生領袖度過了動人且難忘的一段時光；這些人所屬的政治光譜很廣，從僅僅希望北京履行民主自治承諾的溫和派，到受夠了中共威脅、要求立即獨立的基進派都有。

許多和我對談的人，思想都相當進步而且反建制，比如黃之鋒，這個戴著眼鏡的瘦弱學生是二〇一四年香港雨傘運動中的學運領袖。二〇一八年初，他在二度被判入獄時發文宣示：「囚禁我們的身體，囚禁不了我們的心靈。」[24]

若是在美國，這些社運人士應該會屬於「抵抗」川普的陣營，而且他們大多數的確都覺得川普粗鄙的修辭、不尊重自由的態度，和目無法紀的言行舉止令人膽寒。然而他們卻和許多敏銳的戰略思想家和保守派評論家一樣，全都懷著一種極為流行（且令我震驚）的思維，那就是慶幸終於有個美國總統站出來對抗中國了。

從印度、日本、新加坡到台灣，我發現他們不只益發畏懼中國的霸權野心，也更加渴望能與中國抗衡的力量。而想要抗衡崛起的獨裁強權，只能依靠既有的民主強權。

這樣的抗衡策略需要納入民間、政界、經濟、軍事等各個方面。民主國家必須先了解中國是如何運用其影響力左右他國、發展同盟關係，並從與其友好的國家當中將本求利、各取所需。

其中一個對抗中國之銳實力的主要戰場是教育。大學高層和其他教育界領袖愈來愈清楚明瞭，自由民主社會中的教育工作，與私相授受的秘密合約與屈從外國政府的指令是不相容的。這不代表要徹底禁止與中國合作，如此一來違反了民主和開放研究的精神。但所有孔子學院和類似機構的合作契約都應該完全透明。教職員、學生和大眾都應該知道中國提供了怎樣的人力和資源，以及要求了什麼回報。

許多中國提供的資源都需要經過審查和管制。有些大學院校有資源評估中國提供的課本和教材，但缺乏資源的學校需要外在的協助。這些學校可以聯合起來，聘請專業顧問以確保中國的教材沒有暗藏政治宣傳或封殺特定議題的討論。

中國留學生的學術自由也需要保障。當中國政府伸出黑手試圖壓制他們認定為禁忌議題的討論，或威嚇在敏感議題上公開違抗共產黨的中國留學生，大學院校應該用保密的方式向學生示警。學生組織收受外國政府資金時也應通報，並取得大學校方的批准。如果資金來自有扼殺國內外言論自由之記錄的獨裁國家，學生組織就有義務舉證自身的獨立性和言論自由並未因收取這些資金而有所妥協。

此一原則也適用於智庫和大學研究計畫。所有研究和計劃的外國資金都應完全公開，這些資金的目標和附帶條件也是。唯有如此，外部監督機構才能評估這些金錢來源是否有可議之處。

美國政府還有一項更迫切的任務，就是追蹤中國和其他國家是否嘗試影響美國的政策。外國資金若是抱持這種意圖，受贈的美國單位就應依《外國代理人登記法》（Foreign Agents Registration Act）註冊。這項法案以及負責執行的司法部都可以再強化。[25]

針對國內政治遭威權政府入侵干預的現象，民主國家也要提高警覺，強化公共意識和法律防線。首先，我們需要禁止外國機構捐款給美國的政治活動，澳洲政府近來就將此納入法規。這種捐獻目前在美國的聯邦層級是違法的，在各州和地方政府則不一定。任何為外國政府在美進行遊說者都應依《外國代理人登記法》註冊，而非依現行法規僅登記為遊說單位，而這也應適用於各州及地方政府。此外，民主黨籍奧勒岡州眾議員彼得・德法吉奧（Peter DeFazio）所提的《清理華府瘴氣法》（Drain the Swamp Act）能禁止所有美國官員在卸任後為外國政府或政黨進行遊說。但我的主張更進一步：我們應該也禁止所有前國會議員這麼做（更別說是前總統、副總統或其他民主國家的前總理和前首相）。所有能讓外國勢力腐化國內政治的門路都應滴水不漏地關上，嚴加把關。

當中國的擴張滲透逐漸擴及全球，許多國家亟需能揭發和對抗這些攻勢的知識與策略。富裕民主國家可以成立基金會，教育他國記者和學術研究人員了解中國的滲透計畫的運作方式，並訓練他們調查中國企業在各國的投資，與監督前執政者的政商關係。美國各州和地方政府及公民社會的各界人士也需要幫助，學習判斷前來尋求合作和合夥的中國個人、組織和公司是否真實可靠，而這些協助最好由聯邦機構提供，以方便取得。[26]這些中方提案有些也許是真心誠意的，本身價值也值得考慮。但它們的背後可能是盤根錯節、深不可測的中國滲透計畫的一部分，意在將中共的觸手暗中伸入美國民主體系的深處。[27]民主國家也應彼此學習哪些法律、規範和工具能最有效揭發（如果禁止不了的話）外國資金對本國政治的干預，並了解中國在販賣哪些數位工具協助其他獨裁國家監控網路及公民的通訊。最後，非政府組織的財務支援也能協助貧窮民主國家的獨立媒體抗拒中國資金的誘惑，不讓中國買下媒體一面為它擦脂抹粉、一面消除對它的批評。對於威權政府滲透和腐化開放社會的手法，我們所有人都必須更加警覺。

捍衛美國的科技優勢

二〇一八年三月二十二日，川普總統批准對價值六百億美元的中國進口貨品課徵關稅，引發強烈爭議；他宣稱這是針對北京不斷透過偷竊、駭客和施壓美國公司以取得美國技術的反擊。這種反擊方式雖然粗暴，川普倒是看穿了中國的陰謀的一個關鍵：沒有任何發展趨勢比中國在日趨威權的同時，取得超越美國的軍事優勢，更有害於自由世界的未來。

這個可能在五年前仍顯得不可思議，但如今中國的軍事實力在各方面都快速增長，無論是網際空間、超音速武器、反衛星系統、無人機、機器人、人工智能、高級計算機學等等。只需十到二十年光景，他們就可能有本事在戰爭中打贏美國。

當然，這不代表川普能贏得了這場貿易戰。和中國開戰不只可能傷害美國的農業和工業，也可能損及亞洲其他經濟體。我們需要更聰明、更完善的對策。所幸美國國會已經看清中國的威脅，開始大力支持抵制中國的法案。

歐巴馬執政晚期，五角大廈成立了名為「國防創新單位實驗室」（Defense Innovation Unit Experimental，簡稱DIUx）的一個小型計畫，總部位於矽谷。該單位提出的一份權威性報告指出，中國正無所不用其極地取得尖端科技，並列舉了一些精心策劃的反制方案來阻止中國取得領先。[28]其中特別強調，我們需要強化「美國海外投資委員會」（Committee on Foreign Investment in the United States，簡稱CFIUS），也就是審查外國投資是否可能威脅美國國安的關鍵機構。雖然海外投資委員會向來擁有擋下海外投資的權力，程序卻非常繁冗，需要十四個不同的政府機構在委員會規定的九十天內完成審核。再加上手上的資源和司法管轄權有限，在對美國國安意義重大的眾多交易案中，海外投資委員會每年僅能審查大約微不足道的一百五十件。

不過在二〇一八年七月，國會邁出重大的一步，賦予海外投資委員會更大的權力，得以審查並阻擋有可能損及國家安全與競爭力的外資對美國公司及不動產的收購案。[29]不過，若要更有效地保衛美國科技領導地位遭遇的諸多威脅（不只來自中國），該委員會仍需要更多資源和權力。

中國的擴張也大大威脅著數位時代的個人安全。比如中國的崑崙萬維科技最近就買下了總部位於洛杉磯的同志約會軟體 Grindr。[30]這家名不見經傳的中國線上遊戲廠商並非國營企業，Grindr 也向用戶保證個人資料絕對安全。但一些資訊安全專家提出警告，北京可能有取得這些用戶資料的相當權限。Grindr 提供的服務是協助同志秘密約會，但也因此成為中國情報單位眼中「誘人的資訊來源」。一份報告指出，這些情報機構針對美國國民建立了「方便取用的龐大資料庫」，可能「作為威脅的籌碼」。[31]

國防創新單位實驗室的報告還指出其他手段，以確保中國在未來數十年不會成為世界科技霸主。其中最重要的或許是增加聯邦政府對研發的資助，因為美國這部分的預算在六〇年代仍占國內生產毛額的百分之二，如今卻只剩下百分之零點七，低於中、日、南韓、德等多個國家。當然，美國私部門的投資比政府高得多，但聯邦資金對於我們能否大膽、大規模研究高端未來科技仍十分關鍵，因為其中有些研究需要對基礎建設有所投資。[32]

我們核發簽證給外國傑出人才時，也需要更審慎的策略。美國必須鼓勵更多學生投入科學、技術、工程和數學的研究（所謂的 STEM 領域）。美國目前「嚴重缺乏 STEM 領域的勞動人口」。[33]同時，許多中國學生希望能從事這些關鍵領域的研究工作。我們得審慎思考是否開放中國學生在這些攸關國安的領域做尖端研究，不然就得吸引他們在取得高等學位後無限期留在美國。川普政府在二〇一八年五月宣布，將縮短他們畢業後在美的工作簽證期限，顯然是完全錯誤的作法。[34]

在此同時，我們還需要從對國安無顯著威脅的國家招募更多科學和工程人才，例如印度。美國應該大量增加每年的外國專才（H-1B）簽證額度，本地公司和大學才能從海外聘請STEM產業未來所需的人才。美國企業聘用這些外國員工所需的簽證數量，遠遠超過華府目前的簽發量。研究顯示，每名外國專才員工不僅為美國居民創造一點八三個工作職位，還增加了美國廠商獲准的專利數量，因此有助於維持美國在科技創新上的優勢。[35]

根據以上所述，我們也得換個角度來思考當前關於美國移民的辯論。移民確實是國安議題，但並不像唐納·川普和他身邊的排外民粹分子所主張的那樣。美國和兩大獨裁強敵的不同之處，部分在於能夠吸引世界各地具備高科技專長和創新能量的人。對這些人才和創業家繼續敞開國門，才會讓美國繼續偉大。將這些移民吸納為民主社會的公民，是美國民主的重大契機。這是中國、俄國和世上其他獨裁國家絕對無法匹敵的。

第十章

反擊盜賊統治

盜賊統治的過程……就是盜取、藏匿，然後花用。

——奧利佛．布爾魯[1]

二〇〇六年，一名折扣商店大亨的遺孀賣掉她在華府占地兩萬三千平方呎的宅邸，以一千五百萬美元的現金成交。這處豪宅有七間臥室、十一套半的衛浴、一座電梯、一個戲院，還有「義大利大理石地板和一具曾掛在巴黎歌劇院的吊燈」。它的位置也經過設想，坐落於首都大名鼎鼎的使館區（Embassy Row district），周圍住滿城內的名流和權力掮客，半哩之外就是副總統官邸，離俄國大使館也只有一哩遠。華盛頓最頂尖的行政法律師之一，弗農・喬丹（Vernon Jordan）就住在對街。二〇一六年大選後，川普的首席助理凱莉安・康威（Kellyanne Conway）也搬到隔壁。當時，這間宅邸的售價創下華府歷史上數一數二的紀錄。然而關於買家，外人所知的只有買下宅邸的人頭公司名稱。[2]

十一年後，《華盛頓郵報》才揭露真正的買家是歐柏嘉，俄羅斯最有權勢的政商寡頭之一。二〇一八年四月，他因為和俄國政府間的關係，還有涉嫌洗錢、「威脅事業對手的性命、非法竊聽政府官員，以及參與勒索敲詐」，而登上美國的制裁名單。[3]

歐柏嘉除了是世界上最大的鋁業公司持有人之一，也在能源、保險和交通等業界擁有大量資產，而且還是俄國總統普丁的重要盟友。這名寡頭巨富長久以來均無法取得美國簽證，但這無法阻止他使用俄國外交護照短期入境美國。他因此得以造訪報導中那間華盛頓豪宅，以及另外兩間據說是透過英屬維京群島的信託所買下的位於曼哈頓的住處——分別是二〇〇六年以四百五十萬美元買下的市區住宅，和二〇〇八年以四千兩百五十萬美元買下的豪宅。[4]那些年間，這名俄國金屬巨擘並未被禁止接觸像保羅・馬納福特這樣的華府掮客，而馬納福特後來短暫成為川普的競選總幹事，又在二〇一八年被判犯下銀行及稅務詐欺。根據《哈潑雜誌》（*Harper's*）的報導，歐柏嘉也被禁止藉持有公司向知名組織捐款，包括宣稱不知金源是歐柏嘉的外交關係委員會（Council on Foreign Relations），還有表示不會再收受這些資金的卡內基國際和平基金會（Carnegie Endowment for International Peace）。[5]不過更麻煩的是，有大批收費高昂的律師和說客蓄勢待發，等著幫歐柏嘉這種可疑人物洗清名聲和逃脫國際制裁。歐巴馬時期的國家安全會議成員麥可・卡本特說：「歐柏嘉比多數俄國寡頭更清楚在華盛頓有錢能使鬼推磨的道理。」[6]《紐約時報》記者安德魯・希金斯（Andrew Higgins）和肯尼斯・沃格爾（Kenneth P. Vogel）則觀察到「幫助財大氣粗的外國利益集團操縱（美國的）制裁和關稅」已經成為「遊說界成長最快的業務之一」。[7]

在歐柏嘉這些來自世界各地的寡頭背後，是一個又一個獨裁統治者，而他們所統治的實際上是由國家餵養的黑幫。普丁或許是其中最有錢的，但不過是眾例之一。以馬來西亞前首相納吉・拉薩（Najib Razak）為例，他和黨羽被美國司法部指控在二〇〇九至二〇一五年間藉一連串明盜暗偷的手法，從政府擔保債券所籌的資金偷走了大約四十五億美元。他們利用政府所有的「一馬發展公司」（1Malaysia Development Berhad，簡稱1MDB）作為吸金管道，並透過全球各地的金融中心、秘密空殼公司和歐美大銀行的複雜網絡來洗白這筆贓款。美國法院的卷宗指控「這些錢用於購買曼哈頓及比佛立山莊的昂貴地產、莫內及梵谷的畫作、一間世界最大音樂發行公司的大量股份、一架三千五百萬美元的龐巴迪全球5000商用噴射機、一艘兩億六千萬美元的「平靜號」（Equanimity）的豪華遊艇，以及八百萬美元的珠寶贈送給澳洲超級名模米蘭達·可兒（Miranda Kerr）」。這些偷來的資金還用於償還八千五百萬美元的「拉斯維加斯賭債」，並投資數千萬美元給一家製片公司，該公司後來製作了一部大獲好評的好萊塢鉅作，講的是利令智昏的故事：《華爾街之狼》。[8]

歐柏嘉和納吉之所以能夠滲透美國社會，和其他數十國的腐敗獨裁者和政商寡頭一樣，都是因為法律漏洞大開，導致洗錢可以暢行無阻，說這些漏洞歡迎洗錢也不為過。一位敏銳的觀察人士就直指，缺乏有效監管的美國才是「創辦最多匿名公司的地方」，而非瑞士或開曼群島等惡名昭彰的金融避風港。[9]美國財政部估計，每年約有三千億美元的黑錢流入美國漂白，相當於美國經濟活動的百分之二。[10]英國估計出來的黑錢金額更是驚人：大約是一千兩百億美元，將近英國經濟活動的百分之五。[11]一份評估指出，大約有百分之八的全球財富、百分之三十的非洲財富和百分之五十的俄國財富都存放在祕密的境外帳戶。[12]

這些難以追蹤的資金交易讓大批貪婪的獨裁者、他們的家人、政界盟友和商界親信得以在西方呼風喚雨，並且敗壞自由國家的民主法治。俄國反貪腐分析家伊利亞・查斯拉夫斯基（Ilya Zaslavskiy）最近向哈德遜研究所（Hudson Institute）領導的「打擊盜賊統治計劃」（Kleptocracy Initiative）提出一份報告警告道，西方「大抵已無力輸出民主規範，只能眼看自身價值體系遭受精心策劃的打擊」。「造成這些貪腐行為和敗壞規範的破壞力，不只來自亞塞拜然、哈薩克和俄國等後蘇聯的盜賊政權，也來自中國和其他統治菁英在西方掌握深厚金融及政治利益的國家。」[13]

二〇一七年，「打擊盜賊統治計劃」的執行總監查爾斯・戴維森（Charles Davidson）在國會作證時警告，盜賊統治是「相對較新」但對民主危害深重的威脅，「我們應該高度警覺」。[14]劍橋線上字典將盜賊統治定義為「領導人藉由竊取其他人民財產以中飽私囊、獨攬大權的社會」。然而，現代的盜賊統治不只是大規模的掠奪民脂民膏，也利用國際金融體系來跨國轉移、掩飾和確保不義之財。

如同前面章節的討論，如果社會的普遍觀感是政府官員都忙著拉幫結黨，幫自己、親信和黨羽致富，而非服務大眾，這對將民主在民眾心中的正當性產生最大的傷害。從巴西、墨西哥、烏克蘭、突尼西亞、蒙古到摩爾多瓦，大規模貪腐橫行都是民主體制最迫切的內在危機，也讓民主體制更禁不起外來勢力顛覆。

縱容官員掠奪公帑的漏洞會進一步導致更多反民主的行為，讓檯面上下的統治權貴都因此更想要緊抓著權力不放。從俄國、委內瑞拉、奈及利亞、肯亞、巴基斯坦到馬來西亞，盜賊統治都是民主發芽生根的最大阻礙。當非法資金悄悄流入英美等「先進」民主國家的銀行體系、不動產市場和註冊公司，這些國家的民主也會開始腐由內生。

沒有強力的規範和明確的監督，中國這種實力強大的威權國家就能與富人聯手滲透民主國家的政治和政策辯論。查斯拉夫斯基警告，愈來愈多盜賊國家正「以墮落的商界人士為介，在西方推動他們的政治目標」。[15] 這些政權在明處雇用遊說和公關專家影響西方政府，暗裡則用金錢和肥缺誘惑現任和卸任的公職人員。

盜賊統治如何收買歐洲國家

中國就常使出這些策略，但或許沒有哪一段中國商人和西方名流的關係，能比前德國總理格哈特・施若德（Gerhard Schröder）與俄國能源業的交情更緊密。出身社會民主黨的施若德在執政的七年間，施政逐漸朝俄羅斯的立場靠攏；而自從二〇〇五年卸任以來，他就「在俄羅斯國營的俄羅斯天然氣公司（Gazprom）持有大部分或全部股份的幾個財團中，擔任董事會成員」，並因此致富。[16]公開反對西方制裁俄國的施若德，在二〇一七年九月獲選為俄國最大石油公司俄羅斯石油（Rosneft）的董事長，而該公司是這些制裁的首要目標之一。

規模較小的盜賊國家也能把這種遊戲玩得有聲有色。比如蘇聯解體後的亞塞拜然同樣擁有大量石油財富，就設法弱化了歐洲理事會（Council of Europe，編按：與歐盟沒有直接關係），該組織的作用是守護《歐洲人權公約》，且被已故捷克總統哈維爾譽為「歐洲最重要的政治機構」。[17]二〇〇〇年，多名歐洲理事會的自由派議員同意讓亞塞拜然入會，希望理事會成員的身分能促使該國逐步脫離威權。但事實不然，正如同歐洲穩定計劃（European Stability Initiative）的負責人傑拉德．克瑙斯（Gerald Knaus）所說，「亞塞拜然著手改造了歐洲理事會」。該國政府一面讓理事會代表沐浴在「絲綢地毯、金銀珠寶、美酒、魚子醬和金錢」之中，一面不斷攻擊歐洲對該國獨裁政權的批評。亞塞拜然的選舉向來舞弊猖狂，總統伊利哈姆．阿利耶夫（Ilham Aliyev）的家族也已統治亞塞拜然長達二十五年。儘管國內尚有約百名政治犯遭到監禁，阿利耶夫卻堅稱絕無此事，**因為**他是歐洲理事會成員。二〇〇九年，阿利耶夫以「讓社會更加穩定」為由，推行取消總統連任限制的公投，並獲得歐洲理事會代表團背書。代表團中的兩名德國成員後來受亞塞拜然聘為遊說人員。之後，歐洲理事會的監察委員卻用了「自由、公平、透明」等字眼盛讚亞塞拜然這場荒唐透頂的假選舉。

另有一些貪腐以無恥的暗盤交易進行，比如非洲法語系國家就將竊得的石油收入回饋於法國的政治運作。從一九六〇年代以來，法國政客一直與產石油的盜賊國家維持特殊關係，比如中非加彭的邦戈（Bongo）政權就盜取國庫的石油所得長達半個世紀之久。法國公司能得到生產和銷售非洲石油的優惠條件，非洲獨裁者則換取鉅額的財富以及法國軍隊的安全保障。（邦戈家族在法國擁有三十三處房地產，包括三棟巴黎華廈和一棟蔚藍海岸別墅。）直言不諱的政治學家布雷特・卡特爾（Brett Carter）揭露，這些獨裁者「將部分石油收入……匯回法國以資助」戴高樂和其他政黨競選活動作為回報。為席哈克（Jacques Chirac）總統及其政府擔任白手套的人士宣稱，他在一九九七到二〇〇五年間從非洲竊國者手中收取了大約兩千萬美元贓款。[18]

剛果共和國的盜賊獨裁者德尼・薩蘇—恩格索（Denis Sassou-Nguesso）甚至不再滿足於石油帶來的財富，而向國際市場借款，然後再雇用說客和賄賂政客來獲得債務減免。二〇一七年他再次陷入債務困境時，就雇用了聲名狼藉的前國際貨幣基金組織（IMF）總裁多明尼克・史特勞斯—卡恩（Dominique Strauss-Kahn）為他爭取新一輪的債務減免。[19]薩蘇—恩格索和其他非洲的盜賊統治者一樣，靠撒大筆的銀子聘用華盛頓的遊說及公關公司為他消除汙名，並替他的政府贏取有利待遇。[20]

還有些法語系國家的盜賊獨裁者顯然靠投資國際媒體以洗刷形象。《非洲富比士》（*Forbes Afrique*）就不斷吹捧薩蘇—恩格索，因為擁有該雜誌的加拿大籍剛果商人「與薩蘇—恩格索的洗錢管道關係匪淺」。[21]喀麥隆和赤道幾內亞的獨裁者保羅．比亞（Paul Biya）和特奧多羅．奧比昂（Teodoro Obiang）則擁有《非洲24》（*Africa 24*）雜誌。卡特爾指出，法語系非洲最著名的雜誌《非洲新聞》（*Jeune Afrique*）「一直都以向中非獨裁者兜售政治版面為名」，此事也從二〇〇五年流出的文件中獲得部分證實。[22]

盜賊統治的勾結共謀會敗壞民主政體，且影響不限於非洲的法語系國家。奈及利亞在一九六〇年代掘出石油後，統治階級從中賺取了數百億美元，大多流入西方世界的房地產、投資市場和銀行。其中最極端的盜賊統治者是前軍事獨裁者薩尼．阿巴查（Sani Abacha），據信他竊取了超過四十億美元，多數都在他於九〇年代掌權的五年間匯往國外。[23]

盜賊統治形同大規模屠殺

反貪腐監察組織「全球證人」（Global Witness）的一份報告指出，僅在二〇〇八這一年，安哥拉政府自己的石油收入報告就顯示高達一百億美元的金額落差。根據《紐約時報》報導，長期統治安哥拉的盜賊總統若澤・桑托斯（José Eduardo dos Santos）之女，伊薩貝爾・桑托斯（Isabel dos Santos）「在大量買進葡萄牙銀行、媒體和能源產業後，已成為該國最有權勢的人物之一」。[24]即便她在二〇一七年底被解除安哥拉石油公司的董事長職務，父親也終於卸任總統，她的淨身價估計仍有二十二億美元。[25]這等財富和野心助她在西方奢靡的上流社會贏得一席之地。而當她悠遊於各大國際影展時，安哥拉的人類發展指數（Human Development Index）在一百八十八個國家中落在第一百五十位。

安哥拉排名低落的原因並非貧窮——單看經濟表現的話，它算是中等收入國家，只是財富都流入統治階級手中了。該國人民出生時的平均預期壽命僅有五十三歲，是世界最短的國家之一。奈及利亞也相去不遠。在這兩個因石油致富的國家，新生兒和兒童死亡率也都遠落後於非洲平均值。百分之七的安哥拉及奈及利亞新生兒活不過第一次生日，百分之十到十二的兒童會在五歲以前死亡。[26]

二〇一五年，我親身經歷了這筆黑心錢造成的影響，雖然只是小事，卻令人不安。當時我在薩爾瓦多舉辦的「民主社群」（Community of Democracies）部長會議上發表演講，這是場兩年一度的集會，大約一百個民主國家的外交部長會齊聚一堂，重申對民主價值的承諾。但莫名其妙的是，安哥拉明明是政府最威權的國家之一，卻也是這場會議的正式成員。民主社群成立多年來，一直都在討論該讓哪些政府加入，又不得不妥協接受哪些政府（他們得以據此自稱民主政體），而安哥拉入會一事，無疑是對本組織成立宗旨最過分的一次羞辱。我在會中公開指責納入安哥拉的決定，卻只引來薩爾瓦多外交部長的辯護之詞，他說的不外「每個國家邁向民主的步調各有不同」那套陳腔濫調。而在私下的談話中，我聽說安哥拉受邀是出於葡萄牙的堅持。葡萄牙是安哥拉的前殖民母國，也是民主社群的管理委員會成員之一。幾個月後，我在葡萄牙暗中打探才得知，葡萄牙政府是因為被施壓才執意邀請安哥拉的，而施壓的人……正是伊薩貝爾．桑托斯。

我們可以視此為象徵性的小事，不予理會。但在葡萄牙國內，針對安哥拉貪腐和洗錢的調查在幾年前就因安哥拉威脅撤資而停擺，葡國外交部甚至還出面道歉。國際報導至今仍因葡萄牙對跨國弊案及洗錢的多重標準而抨擊他們執法不力。[27]

放任髒錢在國際間流動，傷害的不只是西方國家的民主，也會危及國家主權和全世界的安全。這些金流會讓新上台的盜賊政權更加穩固、強大，加劇政治迫害與侵犯人權的危險，甚至讓脆弱的國家土崩瓦解。無論是利比亞、海地、賴比瑞亞或葉門，只要這些國家的政治秩序突然崩潰，美國與其西方盟友也常被捲入其中。一旦像阿富汗那樣出現盜賊統治，美國要抽身就很難了。[28]

還有一個簡單的事實對美國國安有更直接的影響：如果外國的貪腐官員可以利用美國空殼公

司洗錢，恐怖分子、毒梟、人口販運集團和其他犯罪組織也可以。以下正是一些實例：

- 多年來，惡名昭彰的俄國軍火販子維克多．布特（Viktor Bout）據稱一直都用他在美國的空殼公司將軍火賣給塔利班。[29]幸好布特已在泰國被捕，並於二〇一〇年引渡至美國。他也是非洲軍閥的主要軍火供應商，為多場內戰加油添火。布特在二〇一一年被定罪，罪名是預謀販售武器給哥倫比亞的反美叛軍「哥倫比亞革命武裝力量」（Fuerzas Armadas Revolucionarias de Colombia），並被判處在美國服二十五年徒刑。
- 目前在德拉瓦、內華達、南達科他和懷俄明四個州，要註冊匿名空殼公司非常容易，一份「打擊盜賊統治計劃」的報告警告：「伊斯蘭國可能經營註冊於德拉瓦州的公司和信託基金。」[30]
- 最近的調查顯示，「在聯邦政府一千四百份『高度安全警戒』單位的租約中，有三分之一的建物屬於外資擁有，但美國政府責任署（Government Accountability Office）卻無法查明這些建物真正的受益所有人。」也就是說，包括聯邦調查局、特勤局、緝毒局和國土安全部在內的租賃辦公地點，都很有可能位於「他們所調查的國際罪犯或敵對境外勢力」擁有的大樓裡。這不但荒唐，而且危險。[31]

除了威脅國家安全，盜賊統治也造成許多不人道的破壞，在貧窮國家尤其嚴重。所有的腐敗本質上都是損害人民的罪行，因為遭竊的資源和扭曲的決策本應是為了提升公共利益，而非中飽私囊。道路、橋梁、學校、醫院、司法服務、乾淨飲水、公正的收入分配——這一切都會被盜賊統治破壞。

我發現這個令我打從心底難過的事實，是在一九八二到一九八三年間，也就是奈及利亞竊國成習的第二共和的最後一年。當時我旅居奈及利亞教書，親眼看著統治階級巧取豪奪並摧毀了民主體制與社會，最後民眾越來越活不下去，民怨越來越劇烈，讓學生走上街頭要求軍隊重掌政權。奈國將領在跨年夜的政變中確實重回大位，然而人民發現，軍隊和政客一樣腐敗，甚至更加貪婪且吝嗇。

因此，當奈及利亞在一九九九年正式恢復民主制度，對軍人干政之可能提高了防備。他們採取一些防制貪腐的措施，讓奈及利亞在「國際透明組織」的年度貪腐排名從倒數前幾名爬升到倒數五分之一左右的名次。[32]只不過，儘管奈及利亞從一九六〇年獨立以來，已經因石油賺進超過三千億美元，無論以人均收入或人類福祉來看，仍是世界上最窮的國家之一。

二〇一四年，我在準備前往奈及利亞演講時尋思，如果奈國治理能力不這麼敬陪末座，而是跟有真正的民主和約莫中等的控制貪腐能力的鄰國迦納一樣，會是怎樣光景。如果奈及利亞五歲以下的兒童死亡率不是高達八分之一，而是像迦納一樣只有十四分之一呢？年復一年，兒童死亡率差距造成的人口數落差，能超越奈國在一九六七到一九七〇年內戰的死亡人口：超過一百萬人。而之所以會有這個差距，**完全都是因為治理不良**。[33]前聯合國人權事務高級專員納維・皮萊（Navi Pillay）會在二〇一三年說「每年落入貪官汙吏口袋的金錢，可以餵飽全球飢餓人口的八十倍有餘，」就是這個緣故。[34]換言之，在貧窮國家，盜賊統治等於是大規模屠殺。

盜賊統治顯然是民主、法治、國家安全、社會正義和人類福祉最嚴重的威脅。但是幸好，我們有能力著手應對。

杜絕盜賊統治的十步驟

我們必須把對抗盜賊統治列為全球的優先任務，除了基於道義因素之外，還有一個重要理由，就是這能讓全世界的民主重新向前邁步。

貪腐不但會危及民主治理的正當性，也會腐壞獨裁國家的根基。掠奪性貪腐正是獨裁統治的軟肋。如果獨裁者以私害公的行徑被揭穿並遭到國際聲討，那麼他在國內外都會漸漸失去支持基礎，統治也會開始動搖。

對抗盜賊統治最需要的就是政治意志。因為盜賊統治不只是規模巨大的貪腐，也是跨越國境的贓款流動和漂白。它孳長的原因不只是該國司法和政治體系敗壞，更有富裕民主國家龐大的利益團體想藉此分一杯羹，「其中包括銀行家、不動產交易商、會計師、律師、財管經理、公關人員」[35]，而且當然還有美國政府。這種共犯關係對我們的民主體制不但是侮辱，也是危害。

改革之道並不複雜難解。我們得堵住讓國際罪犯有機可乘的漏洞；這些漏洞讓毒梟、恐怖分子、貪腐政客得以利用人頭、匿名公司和一流律師，首先將不義之財交給西方合法銀行和企業。接著，他們開始五鬼搬運，掩飾錢財的來源，「透過多家銀行的保密司法轄區（secrecy jurisdiction）」或匿名空頭公司、信託和有限合夥人（limited partnership）轉移資金、掩蓋來源。最後藉由購買不動產等資產，讓非法財富進入合法經濟的循環。舉例來說，前烏克蘭總理在加州馬林郡買下價值五百萬美元的房子，就該視為一個危險信號。[36]

我在此提出十個步驟來矯正美國司法體系的漏洞、強化執法機制，為這場對抗盜賊統治的全球戰爭拋磚引玉。雖然我是以美國來設想這些步驟，但所援引的通則是所有自由民主國家都該致力實行的。（其中許多改革方案都是受「打擊盜賊統治計劃」這傑作的啟發。）[37]

第一，關閉匿名空殼公司。聯邦法律應要求所有美國的公司及信託揭露實際所有權並登記入冊，並且至少讓執法機構有查詢管道，最理想的情況當然是全民皆可查詢（如同英國的作法）。

擁有人或代理人如涉嫌隱匿真正的所有權，應面臨民事或刑事之重罰。此外，美國也應鼓勵其他國家採取類似法令，要求企業所有權完全透明化。

第二，終止匿名不動產買賣。華府應要求所有美國的不動產買賣揭露物業真正的擁有人。涉入交易的不動產商、律師和其他專業人士及公司都應認真進行調查，核實購買人的真實身分，如有疏失或故意違規均應受嚴懲。新法規應禁止**任何**美國政府機構（尤其是負責敏感業務者）在租用辦公空間時，向所有人不明或與威權及貪腐政權有關的所有人及企業租借場地。

第三，強化《外國代理人登記法》並使之與時俱進。許多外國要人的代理人只須依較寬鬆的申報登記要求就能成為說客，我們應該杜絕這樣的漏洞。我們需要建立完善的系統，通報所有代表外國利益的遊說團體和公關倡議。這類工作在近幾年暴增，「大約有一千名美國說客替外國要人工作」，而且「每年收取的服務費共高達五億美元」，[38]但幾乎沒有人因為違法遭到起訴。美國司法部只有八名員工負責執行這部法案。[39]他們需要更多人手、更多調查權能，以及更嚴厲的民事和刑事罰則來對付違法者。

第四，加強針對外國人士的政治獻金禁令及監督機制。除了已經取得永久居民資格的外國人，美國法律禁止外國人提供政治和選舉捐款，但只在聯邦層級完全禁止，而且仍有些外國政治獻金能經由說客或外方代理人捐贈。美國應該禁止政府**所有**層級的候選人和政治活動收受外國政治獻金，所有外國代理人的政治獻金也應受人力充足的聯邦機關監控。其他民主國家也應禁止外國對政黨和政治活動提供政治獻金。

第五，禁止卸任美國官員和國會議員擔任外國政府的說客或代表。二〇一七年一月入主白宮不久後，川普簽署了一份行政命令，限制他任命的政府官員在未來從事遊說行為，並終身禁止他們成為外國政府及政黨的說客。[40]這份終身禁令應該入法，並延伸適用於退休的國會議員。司法部也應整理一份與威權政府有所往來的外國企業、基金會和組織清單，禁止卸任美國官員代表他們。我們甚至要採取更嚴格措施，畢竟我們都不希望美國官員或議員在退休後，替實質由克里姆林宮或中共掌控的公司工作。

第六，以現代化手段防制洗錢。目前美國的防洗錢機制有個重大缺陷：必須仰賴有人舉報可疑行為，而非授權由財政部金融犯罪防制署（Financial Crimes Enforcement Network）進行調查。因此，根據獨立國際單位防制洗錢金融行動工作組織（Financial Action Task Force，簡稱FATA）的報告，洗錢在美國「定罪風險不到百分之五」。[41]我們需要資金和人員俱足的監察機制，監督金融機構和律師、投資顧問、房地產商等洗錢的「實踐者」。此外，美國也應採取類似英國在二〇一七年所立的劃時代法案。該法案規定，凡在母國與犯罪或公共財產有牽連的外國人，只要用疑似超出合理解釋的財力購買房地產或珠寶等奢侈品，執法機關就可以調查金錢源頭。如果資金確實來自貪汙，或當事人無法解釋其來源，當局即可沒收資產。

第七，美國和其他法治國家應增加監控、調查以及起訴重大貪腐與洗錢案的資源。各國情報和執法機關也應該更緊密合作，以找出非法資金與資產，並追查、偵破洗錢行為。

第八，民主國家應加強合作打擊盜賊統治，並停止簽發「黃金簽證」。有鑑於俄國的盜賊統治是嚴重的共同威脅，西方民主國家理應以北約為平台，彼此分享情報、升級並協調法律與策略、合作偵查、制裁及逮捕嫌犯。這能夠防止盜賊統治者以賄賂一國司法單位來對付另一國，藉此藏匿財富。[42]但要號召執法不力的國家並協助他們防堵漏洞，還需要更多努力，比如成立新的國務院辦公室以整合美國的反盜賊統治行動。訂定這些規則時，解決在境外取得他國居留權和公民權的弊端是優先要務；富人要買通關口，取得美國、英國、加拿大和澳洲等主要民主國家的公民權實在太過容易，歐盟小國更是盜賊統治者潛入歐盟其他國家的大門。[43]

第九，提升大眾對俄國和其他盜賊國家的警覺。在俄國和其他貪瀆成風的國家，人民有權知道是誰掠劫了他們的財富、加以漂白，再拿到國外揮霍。「打擊盜賊統治計劃」建議成立一個「俄國人民基金」，將沒收的資產保存於此，直到俄國恢復為法治國家。[44]但何不為世上所有犯行嚴重的盜賊國家成立這類基金，並公布已知的洗錢案與充公財產的明細？我們也可以建立快速政治庇護審查機制和提供金錢獎勵給所有國家的吹哨者，感謝他們揭發大型政府貪瀆案是如何透過美國和其他先進民主國家漂白的。

第十，增加對世界各地調查、監督貪腐的新聞記者、非政府組織和官方機構的國際支援。抵抗盜賊統治的最佳戰線通常還是位於各國國內。要鼓舞這些人，光是獎勵少數大膽的吹哨者遠遠不夠。我們需要為全球法治的前線捍衛者增援。勇敢的記者甘冒巨大危險揭發嚴重貪腐，要求腐敗叢生的國家負起責任。國際透明組織這類非政府機構的地方分會也四處奔波遊說，希望修補監督和通報機制的漏洞、建立有效的資訊公開法，為反貪腐運動和機構爭取更多力量、資源和自主性。在許多貪腐且低度發展的民主國家，仍有敬業的公僕和政務官在努力克服萬難，強化國家制度，對抗猖獗的貪腐。所有這些努力都需要我們提供財務和技術支援與外交支持，讓勇敢的反貪腐運動人士免遭逮捕和迫害。這種來自全球各個民主促進基金會和個別慈善家的支持，最好的例子就是「國際調查記者同盟」（International Consortium of Investigative Journalists）將《巴拿馬文件》（Panama Papers）分拆再拼湊回原貌的故事，它總共召集了全球超過兩百二十名的調查記者，與八十多個國家超過一百的媒體組織，共同完成這項深度的調查。[45]

要認真打擊全球的盜賊統治，這十個步驟構成了一個遠大卻可行的全盤計畫。在未來，我們或許還能走得更遠：美國麻州地區法院資深法官馬克・吳爾夫（Mark Wolf）提議成立一個國際反貪腐法院，在全球的地位類似國際刑事法院。如果各國司法體系有能力調查和起訴重大貪腐案，當然可以繼續自理。不過在司法體系過於孱弱、受制於政治或腐敗無能的國家，這個新法院就能挺身而出。這類法院不只能懲戒國際上的貪腐案，也能在某國政府重歸透明後協助將貪腐贓款返還該國。目前，只有少數幾位高瞻遠矚之士支持這個想法。不過很多創新之舉在最初都聽似膽大妄為。對此，吳爾夫借用了一句常被歸為曼德拉名言的話：「凡事在發生以前都是不可能的。」[46]

莫做獨裁者的共犯

如果不先制伏盜賊統治這個幫凶，就無法扭轉威權主義在世界各地興起的趨勢。盜賊統治會破壞民主、壓制公民自由、掠奪公共財富，最後將靠著跨國洗錢將大量贓款編織成致命的網羅，勒死我們的自由與法治。雖然西方自由民主國家的經濟規模如今已不及全球的一半，但在金融和文化上仍是這些不義之財的主要去處。[47]這使得民主國家握有龐大籌碼，必須善加利用。

這不只是道德問題，而是關乎存亡。盜賊統治是蠶食民主賴以生存的機制的癌症，會侵吞我們的規範、法治，乃至於選舉程序。要捍衛自由，就必須反擊盜賊統治。

第十一章

以自由的目標的外交政策

我們必須堅信，自由不會只屬於少數的幸運兒，而是全人類不可剝奪的普世權利……我提出的目標對國家而言很簡單：只要深耕民主的基礎建設，讓體制擁有自由媒體、工會、政黨、大學院校，人民就可以選擇自己的方式來發展自己的文化，用和平手段調解彼此的差異。

——隆納·雷根，英國國會演說，一九八二年六月八日

面對從獨裁國家刮來的妖風，我們該做就是讓自由之風反向吹回去。西方民主國家必須和全世界的民主人士站在同一陣線才能自救。

基於幾個理由，這項事實如今是前所未有的真確。我們住在一個全球化的世界，任何模式、潮流和思想都很容易跨國擴散。任何改變的風潮都能快速匯聚、猛然迸發。世界各地的民眾都能觀察其他地方的現況，並據此想像治國之道——抑或只是想像哪種政府型態和權力來源最誘人。我們如今正置身一場思想、資訊和規範的全球激戰。這場數位時代的戰爭以閃電速度決定人們對國內政治體制和世界運作規則的想法。民主在西方世界遭受的質疑和威脅日益嚴重，民主國家絕對無法承受敗戰的後果。

全球化與它帶來的貿易和資訊流動，也讓我們面臨另一種風險。威權主義和治理無能的政權，逐漸直接危及民主國家的法治和人民主權。金錢和權勢的暗流正沖蝕著我們的民主程序與制度。即使美國和其他民主國家假裝世界自由的未來和我們毫無利害關係，這種趨勢也不會止息。假使我們想捍衛民主國家的自治、透明和問責等核心原則，就別無選擇，只能向全世界推廣這些價值。

只是批評獨裁之惡，並辯護民主為瑕不掩瑜的體制是不夠的。寄望民眾熱心支持比較不爛的蘋果，是無法永續的作法。唯有正面的願景才能振奮民心。我們得證明民主是一個公平、正義，能夠增進人道價值和公共利益的政治制度。

為了讓我們的共和體制更趨完美，老牌民主國家不能只推行更全面囊括國內公民並加以培力的改革，更必須支持他國為實現民主價值而奮鬥的人民、團體和機構。要反擊俄國的咄咄逼人與中國的擴張野心，不二法門就是證明莫斯科和北京在歷史上選錯了邊、證明全球人民既渴盼自由，也有能力透過自由實現公正、永續、繁榮的社會。

在我們身處的網路時代，無論是為了理想主義，或為了守住美國更不可或缺的全球實力與安全，都需要更完整而非受限制的民主。一則是因為我們若不關心低收入國家的治理品質，世界上就會有愈來愈多動盪不安的失敗國家。饑荒與種族屠殺是威權國家會有的禍患，而非民主國家。失敗國家的徹底崩潰向來是暴政的最終苦果。當敘利亞、利比亞、阿富汗等國陷入內戰，當非洲窮國因為政治腐敗和強人鐵腕而無法創造就業、改善公民生活，當中美洲社會被幫派暴力和盜賊統治挾持，人民就會逃離母國、湧上民主國家的海岸。歐洲和美國無法承受移民日增的壓力，唯一的解決方法只有盡力支持這些動盪國家建立更好、更穩定、更負責的政府。世界已經變得太小、太快、太平，我們無法興建高牆隔離腐敗的國家、假裝他們是另一顆星球的居民。

我國國家安全已經受到根本的威脅。就連川普政府都在二〇一七年的國家安全戰略（National Security Strategy）中言明，美國國安最主要的威脅全都源於威權主義，不論是諸如俄國、中國、伊朗和北韓的暴政，或是像伊斯蘭國這類反民主恐怖主義行動。[1] 我們可以藉由支持世界各地的民主發展，阻止這些威權敵人獲得地緣政治上的操作空間。正如同俄國、中國和伊朗在試圖破壞民主，迫使其他國家屈從他們的意志，我們也可以協助其他國家建立有效、堅韌，足以抗衡獨裁者惡意的民主體制，並藉此牽制獨裁強國。

當然，各國開放社會的民選政府不會在所有議題上都支持美國，但自由社會絕不會想把未來抵押給其他國家。在自由國家組成的多元世界裡，美國的國家利益才能獲得最大保障——因為在這樣的世界裡，獨裁國家無法靠威逼利誘來鯨吞資源、同盟和領土。

如果回顧我們的歷史，審視美國和盟友的威脅來自何方，你會發現源頭都是威權帝國與政權。政治學者早已指出，沒有哪兩個民主國家曾走到互相征戰的那一步，從來沒有。支持國際恐怖主義、濫造大規模毀滅性武器，或威脅鄰國領土者，從來都不是民主國家。

這些原因讓我們需要展開一場新的全球自由作戰。我透過本書所述的一切都在這場戰鬥中有其意義，不過在這一章，我會著重於能在二十一世紀的世界直接促進民主、人權和法治的方法。

如同所有政策領域，推行民主的許多挑戰多少有其技術面，需要針對相關方案與機構做巧妙的設計和謹慎的管理。這些執行問題另有篇幅討論，我在這裡只提出四個比較基本的綱領。第一，我們必須支持世界各地的民主人士，也就是那些為創建與推廣可問責的自由政府而奮鬥不懈的組織和民眾。第二，我們必須支持剛起步但步履蹣跚的民主國家，協助他們的經濟成長與制度強化。第三，我們必須向威權政體施壓，要求他們停止侵犯公民的權利和竊取人民的資源；我們可以制裁獨裁者，讓他們知道他們必須付出代價，並切斷他們和支持者與人民大眾之間的關係。最後，在這個資訊與假資訊飛馳的時代，我們需要重啟全球資訊與思想網絡，也就是公共外交。為了我們重視的利益與價值，我們需要一套以民主、人權、法治為優先的外交政策。

美國為何應該協助他國建立民主？

當然，不是所有人都會同意這些綱領。很多批評和質疑認為這太愚蠢、自大或搞錯了方向。過去十年間，在我們愈來愈迫切需要支持民主的同時，這些反對聲浪也不斷增強。不過其中許多批評都有其可觀之處和正當性，理應獲得回應。

第一種最常見的批評，或許是別人的政府如何運作不干我們的事，我們不該自以為能對他國人民指手畫腳。[2]但我認為，支持民主絕對是我們分內之事；實際上，這關乎美利堅合眾國的重大國家利益。

我的意思不是要強推「我們的」或任何一種模式的民主。推廣民主也無須態度狂妄。我在威權國家辦過無數講座，也和奈及利亞和尼泊爾的民主運動人士合作過，發現保持開放和謙虛是必要的。如果這些支持民主的計劃和講者能用不偏不倚的觀點呈現美國，如實反映我國民主的缺陷，就能先行化解很多懷疑和批評。這種坦然和自信意味著我們都在尋求更好、更自由、更負責的政府，且民主國家無論資歷深淺，都能夠從夥伴關係中獲益。最重要的是，從這樣的態度能看出，在真正的民主國家裡，即便是為國家發聲和工作的人也樂意發表諫言，而能夠暢所欲言。

第二種批評主張，我們不該把自由和人權等「西方」價值強推給非西方世界。我總覺得，這種文化相對主義是一種更深層的傲慢，暗示其他文化的人民不需要西方人珍視的自由，或是暗示其他地方的人民不像西方人一樣擁有這種天賦權利。但自從第二次世界大戰結束以來，許多國際條約和宣言都將公民和政治權利列為**普世**人權。這種批評也暗示，自由民主的價值，包括個人權利、政治責任和權能有上限的政府，都只根植於西方的啟蒙精神裡。然而實際上，許多文化都有能與自治和人性尊嚴相輝映的豐富思想傳承。[3]最後，我們在前面已經看到，這種主張完全不符合民意調查：無論哪個文化都普遍且強烈地渴望民主、負責的政府。

而第三種評論說：好嘛，但我們得要「美國優先」，這意味著必要時還是得支持威權盟友，即便是像埃及的塞西（Abdel Fattah al-Sisi）這種獨裁者也一樣。然而，沒有哪個認真的民主擴張策略會主張**只**和民主派的統治者合作。沙烏地阿拉伯顯然不會明天就變成民主國家，而即便不情願，西方國家為了顧及自身利益，也得和許多威權國家合作。但我們不需要忽視、姑息，甚而支持侵犯人權的無恥行徑，例如沙烏地阿拉伯在葉門的軍事行動造成超過兩百萬人流離失所、八百萬人陷入饑荒，或是沙國政府殘殺異議記者賈邁勒・卡舒吉（Jamal Khashoggi）的暴行。[4]

即便在應對親善華府的獨裁國家時，我們也可以（且必須）呼籲關注人權，支持自由和責任政治的倡議人士，鼓勵這些國家實行政治改革。有句針對尼加拉瓜強人蘇慕薩的老話，常被歸於出自小羅斯福之口——「他也許是個王八蛋，但他是**我們的**王八蛋」——對保護國家利益的幫助其實很有限。畢竟，蘇慕薩終究是被一場反美國的革命給推翻了。美國支持的伊朗國王也是如此。剛果、海地、索馬利亞那些腐敗的親美獨裁政權崩潰後，國家也陷入混亂。每當我們不假思索地支持這些政權，以為他們會繼續在位無虞，結局都是災難——無論對該國人民還是對我們都是如此。前任國務卿康朵麗莎・萊斯（Condoleezza Rice）二〇〇五年在開羅的演講說得好：「我們美國這六十年來一直在犧牲中東的民主，希望換來此地的政局穩定，結果兩頭落空。」[5]

當然，每每提及小布希政府，一定會引來第四種批評：等等，你是說我們要像在伊拉克那樣推行民主嗎？只不過，我們不該因為二〇〇三年那場不幸且不智的選擇性戰爭（war of choice），就認為推展民主的事業不值得投入。我們永遠不該為了促進民主改革而發動戰爭，也永遠不該以民主為藉口，合理化入侵其他主權國家的愚蠢決定。我們可以在反對入侵伊拉克的決定（我在二〇〇三年就這麼做了）之餘，仍然相信我們應支援世界各地建立民主的**和平**行動，就連在伊拉克也不例外（二〇〇四年海珊被推翻後，我就以美國顧問的身分嘗試提供協助）。畢竟，支持民主的重點不在於動武，也不是強迫他人接受我們的意志或價值觀，而是長期投資民主改革的和平進展以及致力將其實現的人民。

第五種批評說，任何國家一旦發展致富，民主自然水到渠成。這些批評者說：別去想推行民主了，只要支持經濟發展、公共衛生和教育，政治改革就會接著到來。然而，沒有任何證據指出威權統治比民主制更能確保經濟發展。在非洲，自一九九〇年代中期開始，民主國家的經濟普遍較為快速成長，而發展陷入災難的幾乎都是威權國家。[6]既然威權並非經濟成長之必要，甚至可能有害，我們又何必置人民於腐敗的暴政中承受數十載苦難？

第六種批評表面上是關切國家預算，從支持川普的右派或支持桑德斯的左派口中都很常聽到：我們要關心美國自家的需求，而不是為其他國家的問題煩惱；我們根本負擔不起一直大撒美元幫助其他國家。其實，支持民主是非常划算的投資。如果請一般美國民眾估算對外援助占聯邦預算的比例，得到的平均回答是百分之三十。[7]這跟實際數字差得遠了。所有形式的對外援助，**包括**每年九十億美元的安全防衛援助在內，只占聯邦年度預算的百分之一。就算從寬估計，美國每年對外的發展援助也只有三百億美元，而用於民主和治理的援助只占其中的百分之八（二〇一八年約為二十三億美元）。[8]投資於公共外交以支持美國的國際宣傳和對抗威權國家的影響力作戰，還有花在促進世界各國的民主、自由、問責制度的預算，尚遠不及這百分之一的一成。

最後，有些批評主張協助國外民主人士的風險太高，或警告我們無法促成改變。然而，從葡萄牙到南非和智利，國際援助已多次幫助想擺脫獨裁的國家轉向民主。

如今，很多國家的民主正在衰退，或有可能倒退回獨裁統治。真有人認為菲律賓、突尼西亞或烏克蘭回歸獨裁，人民會過得比較好，或是美國會比較安全嗎？還是生活在委內瑞拉和辛巴威這種分崩離析、沒有未來的獨裁國家，會比生活在民主國家更好？

無人可以保證追求民主的努力一定會成功。但如果我們告訴埃及和利比亞人民**不要**爭取自由，或告訴伊朗和俄國人民**不要**為選舉弊案抗爭，或告訴柬埔寨和委內瑞拉人民**不要**為了國家逮捕反對派政治人物而群起抗議，就是辜負了美國的歷史精神。美國沒有立場告訴渴望自由的人民等待。置這些人民於不顧，就是否定美國的民族精神。

緬甸辛瑪昂給我們的啟示

四十多年來，我周遊世界，試圖釐清民主成功的條件。而我得到最有力的結論如下：創建民主的並非抽象的經濟或歷史力量，而是實實在在的人。只要知道哪裡有人為自由犧牲犯難，為民主奮鬥、對抗貪腐、抵抗人權迫害、建立草根組織、教育同胞、為我們有時視為天經地義的自由挺身倡議，我們就需要支持他們。

我在研究、教學和旅行的過程中，在各國認識了數千名社運人士、知識分子和政治人物，他們都在為母國的自由和良好治理而努力。他們啟發我、鞭策我，也激勵我寫下這本書。

緬甸的辛瑪昂（Zin Mar Aung）目擊「八八民主運動」時年僅十二歲。[9]一九八八年這場起義是為了反抗執政長達四分之一個世紀的軍事獨裁，起初只是仰光（原稱大光）大學生組織的抗議，但很快就有數十萬各行各業的人加入。當時辛瑪昂被行經家門前的遊行學生觸動，送了水和食物給他們。抗議從大學擴散到中學，而她最想了解的是：民主是什麼？人權是什麼？為什麼這些年輕人（有的還曾是她身為教員的父親的學生）要走上街頭？

後來，軍方在九月十八日展開了一場血腥政變。辛瑪昂看見軍隊在仰光街頭射殺同胞，也看著父親因為擔心家裡被搜索，倉促地藏匿可能成為罪證的自由標語。

到了一九九〇年五月，緬甸軍方舉辦了一場國會選舉，準備起草憲法。當時辛瑪昂還未滿十四歲，已開始大力支持異議人士翁山蘇姬和她的全國民主聯盟（National League for Democracy，下稱全民聯）。全民聯在這次選舉中贏得壓倒性的勝利，軍政府卻沒有交出政權，而是拒絕承認選舉結果。聽到國家電台和電視台只有官方說法後，辛瑪昂像許多緬甸人一樣，決定轉由ＢＢＣ和美國之音獲得真實的新聞。

幾年過後，辛瑪昂每週末都會前往翁山蘇姬「夫人」（民眾對她的稱呼）在仰光的住處，因為翁山蘇姬會在這天走到住處外會見支持者並回答問題，而這成了辛瑪昂最振聾發聵的民主啟蒙課。她在那裡學到了捷克的異議分子哈維爾，學到了其他國家的民主奮鬥史，學到了為何美好的社會需要公民參與。她在大學加入了一個從事學生運動的地下詩社。她和朋友開始前往外方機構學英文，例如由美國外交計劃贊助、兼具文化中心和圖書館功能的美國文化中心（American Center），和類似的英國文化協會（British Council）。他們在美國文化中心認識到林肯和馬丁．路德．金恩等政治人物，以及美國深化民主、保衛民權的奮鬥。

一九九八年，在八八起義十週年紀念日那天，辛瑪昂在抗議行動中朗讀了一首呼籲軍政府承認一九九〇年選舉結果的詩，因而遭到逮捕。另有數百人也在新一波鎮壓中被掃蕩。辛瑪昂立刻被未審先判，刑期長達二十八年。

她度過十一年牢獄生活，其中九年是單獨監禁，而她靠著對音樂的喜愛，唱著緬甸的革命歌曲支撐自己的意志。二〇〇七年，軍政府開始釋放政治犯，但辛瑪昂拒絕簽署承諾遠離政治的切結書，這又讓她多坐了兩年牢。

辛瑪昂最終在二〇〇九年獲釋，且在不久後成立許多組織進行公民教育、推動族群容忍、協助出獄的良心犯，特別是女性良心犯。她聯絡了其他曾是社運人士和政治犯的人，並且與其中一些人在美國文化中心重逢。他們開始討論以前的運動為何無以為繼，並領悟到他們需要制定更深入的戰略。緬甸民主化需要長期奮鬥。他們要對抗的是軍政府花兩代人時間灌輸的思想：民主不適合亞洲文化。他們必須培養更多勇敢、啟蒙的公民。

二〇一一年九月，辛瑪昂和另一名前政治犯創辦了仰光政治學堂（Yangon School of Political Science），目的是將民主教育給下一代的緬甸公民。半世紀的軍事威權統治讓緬甸嚴重缺乏知識分子，而仰光學堂的成立快速填補了這個斷層，我也很榮幸能前去任教，並協助充實他們的圖書館（本書也會納入藏書之中）。二〇一二年，辛瑪昂獲頒美國國務院的國際婦女勇氣獎（International Woman of Courage Award），不過她得到的最高榮譽是在二〇一五年獲選為全民聯的國會議員。現在她努力在體制內外代表公民發聲、對抗軍政府統治，並且持續推動民主。

辛瑪昂的人生讓我們學到關於全世界民主改革的幾個重大教訓。早期，她從英美提供的資源獲得民主價值、制度和奮鬥過程等啟蒙。接下來，這些國家提供她安全的閱讀和討論空間。美國、其他西方民主國家以及世界銀行持續的經濟與外交制裁，讓緬甸官方更形孤立受迫。這讓掌權的軍官開始害怕，如果緬甸不和其他國家建立經濟和政治的夥伴關係，就會成為中國的附庸國。這促使軍政府在二〇〇八年走上憲政改革之路。

辛瑪昂於翌年獲釋，翁山蘇姬也在二〇一〇年末結束軟禁。全民聯在二〇一二年的國會補選裡贏得四十四席議員中的四十三席，進入國會。在轉型持續的過程中，新任美國大使米德偉（Derek Mitchell）讓加速緬甸的民主改革成為美國外交政策的重點。辛瑪昂和仰光學堂的公民教育事業取得了國際援助。美國的全國民主研究所（National Democratic Institute，現由米德偉擔任總裁）為緬甸新科國會議員提供各種訓練，提升他們的能力與自信。有些民主派議員雖有豐富社運資歷，卻只受過粗淺教育，而這些訓練幫他們解決了設定臉書帳戶、使用網路做研究和流利使用英語等基本需求。

如今的緬甸正處於尷尬的轉型期；軍政府仍是國內最強的政治勢力，而翁山蘇姬在穆斯林少數民族遭受攻擊時表現得冷酷甚至殘忍，致使她的領導蒙上了陰影。緬甸民主人士仍需要歐美的金援，才能繼續建立代議制度，組成政黨，打造由獨立人民團體、傳播媒體和智庫組成的強健公民社會，完成民主的基礎建設。他們需要西方向軍政府施壓，使其停止侵害民主並允許真正的民主改革。辛瑪昂的故事令人振奮，但緬甸的未來仍是未知數。

支持全世界的民主人士

美國在這世上的作為裡，最高貴、投資報酬率最高的，正是支持像辛瑪昂這樣的人。這些支持有的來自國家民主基金會（一個主要由美國國會資助的私人非營利組織）等非政府基金會的補助，有的來自開放社會基金會（Open Society Foundation）、自由之家和福特基金會（Ford Foundation）等私人團體。[10]這些團體與國務院和美國國際發展署（U.S. Agency for International Development）支持了民主、捍衛人權、監督選舉、培力女性、對抗貪腐、擴展出版自由等多樣議題的人民教育計劃。民主基金會旗下的全國民主研究所和國際共和學會（International Republican Institute）都在世界各地協助強化民主政黨、立法機構和當地政府，打擊選舉弊案、增加政府開放性和打擊假資訊。

美國雖是花最多資源協助民主的國家，但絕不是唯一一個。歐盟、各個歐洲國家（特別是德國和北歐國家）、加拿大和澳洲也提供了重要援助，一些像台灣這樣的新興民主國家也是。

人民的自由必須靠自己來保障，但外來的民主援助能帶來很大改變。國際對於民主政黨、工會、公民教育和選舉監察的支持，對一九八〇、九〇年代的菲律賓、波蘭、尼加拉瓜、智利、尚比亞、南非以及其他許多國家的民主轉型都有所貢獻。塞爾維亞、喬治亞和烏克蘭在二〇〇〇年代初期，以及甘比亞在二〇一五年能經由選舉朝民主轉型，國際援助功不可沒。

像普丁這樣的獨裁者會指控國家民主基金會等組織是在進行「政權更替工程」。事實不然。這些組織確實投資了有志有識、為國家追尋自由、開放、問責制度的公民，然而這些獨立的公民和團體有他們自己的計劃。[11]如果該國真的轉向開放，國際援助能幫助這些改革者打造足以維持民主的文化和制度。有些貧窮國家背負著衝突不斷、血跡斑斑的悲慘歷史，例如緬甸、尼泊爾、賴比瑞亞和獅子山，國際支援能為他們帶來契機，讓公民社會能夠運作、代議制度能夠扎根、民主有一線生機。

近年來，民主援助行動逐漸專注於打擊貪腐和對抗人權侵犯。以拉丁美洲為例，巴西的「洗車行動」（Lava Jato）就揪出了一連串弊案，導致總統遭彈劾下台，並牽連出其他十數國的民選官員。國家民主基金會支持的計劃會訓練記者進行調查報導，也會監控貪腐案件、追查洗錢行為，還會召集公務員、司法當局、記者和公民社會領袖研討如何改革。

沒有強大且獨立的媒體，是無法對抗貪腐和濫權的。二〇一七年二月，《華盛頓郵報》採用了新標語「民主死於黑暗」，但這句話也可以說成「獨裁在陽光下凋零」。每個獨裁者都想控制、收買或關閉新聞媒體，而且他們都很有理由。因為沒有什麼比誠實且深入地報導濫權更能威脅集權了。民主轉型的過程都有一個共通點，那就是需要獨立記者來發表國營媒體不會碰的新聞與評論。無論是蘇聯時期經人手傳閱的地下刊物、積極揭發冷血的米洛塞維奇那一連串無意義的戰爭與暴力鎮壓的塞爾維亞B92廣播電台，或是為真實報導開闢新空間的《今日大馬》（*Malaysiakini*），獨立媒體都戳破了國家宣傳的謊言、揭露政府貪汙，傲慢和無能的真面目。職是之故，國家民主基金會目前正投注比例可觀的資金援助線上和多元媒體、協助獨立社群媒體刊登內容、提供專業水準的訓練、強化獨裁國家內的媒體與非政府組織的數位安全，並且為揭穿威權政府政治宣傳的在地努力增援。即便在像現今俄國政權這樣殘酷的統治下，無畏的記者也能藉這些資助報導國營媒體意圖壓制或扭曲的新聞。[12]

在非洲，民主基金會資助的主要對象之一是《馬卡安哥拉》（*Maka Angola*），一個調查報導暨民主倡議網站，由拉斐爾·馬克斯·德莫賴斯（Rafael Marques de Morais）在二〇〇八年成立並擔任編輯。[13]過去二十年間，馬克斯用報導戳破了安哥拉政府如何大肆掠奪石油和鑽石財富，以及這種行徑與政府猖狂侵犯人權的關聯，還揭發了跨國石油公司如何破壞自然環境。他詳細揭露了司法體系荒唐的濫刑，其中一例是有名男性因為醉酒睡在陌生人的休旅車上，目前已被「預防性羈押」了八年。他強烈呼籲，透明和法治是這種殘民苛政唯一的解藥。[14]

馬克斯憑著堅定的報導和積極大膽的行動為自由奮鬥，因此得到許多傑出新聞獎項的肯定。但這是一條需要莫大勇氣才能走上的道路。一九九九年，馬克斯首次遭到逮捕並被控誹謗，原因是一篇名為〈獨裁的口紅〉的報導，文中直言強人總統桑托斯是獨裁者，也是「顛覆國家」的罪魁禍首。[15]他被關進首都羅安達（Luanda）可怕的維亞那監獄後，贏得了獄友的信任並繼續揭發許多殘忍的國家罪行，比如有間監獄的多名犯人因為沒有親戚送餐而挨餓。當馬克斯就此提出申訴，被處以十一天的單獨囚禁，睡在滿是蟑螂的水泥地板上。

所幸有三件事救了馬克斯：頑強的意志、敏銳的智慧，和堅強的外援。保護記者委員會（Committee to Protect Journalists）鍥而不地宣傳他的案子，開放社會基金會（他負責管理該基金會在安哥拉的各項計劃）出面為他辯護，安哥拉天主教會的主教也首次聯合聲援政治迫害的受害者。四十天後，美國駐聯合國大使李察・郝爾布魯克（Richard Holbrooke）表明在訪問安哥拉時前往監獄與他會面的意願，馬克斯旋即獲釋。馬克斯後來被宣判「傷害」桑托斯總統的名譽，不過得以易科罰金和緩刑。

馬克斯並未就此罷手。他用一名獄友交付給他的監獄紀錄，揭露了諸如獄卒將囚犯當作自家農場奴工等虐待行為。他還揭發了盛產石油的卡賓達（Cabinda）省政府如何恣意浪費——僅在一年內就花了兩百四十萬美元購買聖誕禮物，而該省大多數人民都三餐不繼。他還報導了和安哥拉政府交好的公司如何下毒手傷害阻撓他們開採鑽石者的人權。馬克斯在二〇一一年出版了一本書《血鑽石：安哥拉的腐敗與虐待》（*Blood Diamonds: Corruption and Torture in Angola*），記錄鑽石礦坑周圍村民飽受的折磨和謀殺，[16]並控訴七名安哥拉陸軍將領觸犯了反人類罪。這些將領反過頭來控告馬克斯毀謗，以一百六十萬美元的罰款和九年刑期威脅他。但馬克斯聳肩以對：「我不怕坐牢，那是在監獄中做人權工作的機會。」[17]二〇一八年七月，地方法院宣判他和另一名共同被告記者無罪。[18]

協助新興民主必須軟硬兼施

民主體制想要生存，就必須有所作為。民眾不會指望剛起步的民主帶來奇蹟，但他們確實期望新的體制起碼會逐漸改善經濟、打擊貪腐。民主國家常自危機中誕生，因此任何促進民治的策略都必須協助脆弱的新生共和熬過草創階段。國際援助最成功的例子就是二戰後的馬歇爾計劃和冷戰後的歐盟擴張，其中都包含大膽與大手筆地支援新興民主國家、提供足以促成轉型的援助和投資給西歐以及兩個世代過後的東歐。

如今我們再度需要放手投資，援助有戰略意義但陷入困境的民主國家。烏克蘭就是一例。二〇一四年，俄國的威權主義盟友亞努科維奇（Viktor Yanukovych）因民眾示威被迫下台，克里姆林宮因此發動打擊民主的戰爭，征服克里米亞這塊烏克蘭領土並繼續侵襲該國東部，圖謀扼殺烏克蘭的經濟。烏克蘭是俄國和歐盟之間最大的獨立國家，人口幾近俄國的三分之一，我們很難想像有哪個民主國家比這更具戰略意義了。但僅僅對烏克蘭積弊難返的體制撒錢，對民主來說助益有限。我們必須採用軟硬兼施的兩手策略：對烏克蘭要慷慨援助，但前提是他們目前由民選總統彼得．波洛申科（Petro Poroshenko）領導、承先啟後的政府必須願意推動鐵腕改革，善用外援，讓烏克蘭擺脫克里姆林宮的魔爪。[19]

烏克蘭是典型的搖擺國。他們可能向前邁步，走向歷史上第一次真正的民主法治，也可能無法克服無恥政商寡頭的寄生，成為克里姆林宮擴張主義的俘虜。因此，對烏克蘭民主人士的支援需要全盤策劃。烏克蘭的公民社會需要歐盟和美國提供資金和技術援助，才能增強要求改革的公共壓力。[20]烏克蘭也需要反戰車飛彈等防禦武器來抵抗俄方軍事入侵。但最重要的是，該國政府必須展現打擊貪腐及讓國家現代化的嚴肅態度，才配得這些振興經濟、贏得連任所需的金援。

突尼西亞的處境也很類似。多個阿拉伯國家在二〇一一年的阿拉伯之春中推翻了暴政，但其中僅有突尼西亞成為可行的民主國家。由於教育和經濟發展程度較高，加上世俗主義的傳統，位置又遠離該地區政治衝突最烈的火山口，突尼西亞是最利於發展出持續民主政體的阿拉伯國家。但自從二〇一四年國會選舉後，突尼西亞也出現了許多類似烏克蘭的問題，比如政經改革的意志減弱、貪腐死灰復燃，舊秩序中那些狡詐的政治菁英也捲土重來。

因此該國也需要同樣謹慎小心的支援：對突尼西亞民主人士的支持必須結合大棒與胡蘿蔔兩手策略，要求政府展現實施全面改革的意願，才能獲得足以達成改革的經濟援助。謹慎設定援助條件有助於清理前朝的裙帶資本主義網絡，催生新的改革聯盟，把渴望經濟契機的年輕人、想要公平競爭的創業者，和追求政府透明化的公民團結起來。[21]

約莫自二〇〇〇年起，研究對外援助的專家已經同意，經濟援助和改善治理必須有所連結。而我早年的遊訪和研究已經讓我看到，貪婪的政府官員會如何藉無條件的援助吸乾國家資源，最後仍無甚建樹。到了一九九〇年代，我開始主張，慷慨援助這些政府只會延續既有的貪腐。在這種環境下，援助就像石油一樣，是毫不費力便可偷竊與浪擲的收入。我力勸世界銀行、美國國際發展署和其他聽得進去的單位，應大幅減少對不願改革的政府提供援助，盡可能將這些錢撥給非政府組織，並且對有心改革的民主政府增援以資鼓勵。[22]

由於許多美國的對外援助預算都受到國會限制，必須用於特定目的，因此我的努力成效有限。但在二〇〇二年，小布希總統提出了新的發展援助機制「千禧年挑戰帳戶」（Millennium Challenge Account）來獎勵那些更認真投入發展的國家。該帳戶由新成立的「千禧年挑戰社團法人」（Millennium Challenge Corporation）管理，組織宗旨是評鑑各國在民主治理、經濟開放、對人民投資等方面的績效，而評鑑排名高的貧窮國家就有資格獲得新的高額援助。獲得援助的國家要自行提出援助的使用優先順序，且提案必須和公民社會和私部門商定。這份計劃的思維很直接：「只要把錢花在促進治理良好的國家的經濟成長，美國的發展資金就能對消除貧窮產生更正面的影響。」[23]

這套獎勵規則也有反面：制裁懲罰績效特別差的政府。一般而言，制裁及相關威脅要能生效，必須要能加強國內改革壓力，且受罰國家和加諸制裁的國家之間也須有經濟、地緣政治、社會或文化連結。目標國家和美國之間的貿易、投資和合作關係愈密切，制裁就會造成愈大損失，華盛頓也就有愈多籌碼可以利用。這種關聯使美國得以在關鍵時刻施壓威權政府，比如一九七〇年代末到八〇年代初的南美，以及稍後的菲律賓、南韓、台灣和白人至上時期的南非。

棘手之處在於，美國之所以和獨裁政權發展緊密關係，多半是因為這些國家有我們要的資源——通常是石油（如沙烏地阿拉伯與其他波灣國家、奈及利亞、安哥拉和亞塞拜然）或國防安全合作（如埃及、巴基斯坦、衣索比亞和肯亞）。這就讓問題變成了：我們為了推動民主和人權，願意冒多大的風險？

美國政府的決策就結果看來常顯得過於保守，既高估與這些政權切斷所有合作關係的風險，也低估他們對美援的需要。謹慎小心並無可厚非。多數美國外交官和政策制定者的任期有限，使得他們更直覺傾向避免造成決裂，以免因此見責。更重要的是，想挑戰風險極限，需要對美國真正的利益有宏大的願景，而這種願景只在高瞻遠矚的總統領導下才會出現。

要影響諸如伊朗、北韓、委內瑞拉或辛巴威這些惡劣至極的政權，有賴大規模的國際合作，至少西方民主國家要彼此合作。但這種合作通常只有面對核武擴散或恐怖主義等迫切的安全問題時才會發生。

制裁也絕非萬靈丹。如果西方民主國家威脅要中止援助，狗急跳牆的政權可能轉向他國，主要是求助於中、俄，或伊朗等國。受制裁的政權也能利用國營媒體編造國家受辱蒙難的故事，將獨裁者無能所致的經濟困境歸咎於西方。美國長達半世紀的制裁並未替古巴帶來政治變革，只是令其孤立，讓卡斯楚政權有更多怪罪美國的理由。

幸好，制裁整個國家並非我們唯一的國際施壓工具。我們也可以縮小制裁範圍，對獨裁者及其親信造成真正的壓力，而不必傷及該國全體國民。針對性制裁可以引人注意統治菁英的貪婪和壓迫，有助於在引發統治階級內部分裂的同時讓人民背離領袖，從而有望激起民主改革。

美國外交官的道義責任

二〇一二年六月，米德偉抵達緬甸，成為美國對緬外交關係因一九八八年的鎮壓降級以來，第一任派駐這個美麗國家的大使。他曾為歐巴馬政府的亞洲政策擔任高級職務，也曾在九〇年代負責組織在亞洲和前蘇聯的支持民主計劃。米德偉不但熟悉緬甸這個國家，也清楚美國能為促進民主做些什麼，因此能夠火速展開行動。在近四年大使任期內，他不斷提醒緬甸當局、反對黨和公民社會，民主對於緬美關係有多麼重要。

米德偉告訴我：「各國看得出來大使是真心關切或只是虛應故事；幾乎每一次公眾交流，我都不會放過討論民主程序和思維模式的機會。」[24]他引用華盛頓、傑佛遜和林肯的話，援引他認為能在這個族群複雜的大國引起共鳴的美國經驗，比如美國的聯邦體制以及「在歧異中團結」的努力。他也將廣受歡迎的美國大使館臉書頁面當成推廣民主價值的論壇來經營。

一名堅定、積極的外交官可以對民主大有貢獻。身為大使，米德偉努力在幾乎每一項美援計劃中植入「社群共同商議、選擇、透明和問責」等民主原則。他主張，美國做事的方式和美國做的事一樣重要。因此他和其他美國外交官「定期舉行媒體記者會（並特別禮遇獨立和地方媒體），在我們犯錯時道歉，並試著開誠布公地傳達我們的成功與不足之處」。米德偉也勸說美國企業追求高標準的企業社會責任（corporate social responsibility）。接下來，米德偉在二〇一五年十一月緬甸大選的一年半前就召集主要援助國的大使，開始協調密集的國際行動來支援這次投票。這些努力並未促成徹底的民主轉型，因為軍政府施行的憲法排除了這個可能性，但這場選舉仍為緬甸帶來超過半世紀以來第一個民選國會，這個國會也因民選而握有部分實權。

米德偉的故事再次佐證了幾個重要的教訓。[25]其中最主要的是，個人是有影響力的。關心民主和人權，並在履行職務時體現民主規範與原則的外交官，可以激勵民主人士，將反民主的力量推往正確方向。

除此之外，援助真的有用。二〇一〇年，緬甸政治剛走向開放時，該國政治和公民文化的地景已因為五十年來時不時幾近極權的統治而百廢待舉。全國的媒體和公民社會有如被一顆巨型流星擊中，粉碎了泰半，僅存的垣瓦也被炸向遠方。但慷慨的國際援助計劃讓公民社會和多元競爭政治在幾年內就恢復活力。

外交使節能做的事情，遠不只是發表打高空的聲明和提供微不足道的補助。藉由探訪被監禁的異議人士、參與示威遊行、監督作秀公審（show trial），外交官能提高威權國家的迫害成本，甚至可能有勸阻效果。接觸被騷擾的運動人士或受打壓的社群，可以引人關注侵害人權的案例，並予以遏止。外交官也能私下為改革強力施壓、警告拒絕妥協將招來制裁，並獎勵民主的進展，藉此鼓舞當地爭取自由和問責制度的運動。

有時威權的潮流難以抵擋，比如麥可．麥克福爾在歐巴馬任內擔任駐俄大使那兩年的局面，這時外交官必須更努力維繫腹背受敵的民主人士心中一絲絲渺茫的希望。[26]在其他歷史時刻，傑出的美國大使都能為各國的民主勢力提供精神和物質支持，將前途未卜的政治進程扭轉向自由的方向，諸如一九八六年駐菲律賓的史蒂芬・博斯沃斯（Stephen Bosworth）、一九八八年駐智利的哈利・巴恩斯（Harry Barnes），以及一九九〇年代初期駐南非的普林斯頓・萊曼（Princeton Lyman）。

宣揚民主的公共外交

在數位時代，資訊就是力量。民眾的思想、價值觀與信念可以決定政府體制的未來。這正是克里姆林宮和中共大手筆投資全球情報戰的原因。他們賣力為本國政治模式擦脂抹粉、推銷威權的價值觀、審查批評他們的報導，並且向全世界散播關於民主國家及民主制本身的懷疑、爭議和假資訊。而全球的民意趨勢顯示，他們多少取得了一些成果。隨著美國的民主看似逐漸失能，川普又全心追求傲慢自大的「美國優先」政策，導致美國的全球領導地位在世界各地享有的支持率大跌，淪為和中俄相差無幾。[27]

如果美國能給予其他國家的只有羞辱和恐懼，那麼再怎麼促進全球交流也無法改善美國的處境。然而單靠更理智的措辭和政策，也無法扭轉威權潮流。民主如果要在新一波妖風逆潮中站穩腳跟，就得展開新的資訊與思想戰。

不幸的是，即便總統有意願，美國政府並未準備好投入這場戰鬥。華盛頓一度擁有開戰所需的工具。美國新聞署（U.S. Information Agency）成立於一九五三年，職責是解釋美國政策、推廣美國價值、對抗共產黨的政治宣傳和假資訊，並管理美國之音等國際廣播機構。他們也曾監製多種出版品並以二十多種語言傳播，外加各式各樣的文化和教育交流活動。

該機構的作為並非都有效果，其中有些對時事的詮釋之粗糙，足以傷害美國的信用。但美國新聞署表現優異時，確實宣揚了民主思想與知識，也促進了超越常規外交的民間交流。然而，由於柯林頓政府和負責參議院外交委員會的北卡羅萊納州共和黨參議員傑西・赫姆斯（Jesse Helms）達成協議，削減美國參與全球事務的預算，該署竟然在一九九九年無疾而終。新聞署的運作功能併入國務院，國際廣播的職權則交付獨立的廣播理事會（Broadcasting Board of Governors），該理事會近來又重組為美國國際媒體署（U.S. Agency for Global Media）。當然，美國仍繼續維持公共外交和全球文化交流，但已經失去了部分資源、重心和鋒芒。

在當今一片獨裁崛起潮中，**我們需要為民主大力重啟公共外交**。最上策就是像前國家情報總監克拉柏所說的，創立一個「更有力的美國新聞署，以更加凌厲的攻勢來應付這場資訊戰」。[28]但是，要讓一個已經安息的政府機關復活絕非易事。

但至少，國務院需要更有執行力、更知名的人物來領導這項任務。目前負責這些事務的是公共外交暨公共事務次卿，而這個職位從一九九九年十月因柯林頓與赫姆斯的協議而誕生以來，至今已有十二個人曾出任這份工作，平均任期為一年半。這當中有公共外交經驗者並不多，也沒有一個人的聲望比得上一九六一年獲甘迺迪總統任命為美國新聞署長的傳奇記者愛德華・默羅（Edward R. Murrow）。而要對盛氣凌人的威權主義發動全球戰爭，我們需要一位能爭善戰的將軍。[29]

要發揚美國的「軟實力」和民主價值，教育和文化交流大概是最好的方法。中國正飛速擴張民間交流的規模，大幅提高經費支援學生、記者和民間及政治領袖前往中國參訪和學習。美國千不該萬不該做的就是終止同樣的經費支援。

這些計劃中的佼佼者是傅爾布萊特獎學金，已協助超過三十七萬美國人赴海外學習和教學，也吸引了超過一百六十國的外國學生前來美國大學院校就讀。約有六十名受獎人後來成為母國的國家元首。[30]我就是親身實例：一九八二到一九八三年間，在奈及利亞的傅爾布萊特講座講學的那一年，我不但和該國產生深厚的連結，也學到了關於民主發展無價的一課。

抱持孤立主義的川普政府意圖徹底斷絕這些交流。幸好在二〇一七年，許多傅爾布萊特計劃的支持者團結起來，擋下了將該計劃每年兩億二千五百萬美金預算砍掉將近一半的提案。但在二〇一九年財政年度，政府又提議削減其百分之七十一的預算。[31]

除了守住交流計劃，我們也必須增加美國國際廣播網的廣度、深度與速度，才能對抗中俄（以及伊朗和伊斯蘭國等恐怖組織）來勢洶洶的挑戰。這代表美國之音和自由歐洲（Radio Free Europe）、自由亞洲（Radio Free Asia）與自由之聲（Alhurra，阿拉伯語的「自由人」之意）等美國在各地的「自由電台」也需要新的能量。這類國際廣播網必須戮力播報真相。就像一九六三年，執掌新聞署的默羅在國會聽證會上的證詞一樣：「最好的政治宣傳就是真相，最差的則是謊言。要說服別人，我們必須值得相信；要值得相信，我們必須有信用；要有信用，我們就必須誠實。」

二〇一六年，歐巴馬政府在國務院內創立了一個前景可期的新單位，名為「全球參與中心」（Global Engagement Center），目的是「辨認、解析、揭露與反擊」會影響美國國家安全的「國外政治宣傳及假資訊作戰，無論來源是他國政府或民間組織」。[32]一名記者說該單位是「華府反制俄國破壞美國二〇一六年大選的網軍工廠『網際網路研究機構』的利器」。[33]但川普政府上任後，全球參與中心就因為「管理不當」、政策分歧和國務卿雷克斯．提勒森（Rex Tillerson）的不認同而備受阻礙；國會雖為抗衡俄國假資訊提撥了一億多美元預算，這位後來黯然下台的川普首任國務卿卻完全沒有利用。[34]

雖然如此，這個觀念對全球自由之戰仍至關重要：我們需要一個有威信、靈敏、糧草充足、配備尖端科技的作戰中心，以即時的網路回應和可信的論述來對抗威權國家的政治宣傳。美國在全球的外交官不該模仿川普和克里姆林宮對謊言的熱衷，而是要從他們身上學到重要教訓：反覆述說有說服力的故事，能改變民眾的政治傾向。傳播資訊必須快速且確實、慷慨熱情但不失莊重、生動活潑卻紮實可靠，而且要在各種媒體上以多種語言播送。我們的外交使節也應透過社群媒體轉發這些資訊。這些資訊還要回應其他社會對美國的想法與感受。用開放的心態傾聽是「贏得人心」的先決條件。[35]

我們也需要重新思考如何傳遞民主的知識。數十年來，美國的圖書館和文化中心協助過世界各地的民眾了解美國的歷史、民主、性別平等、公民權利，以及在獨裁社會的學校和圖書館難以學到的其他議題。這些「美國空間」仍是重要的場所，讓人們能夠安全地閱讀、思考和見面。但使用這些資源的人數有限，在「老大哥」（Big Brother）政權的監視之下尤其如此。不過數位時代讓我們得以將知識傳遞到過去無法想像的地方。

只要投入適量資源，美國和其他民主國家就能將民主的經典著作和創新思想翻譯成中文、俄文、阿拉伯文、現代波斯文、越南文等等語言；以大規模網路公開課程（massive open online course）提供有關制憲、人權、政軍關係和非暴力公民不服從的免費教學；支持每年讓七百名非洲青年領袖以「曼德拉學員」（Mandela fellows）的身分來到美國的非洲青年領袖計劃（Young African Leaders Initiative）等青年交流計劃；並協助發展數位交流和學習的新工具與開放平台。

我們也應該為獨裁國家網路使用的自由開放來奮鬥。在低收入國家廣設寬頻設施，讓電腦在開發中國家的學校裡更為普及，這些措施能激起有益自由志業的知識革命。多數貧民會用智慧型手機上網，因此在設計有關民主和人權的課程、影片等教材時，要心懷宏願並兼顧小螢幕。

威權國家的網路用戶也需要新的工具來規避國家的網路審查，並提升網際空間中的個人安全。國務院近幾年已出資贊助這些研究，Google的子公司Jigsaw也發明了可靠的新工具來協助保護記者、公民團體和個人免於數位攻擊和網路騷擾。[36]我們應繼續支持這些新工具和開放平台發展。

我們也該嘗試簡單但有新意的一著棋：為了民主大量生產隨身碟。現在的微型隨身碟能儲存的資訊量（三十二GB或以上），已經相當於幾年前的一整台桌上型電腦。我們可以在這些小小的金屬、塑膠和電路中，裝進好幾堂課份量的書籍、文章和開放課程影片。小巧的體積可以方便藏匿，或偽裝成口紅等其他物品。在缺乏網路自由的國家，隨身碟可能是大量傳播民主思想的最佳之道。借用記者馬克斯的比喻，這些將會是扳倒獨裁的口紅。

達賴喇嘛的呼籲

世界上的民主國家要記得最重要的一件事：我們擁有更優異的思想。有些人可能會同意，在歷史上的某些時刻，威權統治有其用處或有其必要。但即便中國崛起的態勢可觀，也暫且不論某些自私自利的領袖及其黨羽，無論在精神或實務層面上，現代世界中都少有人會把威權主義奉為較優越的體制。即便是在中國、俄國、委內瑞拉、伊朗和越南等最頑強的獨裁國家，很多人還是想了解民主到底是什麼，又要怎麼實現。就連許多獨裁者和大軍閥都知道民主的魅力，也心懷畏懼。

我們需要對這場資訊與思想戰全力以赴，因為這麼做就必勝無疑。獨裁無法滿足人類對自由、尊嚴和自決根深柢固的嚮往。他們只能想辦法加以混淆和擾亂。正如同達賴喇嘛在一九九九年所書，「對人權、言論自由、人人平等和法治的尊重」是「文明社會的必要條件」。他也宣稱：「自由民主世界有責任協助其他國家為民主奮鬥。」[37]站在歷史正確的一方、呼喚我們內心善良天使的，正是這位謙卑的佛教靈性導師，而不是中國暴虐的強人習近平。

第十二章

打造對民主友善的網路

我認為，在內心至深處，我們都知道可能有大事不妙。我們創造出來的工具正在將社會賴以運作的社交結構撕得粉碎。

——查馬特．帕里哈皮提亞（Chamath Palihapitiya），
前臉書副總裁，二〇一七年[1]

二〇〇六年，我從兩個學生口中得知臉書這個東西。當時的我從沒聽過社群媒體網站，只模糊地知道在前一年有個剛推出的YouTube，也不太關注資訊和傳播科技正在如何改變政治。不過在學術界，教授透過學生發現新東西是家常便飯。我僱用他們兩人當研究助理，並且在他們的協助下開始勾勒出一種現象的輪廓，並稱之為「解放科技」（liberation technology）。

在世界各地，網路、電子郵件、文字簡訊、照片分享和其他社群媒體等新資訊科技，曾經助人突破政府審查、記錄人權侵犯案、揭發選舉舞弊、組織遊行示威、揭露貪汙腐，並創造了一片言論自由的新公共領域。[2]這些科技也讓美國政治變得更為民主，在二〇〇八年時，甚至可能是讓歐巴馬勝過希拉蕊、贏得民主黨總統提名的原因。我為此深感著迷。

隔年，我在史丹佛和其他人合開了一個新課程，內容是關於數位工具如何用於對抗審查和壓迫、培力公民、提升公共衛生，並且讓社會在整體上更為開放、正派、公平。[3]我和學生與學界同事都被阿拉伯之春的社運人士鼓舞了：這些人運用社群媒體動員群眾示威，更在二〇一一年二月湧入開羅的解放廣場（Tahrir Square），推翻埃及的獨裁者穆巴拉克。[4]我們發現，年輕的中國部落客會巧妙地運用「迷因」（meme）規避審查並挑戰共產黨的政治宣傳，也藉此報導人權侵犯事件；《今日大馬》這家大膽的馬來西亞網路媒體也努力揭露貪腐、種族歧視和警察暴力；而肯亞的非營利組織「見證者」（Ushahidi）則為查明二〇〇八年國內大選後的暴力事件開發了一套軟體。[5]因此，我們引用了對拉丁美洲人反抗壓迫、貧困與不義貢獻良多的天主教運動：解放神學（liberation theology），將這些科技稱為「解放科技」。

只不過，雖然將新型數位工具用於正途的作法與時俱進，威權主義的使用更魔高一丈。其中的佼佼者正是中俄兩國。他們投注大量資源，以監控、封鎖、擾亂和駭入獨立媒體和公民社會的線上網絡。反對派在二〇〇九年發起綠色行動（Green Movement）示威後的伊朗，以及阿拉伯之春後的阿拉伯國家，也都開始這麼做了。

到了二〇一一年，民主和獨裁的雙方人馬已為了控制網路空間打得不可開交。即使是在自由的民主國家，隱私權也開始遭受國家和企業壓迫，霸凌和辱罵已成為網路上的日常。威權國家不只會監視、審查和控制網路連線，還致力於將網路世界依國界劃分，運用網路離間國內公民，並發展臉部辨識技術等新的數位箝制工具。[6]

當時我很看好民主價值和民主鬥士能在網上大獲全勝。現在看來，網路上的情勢其實糟糕很多，但要說毫無希望也言之過早。兩極化、假資訊、操弄輿論和政府箝制正在破壞網路的自由，然而有些新穎的倡議正設法反轉這股歪風。我們可以為民主打造更安全的網路空間，但這需要民主政府、科技公司、公民社會團體和個別「網路公民」（netizens）攜手合作。

將民主解友

迄二〇一八年中為止，世界上大約有三十二億人（超過百分之四十全球人口）在使用社群媒體，而且這個數字的年度成長率是驚人的百分之十三。目前擁有超過二十億用戶的臉書不僅仍是最受歡迎的平台，用戶黏著度也最高。然而包括YouTube、WhatsApp、Instagram和微信在內的其他平台也都擁有超過十億用戶，或是正快速朝這個門檻逼近。[7]到了二〇一七年八月，有三分之二的美國人表示自己至少有部分新聞是透過社群媒體得知，而固定從社群媒體閱聽新聞的美國人，數量已經遠遠超過靠報紙和廣播的美國人。[8]

隨著社群媒體成為新聞、意見和政治訴求的主要傳播工具，它對民主的危害也更顯清晰與迫切。社群媒體沒有編輯室的過濾和標準，使得任何人都能成為記者、導演或名嘴，而正是這樣徹底的資訊流通民主化，讓社群媒體成了民主的威脅。正如同臉書執行長馬克·祖克伯（Mark Zuckerberg）在二〇一八年十一月的一篇發文所述：「我發現，當你把二十億人兜在一起，就會看到人性所有的美好與醜惡。」[9]

不過社群媒體帶來的危險也源於其他深層因素。驅動這些網站的利益動機是攫取人們的注意力，因為用戶花愈多時間在網站上，代表愈多廣告收入。這經常使得煽動性、情緒性或極其駭人的內容蔚然成風。當然了，正如同祖克伯所指出的，所有商業媒體都是如此，因為「在未經調控的情況下，煽色腥和刺激的內容會贏得常人不成比例的大量關注」。[10]然而，社群媒體沒有任何空間界限、預先編輯過濾或發布時程限制，可以立即傳遞資訊，而稠密、去中心化的用戶網絡又能讓這些資訊廣為流傳。快速和廣布這兩個因素使得網路發文能爆紅，憤世的謊言和熱心的真相都能如野火燎原。

另外，社群媒體在本質上就對蓄意操弄門戶洞開。即便所有主要平台都禁止匿名或假用戶（臉書照規定來說就是如此），要確定每個用戶的真實身分也很困難而昂貴。雖然臉書會定期刪除數量驚人的假帳號，如今自動化技術仍能讓惡意資訊靠假帳號無遠弗屆地快速傳播。這使得社群媒體格外容易受到國內外的惡意勢力操弄。

上述的問題雖有重疊，我們還是可以在奧米迪亞集團（Omidyar Group）近來一份精闢的綜合分析協助下，指出社群媒體對民主造成的各種環環相扣的危險。[11]社群媒體之所以會加劇政治兩極化，部分是因為不論出自有意或無心，假資訊都會透過社群媒體廣傳；假資訊愈聳人聽聞，傳得就愈遠。隨著民眾對所有資訊來源與客觀真相本身的信心瓦解，既有媒體的正當性也不復存。這使得政府、政黨、倡議運動和政治人物能不受限地散播無中生有與挑撥離間的訊息，並與特定族群的追隨者建立直接緊密的連結。兩極化因此加深，耗盡健康民主社會在公領域所需的禮義與互敬。又因為一切都已數位化並留下紀錄，個人隱私和自由也與民主一起受到了威脅。

當然，兩極化並不是從數位時代才開始的。早在電視時代以前，兩極化就蹂躪過從美國到德國的許多現代民主國家，遑論網路空間。但不論是想找到志同道合的伙伴共同合作，或是詆毀意見相左的對手，透過社群媒體都變得快速又容易。

數位平台會根據用戶的興趣、傾向，甚或購物喜好，不斷把新聞、搜尋結果、建議好友與最新消息推到用戶眼前。這會形成不斷微調各人數據檔案的回饋循環，促使人「自我隔離到想法類似的團體裡」，亦即所謂的「回聲室效應」（echo chamber）。[12]這也會形成「同溫層」（filter bubble），讓人們不必接觸「可能與傳送給他們的（偏頗）訊息相抵觸的資訊」。[13]

這呼應了早期社會學研究的一個經典洞察：一個人如果有交錯的社會連結（crosscutting social tie），也就是經常和不同種族、宗教和政治立場的人來往，觀點通常比較溫和。因為這些人會承受「交錯壓力」（cross-pressure）；他們的同事也許大幅傾向某個立場，而他們的教友又傾向另一個立場。但如果有益的交錯壓力消失，人們就會被困在擁有共同信念、恐懼和仇恨，但比較狹隘的世界裡。[14]

一旦狀況變得非常嚴重，人們甚至會像住在平行世界一樣。不只是各自追隨福斯和MSNBC這樣立場迥異的新聞來源，朋友傳給他們的新聞（或政治宣傳）也會加深偏見。這些人會變得較難容忍對立觀點，甚至也較不願加以傾聽，將對立的意見都貶為根據「假新聞」（fake news）而來。而他們偶爾還真的會說對幾次。

假資訊與錯誤資訊

在今天的數位世界，真相的扭曲有兩種類型，一種是「假資訊」（disinformation，刻意創造和傳播的虛假資訊），另一種是「錯誤資訊」（misinformation，包含謠言和諷刺在內，「無意間分享的虛假資訊」）。[15]意在誤導的捏造內容在社群媒體迅速爆紅，因為謬誤總比真相更有趣又吸睛——要製造有說服力的數位假資訊，也正變得愈來愈容易。

然而，最危險的是像俄國干涉二〇一六年美國大選那樣，由政府和政治團體發起、經高度組織的資訊戰，對真相進行工業化規模的大量扭曲，「意圖在戰略和／或地緣政治上有所斬獲」。[16]這些作戰行動用數位假帳號協同出擊（真人和機器人都有），激化憤怒情緒並嚇阻反對聲音。而且他們通常都會成功，致使民眾更為憤怒和對立。

能擾亂美國選舉的也不只有克里姆林宮在聖彼得堡的網際網路研究機構。根據《連線》（*Wired*）雜誌的報導，馬其頓有個就業機會稀少的小鎮，又住著大批熟悉網路且求職若渴的青年，而在二〇一六年「至少有一百個挺川普的網站於此地註冊，其中多數充滿危言聳聽且完全空穴來風的新聞」，每個架站的年輕人因此賺進數千甚至數萬美元的廣告收益。[17]

人們愈是自封於資訊孤島上，就愈容易相信和散布劣質資訊。他們很少去注意消息源頭或可信度，只會欣然接受符合自身偏見的故事。而在選戰正酣時，這種狀況只會有增無減。根據布魯金斯學會（Brookings Institution）的報告，在二〇一六年美國大選期間，排名前二十的假新聞故事（包括〈教宗方濟各支持川普〉和〈希拉蕊向伊斯蘭國兜售武器〉等瞞天大謊）遠比排名前二十的真實文章獲得更多的分享，也得到更多評論。[18]其中有一則瘋狂的故事聲稱：華府一間披薩餐廳藏匿兒童性奴隸，而且希拉蕊知情。這促使一名北卡羅萊納州男子帶著突擊步槍前往首都，展開他以為的救援行動。[19]最後沒有人被殺真是謝天謝地。但媒體專家和國際觀察人士都擔心，隨著川普在媒體上不斷升級對「全民公敵」的攻擊，這些快速增生的惡意謠言很快就會導致美國新聞工作者遭受直接的暴力。[20]而在二〇一八年十月，佛羅里達州就有一名川普的狂熱粉絲寄爆裂物給CNN的紐約辦公室和多名川普批評者，並因此遭到逮捕。[21]

一旦人們信了假故事，要破解迷思就十分困難；人類對自己相信的事情會投入很多情緒。實際上，想要證明他們錯了，只會讓他們陷得更深。[22]假資訊就這麼加劇了激進與極化。我在史丹佛的同事納撒尼爾．珀西利（Nathaniel Persily）也主張，假資訊會「激起對候選人和選舉憤世懷疑的態度」，從而讓其他人變得對政治冷感。[23]

假資訊的破壞範圍在未來幾年還會呈指數型擴大。人工智慧的快速進步將提升「換臉技術」（deep fakes），讓人可以恣意更改影片中的影像及聲音，栽贓某人說了或做了駭人聽聞的事情。[24]過去的詐騙只能以比較粗糙的造假手法來傳播，如今的佐證看來卻很可信，而這些極其倣真的假資訊將因此引發眾怒甚至暴力。更糟的是，大眾意識到這項剛萌芽的技術後，也可能殃及真實影像證據的可性度。在未來幾年，各國公民可能會深切體認到，眼見竟然不足以為憑。

隨著人們對懷疑和不信任習以為常，從《華爾街日報》、NPR到ABC，傳統媒體也在喪失公信力和正當性。這些老派媒體長久以來都致力於公正、嚴謹、精確地查證和解讀事件。他們透過這麼做提升了專家的正統地位，有時還包括政府和其他既存機構的地位，例如大學院校與法院。相反地，社群媒體推廣的則是流行、吸睛與能爆紅的東西。這曾一度代表民眾變得更信任來自同儕和社群媒體平台的資訊，而非更成熟的正式機構。[25]但如今網路上到處都是假資訊，我們所面對的風險是對一切資訊與權威管道更全面地失去信心。[26]

製造假輿論

因為這種種原因，如果有人想用機器人和網軍偽裝真人來假造輿論，並藉此對社會進行政治操弄，恐怕將易如反掌。克里姆林宮在二〇一六年用社群媒體介入美國大選是最知名的一例，但現代所有的威權政體都在網路上操弄、經營、詆毀和放大特定輿論了。根據自由之家的紀錄，政府對社群媒體內容的操弄漸增，是這八年來全球網路自由穩定衰退的主因之一。[27]而在所有獨裁政權中，最大舉操弄社群媒體、對自由造成最駭人影響的，莫過於中國。

許多民主國家的政治陣營和政治化的新聞網站也會操弄網上內容，只是沒這麼厚顏無恥。有份研究發現，在選戰相關推文當中，由機器人生成者在二〇一六年大選最後階段占了將近百分之十八，在希拉蕊和川普的總統辯論期間則占大約百分之二十五。[28]在美國，以排外的布萊巴特新聞網（Breitbart）為首的右翼線上媒體普遍比左翼線上媒體遠更為偏激，亦即更容易放大錯誤和誤導性的言論，並將之編造成更完整的敘事，其真假莫辨的程度足以使之滲透主流媒體。兩極化的發生並非不可避免，而是右派有意識地在推動。[29]

諸如川普、菲律賓總統杜特蒂、印度總理莫迪等民粹領袖，都會利用推特和追隨者建立直接連結，以避開記者的過濾和檢驗。社群媒體讓反自由的領袖得以「親自把仇恨或犬儒的觀點講得稀鬆平常，或是含蓄地認可社群媒體支持者的訊息。」[30]最極端的情形是，獨裁者和煽動人士可以用臉書等平台傳播仇恨言論，引發對少數族裔的致命暴力，就如同緬甸羅興亞人等穆斯林族群的遭遇。[31]

資訊社會愈來愈極化，假資訊排擠了冷靜思辨的空間，網路論述的品質也隨之惡化，公共論壇因此跟著衰退。既然再也無法對事實為何達成共識，彼此的社交網絡和決定世界觀的大敘事（metanarrative）也少有交集，對立的線上社群也就沒什麼理由節制情緒了。謾罵取代了論證，種族歧視和仇恨言論得以毫無顧忌地流竄。

多數網路言論的匿名性更加強了這份挑戰。以推特為例（硬要違反規定的話，在臉書上也可以），隱藏身分的功能進一步鼓勵了乖戾和仇恨的言論，還有對女性及少數族裔的數位霸凌及網路攻訐。為極端分子和外國勢力服務的網軍和機器人可以加入線上對話，為社會的分裂煽風點火。當政治觀點相左的雙方在網路上互相詆毀叫罵，就會更加輕視和不信任彼此。

但從網路消逝的東西，不只是容忍、禮義和信任這些美德而已。我們也在失去個人隱私和自主權。如今我們每一次點下滑鼠、每一次搜尋資料、每一次下單購物、每一次嘗試應用程式，社群媒體平台和政府都在窺視和記錄（這段話改寫自警察樂團〔Police〕的名曲）。

除了臉書、Google和Instagram，包括亞馬遜等線上購物網站在內，各家科技公司都會儲存、分享使用者資料，並藉由精準的廣告投放販賣這些資料獲利。在嚴重影響個人隱私之外，這些公司也正在創造一個操弄個人的美麗新世界。只要像奧米迪亞集團所說的一樣，利用「結合大數據分析、計算認知心理學（computational psychology）和行為與人口分析」的統計工具來解釋這些數據，這些公司就可以側寫出每名用戶的個性，並以過去難以想像的精準度介入改變他們的行為。[32]

這代表的不只是賣出更多書籍、音樂和鞋襪。這也改變了政治。二〇一六年，右翼政治顧問公司劍橋分析（Cambridge Analytica）就利用大數據金礦，為川普和脫歐選戰精準投放了許多廣告和訊息。即便該公司後來因濫用超過八千萬名臉書用戶的資料被強制停業，但利用珍貴的個人資料向選民精準投放量身訂做的訊息的作法仍運行不輟，隨之對個人隱私與社會凝聚力造成的威脅也是。

在網路上追蹤使用者動靜的也不只有社群媒體和電子商務公司，還包括獨裁政權。愈來愈多威權政府把網路當作政治監視、鎮壓和控制的天網。

中國的網路監視

中國在這方面首屈一指，正在建立一個全面監控的國度，意在評估每位中國公民的數位足跡，為各人打上「社會信用評分」。在社群媒體上批評政府、在網路上分享「不愛國」的新聞，或是在示威活動附近被國家的監視器拍到，都會降低信用評分，讓人要辦理護照甚或買火車票都有困難。

中國的大城市現在已遍布監視攝影機，還使用強大的臉部辨識軟體來檢驗所有畫面資料。網路上也有統稱網路長城（Great Firewall of China）的巨型內容審查系統，負責封鎖《紐約時報》和一眾「危險」的西方網站和社群媒體平台。還有一支網路警察部隊能夠快速清除外來內容和危險思想。[33]中國的網際網路公司現在也有內容審查的義務，讓國家有餘力實行更高階的監視行動並動員支持政府的評論，後者通常是共青團成員散布的流行迷因或推文，而這些人的愛國心會得到獎賞。中共也能用娛樂或其他內容淹沒網路，轉移人們的注意力，這在有醜聞或公家弊案爆發而民怨四起時特別管用。

令人難過的是，世界各地的威權和反自由政府都認為中國開示了成功秘訣。中國也不吝於和其他獨裁政權分享這些歐威爾式的統治工具。數位科技讓「國家能執行規模驚人的支配和鎮壓」，可能帶來「逆向的阿拉伯之春」。[34]威權國家愈來愈得心應手，勤於封鎖和刪除批評，不斷跟監、騷擾和逮捕質疑國家的記者和部落客，並使用機器人和網軍廣傳有利政府的社群媒體內容，同時妖魔化反對意見。獨裁統治益發需要網路平台儲存國內的用戶資料，讓政府能要求調閱。如同在中國，這些鋪天蓋地的數位足跡紀錄能用於更強勢地形塑、約束和懲處公民的言行。

獨裁者也可以運用「針對性阻斷服務攻擊」（dedicated denial-of-service, DDoS），以高流量癱瘓反對陣營和獨立媒體的網站，連架在海外的網站也難逃一劫。如果所有招數都失效，獨裁強人還可以降低網速或乾脆暫時關閉網路。這一切手段都是因為威權政府決意為獨裁維護一個「安全的」網路環境。[35]

為民主挽救網路

奪回網路需要政府對策、企業改革和科技創新的配合。這場維護線上自由與文明的競爭，肯定不會一帆風順，得不斷嘗試與修正。科技公司和政府著手時都該抱持一點謙虛。許多辦法雖然能為民主防範某種問題，卻有可能加劇另一些問題，例如在打壓假資訊和仇恨言論的同時侵犯了言論自由。因此，政界和企業都得堅守民主價值的基礎來擬定對策。

牛津大學的提摩西・賈頓・艾許（Timothy Garton Ash）教授曾提出言論自由的十個原則，我們可以把這當作起點。[36]這些原則的基本態度是任何地方的人都必須享有表達己見、交流資訊與思想的自由。言論自由需要迴避禁忌，但尊重宗教自由；需要「不受審查、多元、可信的媒體」和自由的網路；拒絕使用暴力威脅，「堅守禮義」，即便探討的是爭議性議題，也要有能力保持得體而嚴肅的態度。正如同真實世界的民主仰賴公民參與，網路上的民主也非常倚重個別網民。我們都需要被教導如何積極、審慎且有禮貌地使用網路。

★對抗機器人、網軍和假資訊

這些問題有很多是瘋狂追逐市場卻缺乏監管的科技公司捅出來的，但要幫忙補救這些問題，他們也不可或缺。首先，如果專業事實核查人員已反覆確認某些虛假、惡意或粗糙資訊的源頭，科技公司可以就這些資訊來源標示警告。二〇一七年三月，臉書在輿論強力譴責下開始標記他們所謂的「爭議」新聞，也就是明確缺乏事實基礎的內容。這次實驗造成反效果，替假資訊吸引了更多關注，有時甚至讓人更深信不疑，所以臉書開始改為推薦更有根據的「相關」新聞內容。[37]其他平台也運用了這些標籤，比如維基百科（Wikipedia）靠群眾外包（crowdsourcing）致力打造自由、開放的線上百科全書，這作法也備受稱道，而標記爭議內容就是其中一項基本元素。不過標記爭議或品質可疑的新聞效力幾何，還需要更多研究才能判斷。

二〇一八年三月，臉書在外界壓力下，宣布了一套保衛選戰的公正性不受境外和其他匿名勢力干擾的新措施。這些措施包括加速確認和關閉假帳號，因為假帳號正是煽動性錯誤資訊的主要散播者。臉書表示，他們正在利用最新的機器學習技術，「每天當數百萬假帳號還在新申請階段就加以封鎖，阻止它們造成任何傷害。」[38]

社群媒體公司面臨的更大挑戰，是以人工智慧揪出所有機器人並加以封鎖。此外，臉書也宣稱正努力調整演算法，將想藉假資訊獲利者所生產的內容降級（也就是降低顯示頻率和重要性），以削弱散播假資訊的主要誘因之一——金錢。[39]他們也保證會降級「遊走邊緣的內容，以減少這些內容的散布與互動」。[40]

人工智慧在協助辨認網路詐騙上也相當值得期待，但還是有所侷限。在對抗假資訊時，人類的判斷仍不可或缺。二〇一八年初，臉書將審查內容和改進資安的員工從一萬人增加到了兩萬人。（到了十一月，臉書已有三萬名負責執行社群守則的員工，每天能審查超過兩百萬條內容。）[41]臉書也表示，他們正與事實核查組織加深合作，以盡快識別和揭露假新聞。比如二〇一八年期中選舉時，他們就選擇和美聯社合作。二〇一八年中，臉書已和法國、義大利和印度等十四國的主流新聞媒體合作，以「去除新聞文章、照片和影片中的誤導性資訊」。[42]臉書表示，被判定為假資訊的新聞在動態消息的出現頻率會下降，平均能減少超過百分之八十的未來觀看次數。

Google也採取了類似措施，結合人力審查和人工智慧，以更精確地「標記詐騙、陰謀論和虛假及／或冒犯的資訊」。[43]Google演算法隨之更新，將不可靠的搜尋結果往後排，優先顯示較具威信的新聞。[44]

然而，針對俄羅斯利用臉書的平台對二〇一六年的美國大選進行顛覆活動，臉書至今並未為它的不當回應表示願意承擔責任。根據《紐約時報》的調查報導，祖克伯與臉書營運長雪柔・桑德伯格（Sheryl Sandberg）頑固地「忽略臉書上有大量的與俄羅斯有關的可疑活動的警告」，並且在事後「隱藏它們不讓大眾知道」。尤有甚者，在劍橋分析（參與川普競選活動的政治數據分析公司）已經取得臉書上可能高達上千萬的使用者的個人資料這件事被揭露之後，臉書「試圖轉移批評焦點，掩蓋問題的嚴重性」，同時還聘請政治反對派研究公司來攻擊索羅斯等批評臉書的人。

顯然，網路公司如果不與使用者與社會大眾開誠布公，就無法有效地對抗假資訊。可喜的是，他們逐漸（至少是含蓄地）承認，自己不只是資訊的盤商或物流商，實質上更像是要為內容負部分責任的出版商。然而，「言論仲裁」（content moderation）這個說法也有風險，因為它有可能被扭曲而惡化為無法究責的言論審查。言論仲裁人員畢竟是人類，也會犯錯。而這些公司的機器學習演算法在設定這類決策的自動化規則時，也可能納入政治或種族偏見，反而製造大規模不公。神通廣大的組織可能反過頭來操弄這些公司的審查規則，「有效審查自己的政敵」。遇有個人或社群用戶申訴，遑論威權政府施以高壓時，這些平台也常選擇阻力最小的路徑——舉手投降，將「全球各地不同政治立場」消音，就連設法記錄種族主義、戰爭罪行和警察暴力的社運人士也不能倖免。[45]

如果要維護線上世界的自由，這些網路公司對仲裁內容漸增的力道，必須符合某些透明和問責的標準。二〇一八年二月，「電子前哨基金會」（Electronic Frontier Foundation）、「美國公民自由聯盟」（American Civil Liberties Union）和「新美利堅」（New America）等網路自由倡議組織共同勾勒出三條原則：第一，數位科技公司應定期公布移除的內容數量，以及停用和終止的帳號數量。第二，移除內容或停用帳號時，公司應向用戶解釋原因。第三，數位科技公司應提供在一定時間內對這些決定提出申訴的機制。[46]

這項挑戰的規模大得驚人。二〇一八年十一月，臉書釋出了詳細的報告，說明他們每年移除了多少違反「社群標準」的內容，包括仇恨言論、圖像暴力、恐怖主義和殘忍及裸露在內。[47]移除理由多半是垃圾訊息（將近四十億條）和假帳號（超過二十億條）。但從二〇一七年十月到二〇一八年九月的這十二個月期間，臉書也處理了一千五百萬篇恐怖主義相關貼文、近一千萬篇仇恨言論相關貼文、兩百萬篇涉及霸凌的內容，以及大約一億篇包含裸露及性行為的內容。[48]因此，任何審查機制都必須準備好處理移除內容引發的大量申訴，而且應該依據普世原則公平且積極以待，而非以企業利益為依歸。為了傾聽用戶對內容仲裁的申訴，臉書承諾將創立「一個裁決方式透明且有約束力……的獨立部門」。[49]這將是通往公平透明的一大步。不過，對臉書、YouTube、推特、領英（LinkedIn）和Reddit等大型網路平台而言，合資建立一個徹底獨立的審查機制來處理所有內容移除仲裁的申訴，可能會是更好的方案。要處理這麼大量的申訴，該審查機制會需要全職的專業員工和許多至少是兼職的「法官團」來應對各式各樣的案例；或許就像許多民主國家的上訴法院結構一樣，這個法官團的規模會隨著案例的嚴重性和潛在意義（將成為重要判例）增減。這種立基於企業和公民社會結盟關係的自主機構，價值之一在於它或能先行滿足呼籲政府管制內容的聲音，以免官方管制對言論自由造成令人擔憂的影響。

不過，這些方法並未掌握到更深層的問題，也就是決定哪些資訊被推到頂層並竄紅的演算法。臉書保證在這方面會更開放、進行更多協商。在這些營運上高度敏感、推動其核心商業模式和獲利能力的事務上，除非所有網路大公司都願意允許真正的透明公開和公共參與，否則聳動的內容永遠會勝過事實。

幸好，科技界不論是為了營利或公益，都有投資獨立研究和專業報導。奧米迪亞網路事業就發表了一份斥資一億美元的倡議計劃，目的是「資助調查報導、迎戰網路上的錯誤資訊和假資訊、增進公民參與並重建對制度的信任」。[50]臉書和其他公司及基金會聯合提供了一千四百萬美元資助紐約城市大學的「新聞誠信計劃」（News Integrity Initiative），協助新舊媒體加強對抗媒體操弄和網路攻訐的能力。[51]Google也在支持相關學術研究，以進一步理解和對抗假新聞，並協助成立了「初稿新聞」（First Draft News），進行對抗假新聞和假影片的相關研究、核查、教育和訓練。[52]

這些常顯得相對溫和的作法還只在起步階段，這些網路巨人任重而道遠。社群媒體公司仍著迷於注意力經濟龐大的金錢誘因；假新聞還是比真資訊傳遞得更快；快速揭穿真相的壓力也可能與徹底又準確的查核互相拉鋸。目前為止，陰謀論和政治宣傳仍遍布YouTube等搜尋引擎和網站。

增加事實的曝光度需要強健的新聞業，特別是活躍而嚴肅、致力於區分報導和評論，並清楚隔離付費廣告與業配內容的報業公司。諸如「政界事實」（PolitiFact）、「事實查核網」（FactCheck.com）和努力終結流言的「斯諾普家族」（Snopes.com）等專業事實查核組織，也必須被放在中心位置。加州聖克拉拉大學的「信任專案」（Trust Project）這類努力也有幫助；該計劃致力於指明「製作新聞的媒體、作者和投汁資源」等關鍵資訊，以便「讓大眾更容易分辨新聞品質」。臉書、Google和Bing這些數位平台能利用這些資訊，優先推薦更可信的新聞。[53]

烏克蘭既得在真實戰場上與俄國軍隊交鋒，也要在網上對抗俄國的假資訊，因此該國公民組織「停止假新聞」（Stop Fake）正在結合記者、編輯、資訊技術專家、譯者和一般公民來找出克里姆林宮的政治宣傳，並加以反駁。該組織在其他民主國家和外國基金會的支持下捍衛烏克蘭的資訊空間，而他們為了保護真相所要對抗的大力攻擊，在任何民主國家都不曾有過——結果就是烏克蘭公民的媒體識讀力和媒體分辨假新聞的能力都提升了。[54]

要削減惡意資訊的威力，民主國家必須產出更優質的資訊。現服務於奧米迪亞的前BBC總經理史蒂芬．金恩（Stephen King）說：「首先與最重要的是，我們的反擊必須立基於相信真相存在、相信真相是寶貴的，也要相信保護它最好的方式就是製作有力的報導、根據充分資訊進行討論。」[55]

★制止外國勢力介入政治和操弄選舉

美國法律向來禁止外國人對聯邦層級的選舉活動捐款，但現在要查出是否有人藉由網路干預選舉卻很困難。科技公司在這方面能大有助益。

經過二〇一六年的大災難之後，在二〇一八年期中選舉時，臉書開始要求投放政治廣告的客戶須提出政府核發的身分證明、提供實體通信地址並經由信件確認真實性，而且要表明他們代表的候選人、組織或企業。現在，當民眾在臉書或Instagram上看到這些廣告，他們可以清楚知道這是政治廣告，也看得到買主是誰。臉書也為所有政治廣告建立一份公開檔案，告知每則廣告的花費、閱覽次數以及受眾結構。我們應該要求所有社群媒體平台將全部政治廣告都做這類網上檔案公告，供民眾檢閱，而且為期至少一年。購買廣告的團體也應一併公開。[56]

某種意義上，在分辨國內選舉是否受境外數位勢力影響時，民主國家有個優勢：他們可以透過群眾外包公開徵求一般網民的協助。非營利組織「公眾相挺」（ProPublica）優秀的調查記者就發明了一個群眾外包的工具：「政治廣告蒐集室」（Political Ad Collector）。用戶只要為瀏覽器安裝這個小軟體再登入臉書，該軟體就會自動蒐集在動態訊息中顯示的投放廣告，判斷哪些是政治性的。這些資料接著會傳回公眾相挺的公共資料庫儲存，用於分析。[57]

社群媒體公司還可以更進一步，把國營的政治宣傳頻道清楚標明出來。民主國家不應全面禁止俄羅斯RT電視台和Sputnik衛星通訊社等威權國家的新聞網，但至少可以將這些資訊內容「辨別並標記」為政治宣傳。[58]

★對抗仇恨言論與不容忍

網路世界正變得益發偏執暴戾。人工智慧能協助減少仇恨言論、人身攻訐和挑唆暴力與恐怖主義的行為，或加以移除。[59]臉書禁止匿名帳號或假帳號是正確的：如果身分為人所知，人們的行為就會比較克制，當人不用對仇恨或謾罵負責時，就容易失控。然而在威權國家，禁絕匿名卻有代價，因為這將讓以實名批判政府的人遭遇極大風險。

要對付仇恨言論，政治和倫理問題比技術問題更棘手：什麼樣的冒犯言論不該容忍？對不容忍言詞的刪除到了怎樣程度，就會違反言論自由的基本原則？即使自由派民主人士能同意禁止明確煽動暴力的言論，凡是移除冒犯某個族群的任何內容，都很容易讓我們墮入言論審查的世界。

比較好的作法，是讓社群媒體公司和網路社群譴責並邊緣化仇恨言論。南方貧困法律中心（Southern Poverty Law Center）就呼籲，針對散播仇恨及不容忍言論的大型組織團體，個人和社群都應加以聲討。但該中心也建議：「不要和仇恨團體的成員在以衝突為賣點的談話節目或公共論壇上進行辯論。你們光是出現就會帶給他們正當性和曝光度。」[60]

對抗仇恨言論的最上策是發出更優秀的言論——講述反對偏見、捍衛弱勢、鼓勵包容的訊息和故事，而且這些資訊不論在數位國度或真實世界都該更獲重視。如果接納、多元和差異等價值觀沒有在學校和民間組織裡被認真教導、誠心仿效，在網路空間裡也不會普及。

★根據民主價值管制網路

社群媒體對民主的威脅愈發迫切，各大網路巨擘的回應卻顯然片面而遲鈍，導致政策制定者該**做點什麼**的壓力愈發沉重。但即使政策制定者全然明白潛在的問題，在危機狀況下制定的法律很少會是明智的政策。倉促管制網路對民主弊大於利。[61]

由於憲法第一修正案能做非常寬泛的詮釋，言論自由成了美國的核心價值。其他國家則在自由和節制之間另尋平衡點。有鑑於納粹的過往，德國對仇恨言論幾乎毫不容忍，民眾已要求政府採取行動限制網路上的仇恨言論。德國聯邦議院在二〇一七年六月通過《網路執法法》（Network Enforcement Act）來回應這些訴求；該法案要求社群媒體平台須在接獲通知的二十四小時內「刪除非法、種族歧視或誹謗性質的留言和文章」，包括仇恨或否認猶太人大屠殺的言論，否則將被處以最高達五千萬歐元的罰鍰。[62]不過這部法案雖立意良善，卻走錯了方向。它的管轄範圍既廣泛又含糊不清，可能導致私人公司為避免高額罰鍰而走上言論審查的歧途。[63]在反自由政府愈來愈急於限制網路自由的當代，這開了一個很糟的先例。

民主政府應避免內容審查，但絕對可以強制線上政治廣告透明化。二〇一七年十月，馬克．

華納（Mark Warner）、艾美・克羅布徹（Amy Klobuchar）和馬侃等參議員提出《誠實廣告法案》（Honest Ads Act），將現行於電視、廣播和平面媒體的競選廣告公開條款延伸適用於社群媒體。該法案要求大型數位平台採取「合理行動」，確保外國無法試圖透過購買廣告來影響美國選舉活動；他們也必須將前一年購買超過五百美元政治廣告的廣告主整理成完整、可公開調閱的數位紀錄。推特率先宣布支持這項法案，起初透過說客反對的臉書也接著跟進。[64]但就像最近大西洋理事會的一份報告所主張的，這部法案還能做得更多，諸如禁止外國人資助「選舉相關的議題廣告」，要求社群媒體公司明確「識別所有內容資助者和金主的身分」，並授權聯邦選舉委員會執行這些新條款。[65]

在保護網路隱私上，立法者也有更多能著墨之處。歐盟於二〇一八年五月施行的《一般資料保護規範》（General Data Protection Regulation）就賦予使用者更多個資掌控權。數位平台和科技公司無法繼續「因為他人個資剛好存放在他們的伺服器裡，就將之視為屬於他們的財產」。[66]現在，這些公司必須以能保護歐洲用戶身分的方式（比如加密）儲存這些資料，也必須將用戶預設選項中的隱私設為最高保密等級，如此一來，個人資料才不會在缺乏用戶明確同意下遭他人取用。這些公司還必須提供方法，讓歐洲用戶控制個人資料如何被使用，而且方法必須清楚、容易理解且不中斷。[67]他們必須讓民眾享有要求刪除自己個資的「被遺忘權」，而且適用情況比過去廣泛許多。如果個資遭受侵犯，公司必須在七十二小時內通知用戶。當使用者個資遭竊或被濫用，公司也會面臨更嚴重的法律責任及更高額的罰鍰。

雖然有些科技公司在全球都採用了歐盟標準，以免無意間侵害這項新的法定權利，但其他公司並未這麼做，而是抱怨要達到這套標準所費不貲。當歐盟這套新法實施在即，臉書就把亞洲、非洲和拉丁美洲的用戶移出愛爾蘭轄區，這些用戶也因此不受該規範保護。[68]很不幸地，目前世上各民主國家公民享有的數位隱私保護，離歐盟水準還有相當差距。

在這一切措施展開的同時，人們對這些網路巨頭無可匹敵的規模和力量也益發不安。許多政治人物和評論家都建議，這些大型科技公司都應該被打散，特別是占有百分之八十五線上廣告收益的Google和臉書。這些大公司在市場上獨占鰲頭，我們又對其徹底依賴，使得他們帶有一些公共事業的屬性，也讓政府不得不出手管制。最起碼，就如同華納參議員的建議，他們某些明目張膽的反競爭行為（anticompetitive practice）應該得到處理。[69]

有些人已經想得更遠，並鼓吹採取反托拉斯行動。這些人應該慎思兩件事。首先，我們仍需要大規模的科技投資，以運用人工智慧來追蹤、驅逐或減少機器人、網軍、假帳號和惡意人士，而超大型企業更有能力為這場戰爭所需的科技創新和人力監控做鉅額投資。其次，西方的大型科技公司要面對的新興全球競爭，來自阿里巴巴與騰訊這些中國巨龍，但後面這些公司並非真正的私人企業，而是聽命於中國共產黨這個全世界最大的壟斷者。西方企業對開放、多元等民主價值至少都有些理解，不應在這場鬥爭中被掣肘。

★培育數位公民

即使科技公司、獨立媒體和民主政府極盡努力對抗社群媒體的危害，我們仍然有一個極大的弱點，亦即使用者本身。如果不教育公民如何安全、保持懷疑、彼此尊重地使用網路，而且最好是從小教起，我們就無法為民主打造安全的網路世界。

近年的研究顯示，對於如何分辨網路資訊的真實性，美國各地從初中到大學的年輕人都無知得悲哀。史丹佛歷史教育小組（Stanford History Education Group）的山姆・溫堡（Sam Wineburg）和莎拉・麥格魯（Sarah McGrew）是此一領域頂尖的研究者，他們在研究近八千名學生後指出：「無論是在哪一級教育，我們都為學生在這方面的不足感到吃驚：初中生無法分辨廣告和新聞的差別；高中生對明尼蘇達「擁槍者政治行動委員會」（Minnesota Gun Owners Political Action Committee）捏造的表格數據信以為真；大學生輕易被冠有.org頂級域名的網站所騙，好像那是掛了『好管家』保證一樣。」[70]

這個問題的關鍵原因之一，是年輕人沒有受過所謂「公民網路推論」（civic online reasoning）

的訓練。公民網路推論是目前學校媒體識讀課程的延伸，通常會有一張列出十到三十個問題的檢查表（舉例來說：網站上是否有標註聯絡人且顯得專業）。這種檢查表或許能揪出最廉價、粗糙的假資訊，但卻難以分辨獨立研究機構和居心叵測的俄國顛覆行動。[71]

檢查表這招的問題在於，民眾不分年齡都會用這種方式瀏覽網路：一路垂直往下讀，埋首某個網站、網頁或文章的內容，在同一個網站的範疇內蒐集更多資訊。但很多時候，這只會把我們帶進虛幻的兔子洞深處。

網站的其他表面特徵，比如搬弄專家學者以示權威、引用文獻以示公正可靠，或高畫質的圖片，都會讓人更容易輕信。溫堡、麥格魯和其他史丹佛歷史教育小組的同僚主張，數位媒體識讀的關鍵，是要讓讀者離開既有的網站或文章，**旁徵博引地閱讀**，也就是打開新的分頁（多開幾個更好）分別檢查人名或組織名，確認他們的資格、資金來源及可信度。

專業的事實查核人員正是用這種方法評估網路資訊，這和真實世界裡有形的互動模式相像得驚人，而這種互動能夠養成更注重細節、更有耐心、更寬容的態度。但要能用這種方式探索網路，需要訓練和一些文化再教育，鼓勵民眾睜大眼睛，懷疑出處不明的資訊、接受批判方法、主動查找而非被動接受網路資訊。這些正好就是真實世界民主文化的核心特徵，並非偶然。

溫堡、麥格魯與同事還建議了其他措施，以培養更負責的數位公民。一個是訓練學生對搜尋引擎顯示的結果有更好的鑑別與選擇接收能力。另一個是善用維基百科獲取資訊，但要多聞闕疑，將它當作「有用的線上研究起點」和有價值的參考資料來源，從中尋找延伸閱讀的材料。[72]讓學生在師長的細心帶領下接觸隱匿真正贊助人、散播誤導資訊的惡意網站，也能幫他們鍛鍊出對網路詐騙的免疫力。[73]

線上媒體識讀教育需要盡早開始，絕不應晚於高中。[74]有些高中現已安排課程，教育學生謊言如何流傳，以及同溫層如何分裂人民。這些能力需要靠其他學習領域補強，讓學生把重視證據的精神、統計學的基本概念，和批判推理的能力帶到網路活動中，也就是我們期望他們透過其他科目學到的本領。[75]

成人也可以利用類似的課程受訓。公立學校和圖書館應提供線上和線下的免費課程，教導如何負責地使用網路並明辨網上資訊。政治領袖和民間團體也應鼓勵各年齡層民眾在社群媒體上表現得更文明、更謹慎。溫堡在最近告訴一群教師，我們還沒有「真正意識到身為一個負責的數位公民是什麼意思；數位公民不會只因為某條新聞符合自己的偏見就轉發或轉推，就算新聞內容誇張至極也不管。我們要把這些東西當成數位垃圾，對數位垃圾宣戰，就像四十年前我們對滿地的垃圾宣戰一樣。」

在網路上捍衛自由

自由的全球之戰和自由的網路之戰無法分割。各個民主國家都需要將這個理念列為外交和對外援助的主題。就像國家應為侵犯真實世界的公民權力受到責罰，壓縮網路自由也應該承擔後果。

自由民主國家應對其他政府施壓，要求他們停止為政治因素切斷和減緩網路服務，尤其不該為騷擾少數群體而這麼做；要求他們停止對新聞媒體和公民社會組織的數位攻擊；要求他們停止騷擾和人身傷害網路記者與社運人士；要求他們停止懲罰使用Signal等加密通訊應用程式的公民；要求他們停止像中國與俄羅斯一樣，由國家有計劃地散播假新聞、妖魔化反對派和扭曲線上討論；並且撤回以「網路安全」為名限縮線上自由的嚴苛法律。

要捍衛數位自由，就得支持那些站在第一線的人。面臨危險的個人和組織需要各種科技協助。多年來，非營利組織和私人公司都在研發躲避數位審查的工具，有時美國和其他民主國家也會提供協助；這些工具的例子包括使用代理網站前往被封鎖的網頁，以及利用虛擬私人網路匿名鑽過審查防火牆。這些工具需要不斷求新求變，因為掌握高科技的獨裁國家也會極力封鎖它們。

Jigsaw是Google這個大企業旗下的科技育成中心，一些前景最可期的這類工具正是他們的發明。[76]他們的「盾牌計劃」（Project Shield）運用了Google龐大的數位基礎建設，為獨立新聞、人權和民主組織提供免費的「重層防衛系統」來對抗針對性阻斷服務攻擊。Chrome的「密碼警示」（Password Alert）是一個免費的瀏覽器外掛，能夠警告記者和社運人士有人嘗試竊取他們的密碼。Outline則是一個免費下載的工具，可以讓易受攻擊的記者和新聞組織安全又快速地建立自己的虛擬私人網路。

另外一個創新先驅是舊金山的非營利組織電子前哨基金會。他們提供了許多有用的工具，比如定期為使用者與主要網站通信加密的HTTPS Everywhere，還有能阻擋間諜廣告和隱形跟蹤者的「隱私獾」（Privacy Badger）。[77]如果這個章節令你心生不安，或許可以下載其中某些軟體來保護自己的安全。

公民、公司、罪犯和國家都陷於一場複雜且瞬息萬變的爭鬥，而這場爭鬥將決定網路究竟會推進或限縮全人類的自由。自由社會對創新的開放態度不但在數位革命中厥功至偉，也在這場爭鬥中占上風，但想要獲勝，仍需集結全球民主國家的金融資源、科技發明、外交資本和道德決心。而這是事關民主存亡的一役。

第十三章

復興美國民主的七項改革

如果我們此刻不能解決問題，世界上就沒人能做到了。如果我們失敗，世界各地的進步分子就會士氣潰散。

——愛蓮娜．羅斯福，「美國民主行動」成立演說，一九四七年[1]

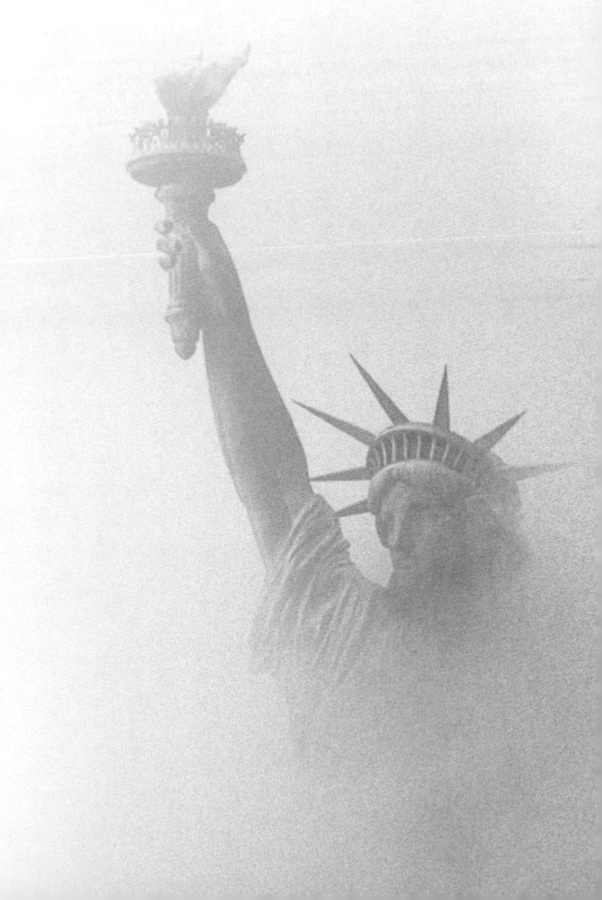

我們必須逆轉美國民主的頹勢，否則就無法勝過俄國的興風作浪、中國的趁人之危，以及威權民粹主義共同捲起的妖風。半世紀以前，凱南在一九四六年年底從莫斯科發來《長電報》，並且在文末洞見了這樣的未來：「每一個勇敢而堅定的措施，只要能解決我國社會的內部問題，增進人民的自信、紀律、士氣和團體精神，就是對莫斯科的外交勝利，意義不下於一千份外交照會和共同聲明。」[2]

要讓美國的**民主**再次偉大，我們必須跨越政黨和意識形態的界線，直接迎戰敵人的進犯，守護真相、學術、新聞媒體、司法體系、移民、少數族裔、公務體系以及川普總統刻意放手的民主盟友。制止川普反民主的舉措和威權的傾向，是我國民主體制現在面臨的最大挑戰。

但我們需要更徹底的反躬自省。雖然川普早在二〇一六年大選前，就以充滿欺瞞與種族歧視的手段質疑歐巴馬總統的正當性和出生地，並確實加遽了我國民主的劣化，但美國民主的衰退並非始於川普參選。即便這幾年來，國會和部分州議會裡有許多共和黨議員毫無顧忌地違反民主原則，為贏得全面勝利不計任何代價，但削弱民主規範和制度的並不只有一個政黨。政治兩極化正在創重我國國政、降低公民生活的品質，而這是由許多跨越意識形態、政黨和地理分界的因素和行動者造成的。川普現象或許是其中最黑暗的淵藪，但並非全貌。

深層的社會、科技和經濟力量正迫使美國的民主趨向墮落與極端對立。我無意假裝知道所有問題的解答，例如如何緩解經濟不平等、對抗制度性歧視、面對勢如破竹的自動化該如何創造有意義的新工作。

我在此只會討論政治改革和公民責任，主要是因為這些是我浸淫最深的領域。如果不修復我國的政治過程（political process），推動能使美國的社會更加正義、經濟更為蓬勃的實質改革就只是痴人說夢。更重要的是，一些言之成理又務實可行的政治改革觀點，似乎愈來愈有可能在近期到中期之內實現。

本章節將討論七個美國民主困境的解方。我們的首要之務是**改變公職人員的選舉辦法**，以提供選民更多選項，並給予政客更多誘因去實踐中庸之道，尊重對手並學習妥協。我們還得**消滅選區劃分不公這種民主災難**。我們需要普及投票權並對抗政黨的「選民壓制」（voter suppression）戰術。我們需要更公平的總統選舉制度，**選舉人團制度尤其應該退場**。我們需要國會修改自身的議事規則，讓參眾兩院更有效益。我們需要**改革選舉財務和遊說制度**，減少政壇來路不明的金流。最後，我們要**保護選舉制度免於外國破壞**。要實現這些目標，目前已經有許多非常實際可行的想法廣為流傳。這些想法都無須通過憲法修正案才能實現，而且就算在川普執政期間也能積極推行。

雖然本書斷言民主面臨的問題日益嚴峻、前途未卜，但未來不見得如此。我們應該對現今美國社會基層所湧現的改革能量抱持信心，因為川普已經引爆民眾的怒火。

有些令人振奮的跡象顯示，美國或許將進入新一階段的改革時期。正如十九世紀末到一九二〇年代的上一個改革時期，這回也是因為財富集中、問責困難、貪腐惡化和公共利益被無節制地踐踏，引發社會大規模的憤怒。和進步時期一樣，要求經濟平等、消滅特殊利益團體和財閥權力、期望更積極全面的民主的聲浪，也正方興未艾。一世紀前，我們就是藉著動員這樣的情感獲得了婦女投票權、專業的公務體系、參議員直接選舉，以及能夠管制壟斷、保育森林和維護食品藥物品質的新聯邦機關。

進步時期的關鍵改革之一是公民立法（ballot initiative），讓公民能直接向全州選民推動政策改革。這個措施有時會走過頭；比如在我的老家加州，這類成本高昂的倡議公投案激增，導致他們在二〇一四年修法，允許法案支持者和立法機關在公投成案前進行合理的妥協。[3]但美國國民想改進不合時宜的法規、振興我國的民主，公民立法仍是最有可為的工具之一。民眾現在也正用它來實現劃時代的改革，其中成果最豐碩的一場發生在緬因州。

推動排序複選制投票

卡拉・布朗・麥考密克（Cara Brown McCormick）生於示威、暗殺和社會動亂風起雲湧的一九六八年。她的父親羅傑・格倫・布朗（Roger Glenn Brown）是中情局的中國問題分析人員，曾因發表一篇呼籲美國承認中國的文章而陷入政治麻煩。她的母親曾在一九七四年加入要求彈劾尼克森的遊行，那是卡拉對政治最初的記憶。她回憶道：「我在成長過程中認為，美國是個美好的地方，只是有些嚴重的缺點……在這裡，說謊是不行的，尼克森得到了報應。美國還是有貪腐，只是終究會被逮住。」從加州大學洛杉磯分校畢業後，她參與了民主黨的競選活動，並進入一間政治顧問公司工作。當公司拒絕為她加薪，她就離職開了自己的公司，主要為民主黨候選人工作。她從加州搬到緬因州，結婚生子，但仍經營公司，也持續參與政治活動。

麥考密克對我們的政治感到愈來愈困惑。她告訴我：「選民被迫在兩極之間選擇，我們的政治已徹底受制於『兩黨壟斷』（duopoly），而這正在扼殺我們的國家。」二〇一〇年，她為緬因州長獨立候選人艾略特・卡特勒（Eliot Cutler）工作，一名廣受歡迎的溫和派環境法務律師。但到了選戰最後關頭，一些民主黨支持者因為擔心「浪費選票」而背棄了卡特勒，讓他以毫釐之差輸給保羅・勒佩吉（Paul LePage），而這名粗俗的共和黨民粹主義者正是唐納・川普掌權的凶兆。

二〇一四年的州長選舉，麥考密克再次加入卡特勒的陣營。緬因州的左傾選民顯然變得更害怕浪費選票在獨立候選人身上，以免讓「好戰、滿嘴髒話、偏激的州長」連任；[4]這位現任州長曾經叫「全國有色人種協進會」（National Association for the Advancement of Colored People, NAACP）「閉嘴滾蛋」，也曾拿國稅局和蓋世太保相比。[5]結果勒佩吉還是贏了，得票比二〇一〇年還高。麥考密克和許多緬因州人都發現，唯一能解決兩度打壞卡特勒原本有望的選情的票源分散問題（spoiler problem）的方法，就是「排序複賽」，也就是選制專家所說的**排序複選制投票**（**ranked-choice voting**）。

如第二章所述，在排序複選制投票下，人民不能只選出心中最適任某職務的候選人，而是要按偏好程度將候選人排名。如果沒有候選人立即贏得絕對多數，在第一順位計票中得最低票的候選人會被淘汰，而該候選人獲得的第二順位選票將分配給剩下的候選人。這個過程將持續到有人贏得絕對多數為止。

這個構想不僅漂亮，也與民主理念深深契合。選票不會浪費，因為當首選遭到淘汰，選票將會轉讓給下一順位的候選人。選民可以估量多名候選人的優點，而候選人也必須爭取對手支持者第二、三順位的選票。

麥考密克加入了緬因州一群富有創新精神的中間派，其中包括在二〇一二年提倡同婚公投、讓緬因成為美國第一個同婚合法州的凱爾·貝利（Kyle Bailey）。這些改革者起草了一份公投提案，欲將緬因州所有州級和聯邦選舉（除總統大選外）都改為排序複選制投票，並蒐集到公投成案所需的超過六萬份簽名，將投票日排訂於二〇一六年十一月八日。緬因人已忍受勒佩吉這個「恥辱」多年，[6]似乎準備好來場選制改革了。

向來偏好中間派的緬因州似乎是排序複選制投票的完美戰場，這裡曾出過瑪格利特·蔡斯·史密斯（Margaret Chase Smith）、馬斯基（Edmund Muskie）、科漢（William Cohen）、史諾（Olympia Snowe）和現任的科林斯（Susan Collins）與安格斯·金（Angus King）等優秀參議員。在國內致力於消除兩極化的慈善家和社運人士支持下，這場公投的聲勢、志工、資金和贊同都不斷成長。儘管普遍受到兩黨反對，共和黨當權派的反對聲浪尤其強烈，排序複選制仍在二〇一六年以百分之五十二對四十八贏得公投。

這次改革看似結局圓滿，但前途仍然多舛。緬因州的共和黨人隨即發動反擊，準備封殺並葬送排序複選制。許多民主黨員也或明或暗地加入，因為他們不想冒把州長大位輸給獨立候選人的風險。起初這些黨內當權派主張，新的排序複選制會令選民困惑、提高執行成本，甚至（不知為何）不民主。有些人則警告這種困惑感將降低選民投票率。

這些主張都與證據不符：美國有十多處自治政府都採行排序複選制，澳洲下議院百年多來也是如此，更晚近的例子則是奧斯卡最佳影片獎，而這些全都運作良好。所以反對者又換了說法。當緬因州選民在二〇一六年同意採行排序複選制，對手就指控這違反了緬因州憲法要求州內普選應採絕對多數決的條文。緬因州最高法院在二〇一七年五月的意見諮詢中同意這個見解，但仍讓排序複選制適用於所有初選和聯邦參眾兩院普選。州議會逮住這個機會，想要一舉消滅排序複選制。二〇一七年十月，他們通過了一部法案凍結排序複選制、不讓任何公職選舉使用，並將在二〇二一年十二月後廢止該制，除非州憲法能在那之前修正（他們知道這不可能）。

但緬因州民並未逆來順受地接受黑夜降臨。和美國其他州不同的是，緬因州憲法賦予州民「人民複決權」，允許任意六名登記選民向州務卿提交法案的否決案。接下來從議會會期結束算起，他們將有九十天可以蒐集複決公投成案所需的登記選民連署（目前需超過六萬一千份）。

該州州議會在二〇一七年十月二十三日半夜特別召開一日會議，完全只是為了通過凍結排序複選制投票這條惡劣的法令。這使得挽救排序複選制投票的複決公投必定將在隔年期中選舉的初選期間舉行，屆時最有可能支持這場公投的獨立選民不會有任何候選人可投，想必也就不太會出動去投公投。改革派向基層蒐集連署時，還得和感恩節、聖誕節假期，以及緬因州嚴酷的隆冬搏鬥。

州務卿馬修・杜萊普（Matthew Dunlap）也在扯改革派的後腿，此外複決文的遣詞用字複雜難解，[7]使得一般選民難以判斷，想奪回排序複選制究竟該投下「贊成」還是「反對」票。但發起複決的草根陣營開始用電子郵件將連署書寄給州內各處影印店，還開車載去給連署志工。憑著高超的組織和決心，他們在十一月七日的地方選舉日到投票所外擺設連署攤位，蒐集到了三萬三千份簽名。

在緬因最大的城市波特蘭，十二月和一月的最高溫從未超過冰點，但在這嚴寒中仍有約一千八百名志工不辭勞苦蒐集簽名。麥考密克回憶道：「每週都有一場暴風雪，甚至還出現過叫做炸彈氣旋（bomb cyclone）的天氣現象，我們連手指骨都凍僵了，必須不時返回車裡暖和身子。」選民則不解：「不是一年前才投過這個嗎？為什麼又要再簽一次名？」

緬因州政壇當權派的詭計令人民氣餒，卻也惹火了他們。即使第一次沒投給排序複選制的民眾和意見領袖，這一次也簽了名。這已然不只是選制問題，更是在質疑一幫政客憑什麼踐踏民眾意志。

二月二日，請願到期，排序複選制這方交出了足足七萬七千份連署。後續的複決公投獲得了女星珍妮佛・勞倫斯（Jennifer Lawrence）、《紐約時報》社論[8]和兩名諾貝爾經濟學獎得主的支持。[9]整個活動還募得超過一百萬美元資金，主要來自全國各地尋求民主改革的慈善人士。[10]住在林肯維爾的Phish樂團鼓手喬恩・費許文（Jon Fishman）更辦了一場演唱會相挺。一旦連署確認完畢，緬因選民就有機會用公投實行「人民複決權」，決定是否要恢復排序複選制。二〇一八年六月十二日，就在緬因州選民前往公投投票所的同時，勒佩吉州長公開表示排序複選制是「世界上最可怕的東西」，比恐怖主義、毒品氾濫和北韓核子武器都還可怕。他威脅他將不會承認這次選舉，不過法律並未給他這個選項。[11]

複決公投以百分之八的票數之差獲勝，是二〇一六年排序複選制通過時的勝差的兩倍。後來，麥考密克告訴我：「我們獲勝的時候，我有一種正義得到伸張的感覺，我們拿回了被偷走的東西。但更令人欣慰的是，我們向彼此證明了民主不只是紙上談兵，也能是一種活生生的實踐和投入。」

二〇一八年十一月，人民對排序複選制的信念終於得證，緬因州成為美國史上第一個用排序複賽選出國會議員的州。在競爭激烈的國會第二選區，三十六歲的退伍海陸軍人傑瑞德・戈登（Jared Golden）在第一順位計票中原本稍微落後，最後卻擊敗了共和黨現任議員布魯斯・波利昆（Bruce Poliquin）。戈登的險勝來自另兩名獨立候選人的票數轉分配。波利昆對改革做了最後一搏的抵抗，向聯邦法院聲請停止排序複賽，但遭到聯邦法官駁回。緬因州排序複選制投票的勝利引起了全國的興趣，愈來愈多自治政府、政治學者[12]、認真的媒體[13]、基金會[14]、改革人士[15]都認為這是讓美國政治有望更文明、更民主、更能尋求妥協的改革中，**最可能實現的**一種。

這個制度的邏輯很具說服力。它消除了浪費選票的疑慮，讓美國政壇最有創新能力的獨立候選人更容易參選，選民也更容易擺脫黨派間你死我活的零和博弈，來支持這些候選人。如果獨立候選人在前幾輪計票中遭到淘汰，選民還是能用較低順位的選票讓選情回到原本的黨派競爭。第三方候選人同樣比較有機會吸引選民，而不是被當成「分散票源的罪魁禍首」。這些都能讓選舉更公平、更競爭、更有趣，卻也更鼓勵中庸之道。

排序複選制投票也讓極端的候選人更難在政黨初選中獲得提名。這類候選人仍有可能勝出，但不可能只靠在撕裂對立的競爭中取悅一小撮最激進的選民就獲勝。

排序複選制投票也能解決德州等地的另一個結構性問題；這些州要求黨內初選中如果沒有候選人贏得絕對多數，就需要進行第二輪複選。這些投票率甚低的複選會鼓勵動員最積極的選民，通常也就是意識形態最強烈的那些。以二〇一〇年為例，這就讓較極端的候選人泰德·克魯茲（Ted Cruz）從原本的第二名後來居上，在複選中擊敗立場較溫和的副州長，贏得共和黨的聯邦參議員提名。在紐約等民主黨州和密西西比等共和黨州，以排序複賽進行初選格外有理，因為在這些各黨的鐵票州，初選實質上和正式選舉沒兩樣。

在大多數的州和選區，在普選中使用排序複選制投票會讓候選人必須擴大基本盤，甚至考慮基本盤以外的選民——這正是多數美國人說他們想要的。即便在深紅或深藍州，排序複選制也能開啟新競選模式的可能性。舉例來說，如果在某個州競爭最激烈的並非當權兩黨，而是共和黨的茶黨候選人和一個相當保守但溫和的候選人，在排序複選制之下，後者就能靠大部分無黨籍選民以及部分中間派民主黨及共和黨的第一順位選票，還有絕對多數民主黨人的第二順位選票獲勝。一旦選民和政治人物習慣排序複選制下選舉政治的新邏輯，在南方深紅州和加州等深藍州，我們或能再次看到勢均力敵的參議員和州長選戰。

排序複選制或許也意味著一個更文明的政壇。畢竟，面對多個對手，要打「負面選戰」就難得多，如果考慮到之後可能需要對手支持者的第二和第三順位選票，就更是如此。比起不採行這種選制的城市，使用排序複選制的地方自治區選民也認為自家的選戰比較不負面。[16]

有些專家擔心，略顯複雜的排序複選制可能會壓低投票率，降低少數族群選民的投票意願。但在加州幾個採取這種選制的城市，投票率並未下降，參選的少數族群候選人反倒是顯著增加。[17]舊金山在二〇一八年激烈的三角選舉中選出了第一位非裔美籍女市長倫敦・布利德（London Breed），她也是三名候選人中立場最溫和的一位。

就邏輯而論，排序複選制應該會提高投票率，因為會出現更多不同的候選人來吸引多元選民的興趣，讓選舉競爭更加激烈。如同《經濟學人》指出的：「一份研究美國二十六個城市七十九場選舉的研究」發現，排序複選制投票「比起非排序投票的初選和複賽制選舉，與投票率提升百分之十有關聯，而舊金山的初選投票率也達到歷年最高。」[18]這種投票制不是什麼神奇仙丹，但確實是相當大的進步，應該在全國境內更大力推行。

協助中間派贏得選舉

美國政治兩極化如此嚴重，並不是因為我們的政治人物都生性好戰，而是因為他們害怕妥協，即便知道這麼做可能緩解國家目前的長期僵局也無濟於事。這些政治人物怕的不是政策造成惡果，而是在低投票率的政黨初選中失去再次提名的機會。前眾議員米奇・愛德華（Mickey Edwards）就評論初選已經「成為吸引最忠貞、意識形態最強烈選民的強力磁鐵」。[19]

在川普總統任內，這個問題達到攸關政壇生涯存亡的程度。二〇一八年，少有像佛雷克和寇爾克這些中間派共和黨參議員尋求連任，並非他們對政治失去興趣，而是因為他們都發覺，如果不對新一代美國凱撒和他的世界觀卑躬屈膝地宣示效忠，就無法贏得初選。二〇一八年大多數的共和黨提名之爭就是佐證。初選制度已成為美國民主的首要問題之一。

顯而易見的解方之一，還是在初選和普選中使用排序複選制投票。這會讓現任議員更容易在偏離黨內正統立場後仍獲得提名和連任。但在投票率很低的黨內初選中，只靠這點革新，也許還不足以保護中間派的候選人免於黨內極端主義者的遷怒。我們可以試著把初選調到方便更多選民投票的日期，藉此提升投票率。但我們也需要考慮，如何讓輸掉初選的現任公職人員有其他管道尋求連任，讓他們能以獨立候選人身分投入普選。

然而，目前五十五州裡有四十六州以所謂的「輸不起」（sore-loser）規則擋住了這條路，[20]禁止輸掉初選的候選人參加普選。如果現任議員輸了初選，幾乎就表示斷了國會生涯。在川普時期，這導致參眾兩院的共和黨議員不是乖乖聽命歸隊，就是要撒手不幹了。但各州要是採行排序複選制投票並廢除輸不起規則，部分現任議員或會重新挺直腰桿。他們可以勇敢堅守立場，對抗極端主義的狂潮，心知就算輸了黨內初選也能在普選中捲土重來，以獨立候選人之姿爭取各種不同立場選民的支持。

有些專家也建議，排序複選制投票可以結合「比例代表制」，將多人選區的席次依政黨得票比例分配。在這個情況裡，選民排序的就不會是個別候選人，而是政黨（或無黨籍陣營）提出的候選人名單。二〇一七年，民主黨聯邦眾議員唐．拜爾（Don Beyer）和兩名黨內同僚提議以這套制度選舉國會議員。他們的《公平代表法案》（Fair Representation Act）將較大的州劃為三到五席的多人選區，然後用比例代表制和排序複選制投票來選出贏家。這引起了《紐約時報》社論和專欄作家大衛・布魯克斯（David Brooks）的興趣。[21]

這樣的制度符合我們對公平的觀感。在麻州這種眾院九席被民主黨全攬的州，比例代表制會將其分為三個三人選區，讓共和黨有望拿下二至三席。阿拉巴馬和南卡羅萊納也不會各有六名共和黨議員和一名民主黨議員，而是能有更公平的席次比例。俄亥俄民主黨在二〇一六年與二〇一八年的國會選舉中只拿下十六席中的四席，但實際上卻贏得百分之四十二與百分之四十八的選票。在比例代表制下，他們的席次會跟得票率更相符。實際上，每個有三席或以上的選區，兩大黨可能都會至少各得一席。[22]

但改革派也應留心古希臘醫學之父希波克拉底誓言的那句話：以不傷害病人為先。在三席次選區，比例代表制能保障得票率達到百分之二十五以上（通常不到）的每個政黨或候選人至少獲得一席。在四席次選區，最低門檻則會降到五分之一，以此類推。一旦勝選門檻開始從絕對多數（或相對多數）降低到百分之二十五、二十或十六，就會發生翻天覆地的改變。沒錯，整體制度會變得更「公平」也更多元，但也會更加破碎。排序複選制投票能靠排序複賽，直到有候選人贏得超過當選門檻的選票（在三席選區是百分之二十五加一票）為止，降低這種危險。但就算是這種情形，比例代表制仍迥異於傳統單席選區較重視一致同意的精神，也就是候選人必須贏得絕對多數選票所代表的那種邏輯。

美國的兩大黨可能會分裂。我們可能會看到茶黨與自由貿易派的共和黨激鬥，也可能看到務實、自由的民主黨和新一代桑德斯式的進步社會主義黨交鋒。

這一切可能會促進選民的參與率，但不太可能讓國會更容易結盟以通過法案。相反地，國會或會被新興的強大左右側翼拉往更極端的方向。

其他國家採用比例代表制的經驗也讓人不太樂觀。問問以色列人和義大利人就知道了。溫和的比例代表制曾在二戰後的德國順利運作了幾十年，但過去長期立場靠攏中間立場的三黨鼎立局面，現在已經變成比較破碎的六黨，其中排外極右派的德國另類選擇黨還在最近一次選舉贏得了超過百分之十二的席次。[23]當社會遭受壓力，比例代表制有可能讓主流政黨的支持者流向更激進的另類選項，使極端分子得權。

阻止不公的選區劃分

還有一個特別有害的問題也必須補救，那就是偏袒特定政黨的國會和州議會選區劃分。[24]若有政黨控制了十年一度的選區重劃程序，這種精心算計的奧步通常能為其帶來龐大優勢。過去二十年間，由於共和黨掌握了多數的州議會，從而擁有劃分選區的優勢，導致民主黨必須在普選中贏得不成比例的大幅勝差，才能在眾議院中占多數席。[25]二〇一八年，民主黨贏得的席次差距和在全國普選中贏得的票數差距很接近，但這是因為他們贏了很多場千鈞一髮的競爭。不公平的選區劃分會圖利現任者，不利於競爭，也會讓忠黨之心每隔十年就大爆發一次：每當選區重劃將近，議員就會更團結為黨，利用電腦預測和政治角力，從這個過程中替黨盡力擠出多一丁點的利益。[26]

這些惡鬥毫不光彩，既不磊落也不民主。解決選區劃分不公的最上策也很直接：把重劃權從政黨掌握的州議會手中拿走，像亞利桑那、加利福尼亞、愛達荷和華盛頓州一樣，交給沒有政黨色彩的委員會。「代表我們」（Represent Us）這個卓越的公民組織建議，獨立委員應「開放讓人民檢視、行為完全透明、擁有各種不同的政治立場，並受嚴格的準則約束，以確保選舉對所有選民公平並有準確代表性」。[27]

二〇一八年五月，四分之三的俄亥俄州選民公投通過一個富有新意的鼓勵辦法，希望州議會能在一個選區重劃案上取得兩黨共識。同年在密西根州，一場草根運動受到緬因州排序複選制投票的戲劇化選戰所感召，提議將選區重劃權交給無黨派色彩的委員會；約四千名志工在二至五月間蒐集到超過四十二萬五千份連署，讓公投順利成案。[28]十一月六日，這份提案贏得近一百萬公投票，贊成率超過百分之六十。科羅拉多、密蘇里和猶他三個州的選民，也在當晚終結了政黨把持的不公正選區劃分。因此，至二〇二二年，大約有三分之一的眾議會席次將由獨立或無政黨背景的專家來重劃選區。[29]但在大多數的州，議會對選區重劃仍有完全或最終決定權，而在一黨獨大的地方，這會讓選區變得嚴重偏袒特定政黨。

政黨把持的選區重劃也遭到司法挑戰。二〇一六年十一月，威斯康辛州聯邦法院裁定該州州議會所劃的扭曲選區違憲。不過在二〇一八年六月，美國最高法院在謹慎而仔細地辯論後，決定將該案退回下層法院，而非持守原則、駁回被政黨高度把持的選區重劃。同年八月，北卡羅萊納州的聯邦法院對該州選區重劃做出類似判決；該州選區於二〇一六年重劃，目的顯然是盡可能減少民主黨會勝出的眾議員選區。但法院很快又決定，礙於時間有限，無法為二〇一八年更公平地重劃選區。十一月，北卡羅萊納共和黨在選舉中大勝，贏得該州十三席中的十席。深藍的馬里蘭州也有另一起控告重劃案偏袒民主黨的訴訟。

二〇一八年一月，賓州最高法院撤銷了該州二〇一一年的重劃地圖，宣判該地圖「清楚、坦率、極其明顯地」違反州憲法，讓公民無法在「自由且『平等』的選舉」中投票。中立的選區重劃確實造成後續差異。當賓州的民主黨籍州長和共和黨掌控的議會無法就新選區地圖達成共識，法院自行用可能對選舉遠更為公平的方式進行重劃。[30]結果確然如此。在二〇一八年十一月的期中選舉，共和黨只贏得十八個國會席次中的九席，少於二〇一六年的十三席。

偏袒特定政黨的選區劃分是民主的毒瘤，幸好它看來已時日無多了。

設法提高投票率

理論上，在對所有選民部分或完全開放的初選中，愈多人出來投票，中間派愈容易勝出，因為候選人需要面對更廣泛、意識形態更分歧的選民，而非那些總是會參加初選投票、性質相近的死忠正統派。但初選的投票率一直很低。不計總統初選，一般平均只有百分之二十符合資格的選民會投初選，有些州更低達百分之十。[31]

布魯金斯學會的伊蓮・卡馬克（Elaine Kamarck）指出，這可能與投票時間的安排有關。現在的各州初選會持續七個月，直到時節進入「盛夏溽暑。某種程度上，這樣的日程是現任者排出來的；他們對自己那一小群核心支持者信心滿滿，於是反而樂見低投票率的發生。」[32]卡馬克建議各州和各黨將初選合併成幾個重要的「全國初選日」。這能夠激起選民的興趣、媒體的關注，並且更容易促使選民前往投票所。但將各州初選提升到全國層次，選舉的黨爭氛圍可能會更形劇烈。

另一個提升投票率的選項是將各州各項公職（除總統以外）的初選移到九月，此時會有更多選民關注，而且他們也都從暑假返家了。目前只有五個東北部的州在那時投票，就在九月第一個週一的勞動節之後不久。在九月初選會讓競選為時更短、更省成本，但可能也對資金充足、知名度高的現任者有利。

提高初選投票率最好的方法，或許是更能提升整體選民參與率的一些措施，也就是簡化選民登記，最理想的是自動化登記。美國的選民登記率和投票率都遠遠落後於多數先進民主國家——大約四分之一有投票資格的美國人根本沒有登記為選民。[33]

奧勒岡州就提供了改善的範例。二〇一六年，該州成為國內第一個根據汽車駕照或其他能證明某人為美國公民的政府記錄，就自動為選民登記資格的州。

奧勒岡的新制讓二〇一六年的選民登記量大幅增加，尤其是少數族裔、青年和窮人。投票率也因此有所提升，比二〇一二年高了四個百分點，儘管二〇一六年的奧勒岡並沒有參議員選舉，希拉蕊也幾乎穩拿這個左傾州的總統選舉人團票。[34]到了二〇一八年四月，已經有十二個州採行自動選民登記，另有十九個州的議會正考慮實施。[35]該年十一月，密西根和內華達的選民則以公民立法通過這項制度。投票所提供投票當日登記和線上選民登記也有幫助。

開放提前投票和通信投票也可以增加投票率，並減少投票與投票所人力的成本。[36]很多美國人都喜歡提前投票；有三分之一的人已經這麼做了。但目前仍有十三個州尚未開放提前投票。[37]

最後，我們應該將週二投票的傳統改到週末（理想上是週六、週日兩天），或將選舉日訂定為十一月的國定假日（或許乾脆把總統日〔Presidents' Day〕移到那天）。*[38] 大部分主要民主國家都採行類似措施。在工作日進行選舉較不利於民眾前往投票，對班表缺乏彈性的藍領勞工來說尤其如此。[39]

這些改革的美妙之處在於容易實現且效果顯著。然而，有兩種改革方案是我們應該否決的。一個是線上投票，因為我們顯然還沒有可靠又能防止駭客的科技。另一個則是選民壓制——某些州（多半是南方州）的共和黨政客就處心積慮提高投票難度，特別是施行要求出示附照片證件的歧視性法律，因為沒有這種證件的人大多是少數族裔。二〇一八年，共和黨提名的喬治亞州州長候選人，同時也是時任州務卿的布萊恩·肯普（Brian Kemp），就用一條要求姓名拼寫「完全相符」的法令，延宕五萬三千份主要是非裔美籍選民的登記申請。[40]

這就是為何美國需要完全恢復《選舉法案》，它是美國歷史上最成功的民權法律之一。《選舉法案》原本規定，史上曾執行種族性選民壓制的州在更改投票資格前須經聯邦同意，不過最高

---

* 譯註：美國首位總統華盛頓的生日為一七三二年的二月二十二日。一八八五年開始，每年二月的第三個星期一被訂為「總統日」。它是一個聯邦假日，大多數的州都會放假，以紀念包含華盛頓在內的所有總統。

法院在二〇一三年做出判決，移除這條規定，也削弱了該法案的效力。根據近年的經驗，我們還是需要這些措施才能保障非裔美人最基本的權利。[41]我們也需要保障選民不被不公平地被從選舉名冊除名。若有人散播威脅和欺詐訊息以阻止少數族群投票，也應施以刑罰。目前已有人提出聯邦法案處理這兩個問題。[42]國會應通過這項法案，並向拒絕簽署的總統施壓。

改革選舉人團制與總統辯論辦法

只要認真討論美國民主的問題，話題很快會繞到選舉人團上。我在世界各地最常被問到的問題是：「為什麼美國有時候會讓普選的輸家當上總統？」我會試著解釋這個制度的背景：因為開國元勳擔憂失控的民粹主義，所以設計了一些憲法機制來過濾群眾激情（包括直到一百年前，參議員仍由間接選舉產生）。在《聯邦黨人文集》中，亞歷山大・漢密爾頓（Alexander Hamilton）解釋，選舉人團的目的是確保選出素質優秀的候選人，並避免選出「善於下流勾當和嘩眾取寵」的候選人。[43]

但彼一時也，此一時也。我們已經被不合時宜的選舉人團綁手綁腳、被捍衛它的主張折磨太久了。正如同《經濟學人》尖銳又精闢地評論，現今美國已不那麼民主的原因，正是因為這個制度「在某種程度上是美國開國元勳考慮到奴隸制下的人口問題後，不得不犧牲了民主需求的結果」。[44]不到二十年內，美國人已兩度平靜接受過普選落敗的候選人當上總統，的確證明了我們民主文化的力量。但美國人之所以不得不然，也實實在在證明了我們的民主制度有所缺失。

擺脫選舉人團最直接的方法應屬憲法修正案，但在這個政壇兩極分化的時期，通過修正案是遙不可及的。不過，我們還是有條捷徑可以走，那就是《全國普選票州際協定》（National Popular Vote Interstate Compact）。透過這個巧妙的倡議，有十一個州（包括人口眾多的紐約和加州）和華盛頓特區均已採行一部法案，要求本地選舉人票應投給全國普選的贏家。這部法案要能生效，必須等到通過該法的州累積的總選舉人票達到兩百七十張（絕對多數）。目前加入該協定的州共有一百七十二張選舉人票，但其他某些州議會的其中一院也已通過了這項協定，而這些州總計尚有八十九張選舉人票。雖然這項重大的倡議無法在二〇二〇年大選及時生效，但在不遠的將來，應該就能蒐足兩百七十張選舉人票了。讓協定提倡者特別冀望之處在於，就連很多共和黨人也基於道義原則，相信總統應該出普選的贏家來擔任，而非像現行制度一樣，促使總統選戰最後只聚焦於少數幾個搖擺州。[45]

但現下兩黨壟斷導致的政治癱瘓並非只肇因於選舉人團制度。另一個問題出在取得總統辯論資格的規定。若不參加秋季的總統辯論，獨立或第三黨候選人絕無機會入主白宮。但自從一九九〇年代的羅斯・佩羅（Ross Perot）後，再沒有認真參選的第三方候選人參加過辯論了，部分是因為佩羅之後的辯論規定讓這些人根本無望取得門票。總統大選辯論委員會（Commission on Presidential Debates）要求，第三方候選人必須在選舉七週前的民調中獲得平均百分之十五的支持率。哈佛商學院最近的一份研究指出，這個規定形成了「無法跨越的矛盾難題」[46]——除非花上近十億美元的選舉經費，否則沒參加過政黨初選競爭的候選人不可能擁有足夠的知名度和全國關注，讓他能夠獲得百分之十五的支持率。而如果候選人參加初選落敗，「輸不起」規則又會禁止他參加大多數州的普選。[47]

選出美國總統最民主的方式非常明顯，就是在直接的全國普選中使用排序複選制投票，並為秋季的總統辯論設下合理的入場規則。但這樣的全國性制度需要修憲來廢除選舉人團，並立法在全國採行排序複選制投票。

這顯然是一條漫漫長路。不過與此同時，另有他途能改進我們的總統選舉辦法。其中一個完全只需依賴公民團體和媒體。

總統候選人的必經之路是投票率低靡的提名之戰，而這場苦難會從一月的愛荷華州初選開始，緊接著是二月的新罕布夏和南卡羅萊納。二〇二〇年，提名之戰會變得更為迅猛，因為包括加州、德州、麻州和維吉尼亞州在內，共有八州會同時在三月三日舉行初選。但日程逐漸提前的總統初選，以及本質上不具代表性的初選選民（比一般大眾有更強烈的黨派色彩與意識形態），都只會加劇兩極化。

所以，如果初次呈現選民對總統偏好的不是愛荷華州，而是整個廣土眾民、複雜多元的美國呢？如果是從選民之中隨機抽樣，讓他們在週末聚在一起思辨議題、聽取候選人談話，然後以排序複選投票來表達他們的偏好呢？這場讓各地代表齊聚一堂的全國「審議式投票」，將更能代表整個美國，也更能聚焦於議題而非人格特質，讓選民有機會親自評估每一個候選人。這種審議式投票的作法已經在二十八個國家實施上百次了。[48]

提升國會運作效率

美國人現在對很多事情的看法都莫衷一是，但對國會的觀感倒是非常一致：在二〇一八年間，只有百分之十五到二十的美國人認可國會有善盡職責。[49]而要讓國會更有用，更能在兩黨為主的體制下達成協議、通過法案，最佳之道就是選出更多意識形態溫和，或至少有柔軟身段、願意妥協的參眾議員。

現在的美國國會並不太民主。兩院的多數黨領袖嚴格控制議程，能阻止孚眾望的法案進入議場。眾議院過去主要以「開放」原則對待法案，允許自由辯論和各種修正；而今大多數法案進入議場時遵循的是「封閉」規則，不允許改動。兩黨都不斷提高壓制異議的力道，讓眾議院逐漸成為零和的政治惡鬥擂台。

至於參議院，它本質上就已經不太符合民主的理念，而其內部程序和文化更在近年間惡化。病灶出在日趨頻繁的冗長辯論（filibuster）及拖延立法（senatorial hold），讓少數派得以癱瘓整個議院運作。[50]

擔任過八屆眾議員的米奇・愛德華主張，只要改變規則，大幅減少冗長辯論和拖延立法（這些在以前很少發生）的使用，並保障凡獲至少一百名議員連署的眾議院法案修正案，都能獲得一次完整的聽證會和有紀錄的議會投票，這些問題就能紓解。「無標籤」（No Labels）這個無黨派色彩的政治改革團體則更進一步，主張應允許眾議員匿名簽署「放行請願」（discharge petition），以便讓法案在多數黨領袖反對下仍能進入議場。這能夠協助多數黨的中間派議員推動兩黨妥協，而不必擔心政黨領袖的報復。[51]「無標籤」也建議，凡由總統提名的任何公職人選，參議院皆應在九十天內進行直接正反表決，否則就表示直接通過提名。[52]

愛德華跟多名前議員均極力主張，培養跨政黨的良好人際關係，是促進國會山莊的和諧與合作氛圍的關鍵。他建議議員每週應工作更多天，並增加議員出差處理國會事務以及彼此社交的機會。幾年前，「無標籤」也提議徹底改變國會的工作日程：與其像現在一樣，將每週二到週四定為立法議事日，然後讓議員在其餘幾天不斷為募款及拜訪選民奔波返鄉，不如每月安排連續三週的會期，再給予完整的一週返鄉。[53]

另一個想法看似有點矛盾：如果我們稍微放鬆對委員會聽證、立法談判和議場辯論的要求，或許反而能讓國會更有效。透明對任何民主國家都很重要，但如果對立的政治人物沒有機會在沒有鎂光燈的地方私下探討讓步或非常規解決方案的可能性，要達成妥協就會困難許多。如果立法人士必須公開談判或預期審議過程將被洩漏，就容易退回安全、不會被譴責的政治立場。但他們如果能在私底下坦然對話，就可以冒險嘗試一些交換條件，而除非成功達成協議，否則他們也無須承認。[54]

在特殊專款（earmark）這問題上，道德理想和政治實務間也存在拉鋸關係。特殊專款在撥款法案中廣受詬病，因為它要求將資金用於特定計劃或目標，而且這些計劃或目標通常在某位議員的州或選區實施。特殊專款難稱高尚，但若是少了它而導致癱瘓議事的僵局更糟。國會可以為議員們開啟一些在立法時做利益交換（logroll）的空間，以此增加議員交涉時的彈性，以特殊專款的形式作為補償，促進彼此對法案的共識。如果這種補償足夠透明、是達成正派協議的必要條件，也與該法案能帶來的益處相稱，那麼人民就會傾向認為這些交換合情合理。[55]

上述想法的重點在於這些改革都是務實可行的。在幾乎所有這些案例裡，議會只需改變自己的行事規則，無需更複雜的立法程序。唯一的問題在於，議員也得想讓國會發揮功用——而議員只有在選民要求下才會願意這麼做。

維護選舉公平性

只不過，除非美國人都相信選舉誠實公平，否則再怎麼修補立法機制也無濟於事。我在前面已經建議，首要之務是終結政黨惡鬥下的選區劃分不公與選民壓制。但我們仍需處理兩個挑戰，才能維持選舉的健全：一是美國政壇長期以來的貪腐金權，二是近來外國或其他勢力對我國選舉機制的介入。

大部分美國人都覺得，投票當晚公布的數字理當代表誠實計票所得的數字。儘管川普百般暗示，並沒有證據指出二〇一六年的大選存在大量重複投票、更換票箱或冒名投票等老式作票手法。不過在大選期間，俄國已經滲透了二十一州的官方選舉網站和選民登記資料庫，讓美國民主的弱點暴露無遺。布倫南司法中心（Brennan Center for Justice）的溫蒂．韋瑟（Wendy Weiser）和艾莉西亞．班儂（Alicia Bannon）警告，「我們的技術老舊、安全措施不足，在東拼西湊成的選舉行政系統裡，複雜度和資源又落差甚大。這種二十世紀的投票系統已經無法應付二十一世紀了。」[56]

當前最迫切的危險是電腦化的投票系統，比如觸控螢幕投票會把投票紀錄直接傳入電腦記憶體，不會留下紙本以供查證。沒有哪個民主國家舉行選舉時，不會留下紙本紀錄以便檢驗和重新計票的。[57]在這個駭客當道的時代，高科技電腦投票系統根本是打開大門，放任我們的選舉遭受無法偵測的數位操縱，甚至連有過這種操縱都完全無法證明。但儘管二〇一六年已經被俄國攻擊過，仍有十幾州使用的電子投票機不會留下可檢驗的紙本投票紀錄。[58]還有很多州的投票機和選民登記資料庫都過時了。就算不干擾計票，惡意的駭客還是能造成嚴重破壞，甚至竄改選舉結果——他們只需要闖進防禦薄弱的登記系統，把名冊上的選民刪除就好。

我們急需更牢靠且現代化的投票系統。二〇一八年三月，國會撥款三億八千萬美元給各州（很多州的財務都很窘迫）用於更新選民登記系統、替換不安全的投票機，以及採行選後檢驗機制（postelection vote-audit）。但這筆錢只有二〇〇二年國會所撥的升級投票系統經費的百分之十，而表示需要在二〇二〇年以前更換投票機的共有三十三州。[59]國會必須加以協助。修繕投票基礎建設攸關我國民主的存續，兩黨都應該全力支持。

保護投票制度還算是比較技術性的問題，減少金錢對政治的影響力就艱難得多，牽涉太多政治利益。但我國民主正被逐漸失去監管的金流給一步步摧毀。

我們最起碼要徹底公布**所有**選舉獻金和花費，只除了那些非常微小細瑣的費用。我們得要求線上廣告透明化，並且讓外國人士更難購買線上廣告或介入美國的選舉活動。二〇一〇年，最高法院對《聯合公民》一案的決議讓此事更形困難，因為最高法院已實質認定，獨立團體不受限的花費屬於憲法保障的言論自由。

除非等到這項可悲的決議被推翻，不然我們只能盡力公布所有以影響選舉為目的的捐款。目前最主要的漏洞，是有鉅額金錢以所謂社會福利組織的名義支出，也就是掛在國稅局的501(c)(4)代碼之下。這些團體可以向政壇和選戰投入不限額度的、不需交代來歷的黑錢，只要額度未達總支出的一半即可（而且其他支出通常用於「議題」教育）。[60]這些資金還全都免稅，令人難以置信。

這些「社福」團體中最龐大的正是步槍協會旗下的一個部門，他們在二〇一六年大選中共支出近三千五百萬美元的免稅捐款；十大黑錢團體中有七個屬於共和黨或保守派陣營。[61]加州等州現已要求大型非營利組織公布選舉捐款人的身分；國會也有兩名民主黨議員提案在全國範圍內施行類似的要求。但政黨和特殊利益團體會使盡全力反抗這些合情合理的改革，只有堅定的公民倡議才能擊退他們。

另一個有效的選舉經費改革則需要制服原本理應獨立的政治行動委員會（又叫超級PACs），因為他們為支持總統候選人而籌募及提供資金時，也不受任何額度限制。布倫南司法中心指出，要求超級政治行動委員會獨立於候選人和選戰之外的法令已經成了笑話，導致「候選人的捐款限制基本上毫無意義。」[62]

無論共和黨或民主黨都不應容忍這種事情。我們可以反其道而行，合理放寬個人對選舉捐款的限制，同時更強力執行超級政治行動委員會應保持獨立的規定。民主黨籍北卡羅萊納州眾議員大衛・普萊斯（David Price）提議的聯邦立法能關上一些實務漏洞，而目前這些漏洞讓超級政治行動委員會有機可乘，可以與他們支持的總統候選人暗通款曲；某些州已採取類似措施，包括加州和明尼蘇達州在內。[63]

國會不太可能通過強制性的選舉支出限制，也不可能為選舉活動全面提供公共基金。但我們可以採取更多措施，誘使候選人以接受支出限制來換取公共協助。二〇一七年，西雅圖市實行了名為「民主消費券」（democracy voucher）的公費選舉制度。每個登記選民都會領到四張每張價值二十五美元的消費券，可以分配給加入這項計畫的任何候選人，而加入的候選人需同意接受某些支出限制，並先募得至少十美元的捐款。結果在參加該計劃的候選人所募得的資金裡，來自該城居民的比例顯著較高。[64]

這類改革需要政府對各級選舉的候選人配予小額個人捐款。對於能激勵更多不同立場與興趣的選民捐款的候選人來說，這個措施有相當大的助益，同時也減少候選人對特殊利益團體的依賴。「代表我們」這個公民組織則更進一步。他們提出的《美國反貪腐法案》（American Anti-Corruption Act）包羅萬象，讓每位選民擁有一個可用於政治捐獻的信用額度，但候選人和政治行動委員會必須同意只接受小額募捐，才能收受這些額度。[65]這些改革都無法終結政壇上不受管制的黑金洪流，但如果我們不先關上水龍頭，民主就會繼續沉淪。

管理遊說團體

更良好的民主制度還需要改革政治遊說界，減少富有的特殊利益團體和外國政府的影響力。二〇一六年十月，仍是總統候選人的川普提議，禁止行政部門的政務官在卸任五年內對聯邦政府從事遊說、禁止前國會議員及幕僚在卸任五年內從事遊說、終生禁止高階行政部門官員為外國政府遊說，以及立法防止登記在案的外國說客為美國的選舉籌募資金。[66]川普的計劃是正確的一步。如本書前面所提到的，二〇一七年一月，川普甫進白宮就發布了一道行政命令，禁止官員在卸任五年內從事與其職權有關的遊說工作，並永遠禁止替外國政府或政黨從事遊說。[67]

不過我們還需要更全面的改革。「代表我們」建議，應禁止現任國會議員和高階國會職員尋求未來在私部門任職的機會，以及禁止說客捐款給總統或國會議員的選舉活動。[68]這些規定都應該入法，而且要外加這一條：終身禁止國會議員為外國政府從事遊說。[69]

但我們需要的也不只是改變規則。在大多數先進民主國家，甚至是許多新興民主國家，都有統一的國家機關針對高階公職人員執行反貪汙的法律與規範，但這種機關在美國卻付之闕如。我國現行的執法架構相當薄弱、零碎且沒有效率，權責分散於政府倫理局、司法部、各內閣部門與機構監察長及其他單位之間。[70]

二〇一八年五月，自由派智庫「羅斯福研究所」（Roosevelt Institute）提議建立一個完全獨立的「廉政維護局」（Public Integrity Protection Agency）來矯治此弊病。這個新機關的局長需保持政黨中立，任期較長但有期限，而且將任命數名監察長負責監督各行政部門。[71]我認為該局的工作可以更進一步，同時負責監督國會。川普說華盛頓深陷泥淖，這話說得沒錯。但他現在成了這灘渾水裡的毒龍，要制服他，就必須建立新的規則和制度。

對抗民粹總統

美國民主現在最迫切的問題，就是唐納．川普。本書付梓之際，他的總統任期還有多久仍是未知數。如果參議院的共和黨能重新挺起腰桿，他可能會被彈劾、名譽掃地，甚至也有可能下台。或者他也可能連任，讓我國民主的制度和文化更萬劫不復。

我們的體制已經花太多心力為這名極度反常又危險的總統粉飾一切了。畢竟，媒體還是得報導白宮，國會還是得跟他協商。在一個被川普的排外形象改造的政黨內，共和黨的國會議員得設法求存。而川普的政府內外也有人為了討好他而對他阿諛奉承，或拒絕公開批評他的越軌之舉；這些人的數量多到讓人不安。

長期以來華府的共識是，國會、法院或媒體等民主機構是為了劃定是非分際與捍衛憲政傳統而存在。但要是幾乎每天都爆出新的的醜聞或胡言亂語，記者就很難讓大眾關注更嚴重的惡行。與此同時，還有福斯新聞一直為總統搖旗吶喊、誤導觀眾，而推特和有線新聞互相叫戰之誘人，也讓一些媒體無暇顧及他們受憲法所保障的使命——對握有權力的人問責。

至於法院，至少到目前為止都顯得相當獨立和健全。不過最高法院在川普承諾的穆斯林入境禁令上卻犯錯了，放行了一個稍加粉飾的版本。如果再給川普六年時間任命更多和他政治立場相同的大法官，司法權還能繼續忠於憲法嗎？

最嚴重的體制失能莫過於國會。他們沒能發揮一致的道德和政治制衡力，尤其是川普所屬的共和黨。除了偉大的已故議員馬侃和少數可敬的特例，共和黨甚至連譴責川普玷汙民主的勇氣都沒有，更不要說是投票反對他了。

美國現在最需要的是一群能劃清界線的共和黨人，正如同一九五〇年，當瑪格利特・蔡斯・史密斯參議員提出批評麥卡錫的《良心宣言》（Declaration of Conscience），有六名共和黨參議員連署。當年的六月一日，這名緬因州的共和黨人在參議院議場上宣告：「我實在不想看到，共和黨迎接勝利時騎著的是誹瀆四騎士——恐懼、無知、偏執和汙衊——這或許是共和黨一時的勝利，卻是美國人民長遠的落敗。」[72]

要為民主抵禦川普的誹瀆，首要條件就是**共和黨的國會議員**得像一九五〇年的史密斯一樣，基於道義原則挺身投票和發聲。如果當年的她能鼓起勇氣，現在的共和黨參議員也辦得到。反抗總統要比反抗參議院同僚更為勇敢，而史密斯在一九五〇年只是名新科參議員，還是其中唯一的女性，反觀當時麥卡錫的民意和政治能量正如日中天。歸根結柢，民主制度能有多強韌，端視負責捍衛它的人有多勇敢。

展望二〇二〇年，這顯然會是一個考驗我們有多愛護美國的時刻：我們需要有共和黨員對川普發起一場堅決、以大局為重的初選挑戰。在危急時刻，只靠漂亮的場面話是不夠的。綜觀美國近代政治史，從福特、卡特到老布希，所有只做一任的總統都是在競選連任的路上在初選中被實力堅強的挑戰者重創，才會在十一月落敗。一九六八年，詹森總統的參選之路正是被新罕布夏州初選中雖敗猶榮的尤金·麥卡錫（Eugene McCarthy）所阻斷。川普也應得此等結局。

許多共和黨大老，包括約翰·凱西克（John Kasich）、米特·羅姆尼（Mitt Romney）、妮基·海莉（Nikki Haley）、班·薩斯（Ben Sasse）、佛雷克和寇爾克在內，都理解川普對美國與共和黨的危害。他們若參選挑戰川普，將面對攻擊與辱罵，而川普也可能仍贏得初選。但只要有朝一日共和黨能在川普熱退潮後脫身，任何挑戰者過去的功績不會被遺忘，也絕對會因此名留青史。大部分共和黨領導人物都很清楚川普有多不適任、是多麼誤國、對自由價值又造成多大戕害。而他們應該藉行動以明志。

我們也不該放過川普政府的高官。他們曾親身見識川普的獨裁個性和作為，與其暗自擔心他的操守，不如挺身直接了當地公開批評。

民主黨面對的則是另一種矛盾。如果他們不反抗川普對民主規範的侵犯，就會辜負核心選民和整個國家。但他們若是對川普的每句話都同樣用力譴責，大眾就無法分辨他們是在捍衛民主的核心價值，抑或只是在個別議題上做一般的政治攻防。

民主黨必須明確區分兩種反對川普的理由。第一種是一般的政黨和意識形態抵制，也就是抵制對立政黨總統的政策議程。第二種則是對抗威脅民主核心價值的言論和行為。民主黨必須明辨這是更高層次、更迫切的對抗，而且需要與同樣擔憂川普危害美國的共和黨人攜手合作。這種對抗必須聚焦於捍衛制度與規範，也就是新聞自由、司法獨立、國會監督、個人權利，層次遠高於一般政治攻防的唇槍舌戰。川普靠著撕裂美國社會上台，也只有美國人團結起來，他才會被迫下台。

要重建美國的民主，我們需要更新、更廣的聯盟。自由派和保守派，以及希望政治更開放、更競爭、更無害、更和諧的無黨派人士，都必須團結起來，爭取諸如排序複選制和終結選區劃分不公等改革。

愈來愈多美國人已經準備好復興我們的公民精神，甚至可以說迫不及待。在美國政治支離破碎的表象下，人民正在一點一滴地努力重建，只欠缺能縫合和發揚民主的國家願景和領導力。如果我們無法鼓起勇氣捍衛立國價值，美國這場民主實驗的光輝就會日漸黯淡，終至熄滅。

第十四章

結語：自由的新生

權力很頑固，得要有人去推才會鬆動，而能夠推動它的只有我們。

——羅琳・鮑威爾・賈伯斯（Laurene Powell Jobs），
邁阿密達德學院畢業演講，二〇一八年五月五日[1]

告訴你的弟兄，站起來。
告訴你的姊妹，站起來。

——林・曼努爾・米蘭達（Lin-Manuel Miranda），
〈我的機會〉，《漢密爾頓》曲目

在法蘭克・卡普拉（Frank Capra）於一九四六年執導的影史經典《風雲人物》（*It's a Wonderful Life*）裡，慷慨的銀行家喬治・貝禮（George Bailey）大意丟失了一筆鉅款，讓貪婪的反派有機會奪走他的銀行和整個小鎮。灰心喪志之下，詹姆斯・史都華（Jimmy Stewart）飾演的喬治準備在聖誕夜從鎮裡的橋上跳河自盡。結果一個守護天使在最後一刻出面阻止，並告訴他，如果沒有他的所作所為，許多美好的事都不會發生。「你收到了一份貴重的贈禮，」天使說：「你有機會看到這世界如果沒有你，會是什麼樣子。」

如果說川普當上總統這個災難還有一絲光明，那就是這件事：川普得罪了我們最親密的民主盟友、傷害了北約、大吵大鬧要和歐盟分手；他帶著美國退出全球氣候協定、伊朗核武問題協定和跨太平洋夥伴協定（Trans-Pacific Partnership，簡稱ＴＰＰ）；他不分敵我地發動無意義的貿易戰；寬待並結交了普丁和一眾殘暴的獨裁者；和國內外偏狹的排外分子同流合汙；喊出過時、低俗、似是而非的「美國優先」口號；動搖了二戰後每一根自由秩序的支柱——這一切讓我們窺見了潛在的未來，讓我們有機會看到，這世界如果少了美國的領導和堅定意志，會是什麼樣子。

對世界各地的民主人士來說，這樣的未來都令人生畏。但對中國和俄國這樣的好戰獨裁者來說，這卻是一份大禮。一個不可置信的良機，讓他們有機會拆毀四分之三個世紀以來的全球政治架構，而正是這個架構中的規範和聯盟在維繫歐洲和亞太的和平、讓民主自由得以史無前例地發揚。

全球民主的危機早已到來。川普並非罪魁禍首，這一切也不會因為他離開白宮就落幕。只不過，美國在道德和地緣政治上的領導——我們捍衛民主規範、援助民主政府和運動、支持自由貿易和全球經濟發展，以及我們阻止侵略、譴責壓迫的意願——早已掀起了席捲全球的民主浪潮。

美國的外交政策確實經常矛盾不一，也從不完美。但一個多世紀以來，美國確實也如同前國務卿馬德琳．歐布萊特所言，對於民主是個「不可或缺的國家」；無論是對於推動人權、振奮民主的希望，還是建立讓自由蓬勃發展的國際制度與聯盟來說，都是不可或缺的。

在國際政治中，理想很重要，但實力也是，而美國無論有何缺陷和錯誤，都是一個同時擁有民主擴張所需力量和公義的罕見強權。自從二戰結束以來，美國堅定而強悍的存在，成功阻止了歐洲民主國家和文化更多元的亞洲國家投入蘇聯、共產中國和後繼獨裁者的陣營。沒有美國的力量、表態和原則，多數亞洲國家就會追隨中國帝國崛起的浪潮。沒有美國坐鎮維繫北約，並在烏克蘭和喬治亞等前蘇聯國家平衡俄國的野心，所有前蘇聯國家都會失去自由的希望，甚至連波羅的海國家也是，而中歐和東歐剩下的民主國家也會籠罩上幽長的陰影。一旦美國抽手，歐盟可能難以為繼，而就算歐盟沒有因此瓦解，也會感受到復興的俄羅斯帝國於臥榻鼾睡的龐大壓力。沒有了美國，這個世界將會更駭人、更危險，強大而腐敗的獨裁政權將以公然脅迫和祕密顛覆為手段，支配大半個地球。

用前總統柯林頓的話來說，我們做出的榜樣有多少力量，比我們能展示多少力量來得更重要。[2]我們提供過的援助、表現出的榜樣已然鼓勵並支持了拉丁美洲、非洲，乃至於中東的民主革命——即便美國曾經不問是非，長期對阿拉伯獨裁者提供不光彩的支援。我們經常犯錯，愧對我們光榮的傳統。但整體來說，美國的理想、宣傳、援助和外交都曾迫使獨裁者改弦易轍，成功警告他們不要進行殘暴的鎮壓，也為世界各地的人撐開空間，得以伸張他們身而為人不可剝奪的權利。如果沒有這些作為，例如阿根廷、巴西、智利、南韓、台灣、菲律賓、南非、迦納和突尼西亞，以及所有曾被鎖在鐵幕後的國家，我們很難想像他們何時才會民主轉型，又是否會轉型。

直到最近為止，美國的力量和原則都協助了許多社會和平地朝民主轉型。俄國的正面進攻、中國的陰謀野心與民粹威權主義捲起的妖風，都因為美國的決絕抵禦而不至於達成颶風之勢。但如今卻有另一股陣風在呼號，那就是美國自家政治的衰退，根源於自私的政客、僵化的制度和傲慢的公民，而民主也因此失去光彩，美國因此疏遠世界。如果我們不儘快悔悟，扭轉這閉關自守、袖手旁觀的政策，世界各地的民主將陷入危機。

根據自由之家的報告，全球的自由程度顯然已連續下滑了十二年，每年衰退的國家遠多於進步的國家。我們已經看見民主退敗的浪潮正在匯集，這幾年來人口超過一百萬的民主國家比例已經減少至僅僅一半。但數字還無法代表危機的全貌。隱藏在統計數據背後的，是眾多國家的民主制度與規範都明顯潰爛。全球正興起新的人敘事，稱許強人統治才是亂世的治理之道，而不是議會政治。

緩慢的衰落像是溫水煮青蛙。我們會安慰自己，事情沒有這麼糟，只是變差了一點，而無視逐漸衰落終將通往末日。海明威在《太陽依舊升起》寫到，有人問遊手好閒、酗酒成癮的邁克・坎貝爾（Mike Campbell）他是怎麼破產的。「分兩個階段，」他說：「起初很慢，接著突然就垮了。」[3]民主之死大抵也是如此。

委內瑞拉的民主崩潰也始於長期慢性的貪腐和因循苟且。該國曾得益於富饒的石油資源，享有健全的自由民主體制，但人民逐漸對自私自利、治國不力的政治階級感到疏離。這為左派的民粹煽動人士查維茲鋪好了通往權力的道路，讓他先試圖以軍事政變奪權未果，後來藉選舉勝出。

拉丁美洲的民主衰退大致都依循相同過程。墨西哥、巴西和秘魯的人民都因為氾濫的貪腐、節節高升的犯罪率和無能的治理而失去信心，政黨體制也陷入危機。結果就是這個地區的民主普遍岌岌可危。

北約的伊斯蘭盟國土耳其也遇到類似的磨蝕，而且明顯到令人痛心。艾爾多安和正義與發展黨執政後的幾年間，他們似乎只是宗教和社會保守派，也願意謹守民主規約。西方觀察者和政府忽視土耳其自由派人士的警告，放任艾爾多安慢慢收緊對異議人士和多元文化的箝制。接著，二〇一六年七月那場失敗的政變讓他逮到機會碾壓所有的政治反對派。土耳其的民主就在這兩個階段後死於非命：「起初很慢，接著突然就垮了。」

我們當然希望美國的民主可以免疫於此。但事實不然。民主並非禮物，也不是神蹟，而是需要刻苦打造的治理形式。如果公民屈從於犬儒主義，在危急時刻不思改變，任何民主體制都不是顛撲不破的。

我們正處於一個風雨飄搖的時刻，是我身為民主學者四十年來所見過最危險的時刻。多個主要民主國家不是像波蘭和菲律賓一樣，掛在民粹主義的操偶線上，就是危機訊號不斷增強。對移民的暴力、極端民族主義和反穆斯林偏見，正威脅著諸多民主國家的公民社會結構，其中許多都是過去公認穩定、作為自由世界之中流砥柱的西歐國家，而如今連美國也已入列。如果民主之光就連在匈牙利這樣的歐盟會員國都會被遮蔽，還有誰能倖免？如果嚴重踐踏媒體、法院、反對者和真相的反自由煽動家都能當上美國總統，還有哪塊土地安全無虞？

問題在全球皆然。我們不能低估宗教不寬容的危險，而這樣的危機正在印尼和印度升高。跟艾爾多安一樣，印度首相莫迪是高舉宗教美德的社會保守派民粹主義者，而且野心勃勃、為民眾愛戴，心懷大印度主義。跟艾爾多安一樣，莫迪累積了足夠的權力，能逐一清除限制他們的制度。印度雖有高級法院、公務體系、媒體和獨立民間組織等強大的制衡力量，但該國的民主能夠撐過長期的一黨獨大和宗教不寬容嗎？歷史教訓過我們所有人，千萬別把事情想得理所當然。

非洲的民主制度也面臨與日俱增的攻擊。大肆貪汙的南非總統雅各．朱瑪（Jacob Zuma）和他的盜賊統治集團失去政權是南非人之福，但該國更深層的貪腐和充滿種族色彩的極端貧困與不平等，都依然存在。除了迦納以外，肯亞、坦尚尼亞和奈及利亞等多數非洲大國的民主不是正在衰敗就是無法生根。如我們在前面章節所見，儘管窮困理應致使人民放棄自由選擇麵包，多數非洲人仍渴望民主和可問責的政府，不過他們需要協助。反觀當前世界的現實是中國進擊、歐洲紛亂、美國撤退，非洲的獨裁者遂得以自行其是。

在中東，二〇一一年後唯一留存至今的民主國家則是突尼西亞。他們的突破空前輝煌，卻也脆弱不堪，而他們也正努力對抗自家的逆風：委靡的經濟、憎惡民主的波灣獨裁強國，以及過去獨裁政權的政壇餘孽——這些人捨棄貪腐特權和威權行徑只是迫於無奈。埃及在終結穆巴拉克長期獨裁後，軍政府也擊垮了所有反對派。現在那些靠石油致富的波灣國家相信，他們已經把阿拉伯之春的精靈逼回國家牢牢掌控的神燈裡了。同時，中東歷史最久的民主國家以色列也逐漸滑向反自由的民粹主義，把國內的阿拉伯人貶為次等公民——約旦河西岸的巴勒斯坦人的地位則低到一無所有。[4]

如果美國繼續推諉領導全球的責任，甚至加速放手……如果反自由的民粹主義在美國和西歐更站穩腳步……如果獨裁領袖斷定我們再也不在乎這一切、認為放棄民主也無所謂……這一切可能都只是民主末日的開端。全世界人口最多的五十個國家裡，目前只有將近一半是民主國家，但此一比例有可能跌至三分之一或更低，因為那些民主走得跌跌撞撞的國家，若在更有利的國際條件下，原本有望轉向民主陣營，或重回民主懷抱民主，如今這個機會已然枯竭。

可能的劇本如下：在第三波全球民主敗退的逆潮裡，許多中歐及東歐國家將會和匈牙利一樣，默默從民主陣營叛逃。一旦歐盟的東部國家狠狠拋棄自由價值，西部核心國家又陷於反移民的狂熱和民族自信的瓦解，歐盟就會分崩離析。

成功連任的川普將自恃能更理直氣壯地擺出孤立主義、與獨裁者友好、與克里姆林宮親善的姿態。北約在失去美國這個支柱後也會解體，無法遏制普丁實現他的終極夢想：他向來為蘇維埃聯邦的覆滅悲嘆，如今終能繼承舊業，復興大俄羅斯帝國。

波羅的海國家將會再次被拋棄，淪為俄國這頭殘暴猛熊的獵物。烏克蘭、摩爾多瓦、喬治亞和亞美尼亞的民主希望將被克里姆林宮吞噬。獨裁俄國又將在身邊扶植一票唯命是從的附庸和傀儡國家。

另一道正在擴張的威權主義勢力則來自北京。中國的自信日益堅定，民族主義也愈發強烈，他們將要求並強迫周邊國家順服他們膨脹的戰略野心——不只是對東南亞和南海，更是威振印度洋、左擁中東、右抱太平洋。

只要中國繼續追求科技霸權和全球領導權，一個國勢衰退、士氣低落、名譽掃地的美國，就得選擇是否要為了保衛民主的台灣不被獨裁的中共併吞而與中國開戰。即便日本、南韓和其他國盟友——若沒有被美國拋棄的話——能抵禦北京為滲透和削弱民主政體而日漸凌厲的攻勢，崛起的專制中國仍將危及亞洲諸多其他的民主國家。

這將是歷史的轉捩點。面對全球力量和局勢的巨變，外加中國資金的腐敗力道侵蝕著政黨政治、媒體和政府的民主力量，拉丁美洲的民主將何去何從？在中國進逼、美國退守的情勢下，勇敢的異議與抗議人士即使珍視自治和人權，又該如何伸張民主理念的道德力量？當非洲的菁英階級把全球權力的風向看得更清楚，有多少脆弱而躊躇的民主國家能在那塊大陸上存續？多少跨國公司會在掙扎後決定，迫於利益考量而不得不向獨裁者曲意逢迎？當獨裁者要求言論審查及共謀合作，全球又有多少媒體和社群媒體公司能夠挺起腰桿抵抗？

就在不遠的將來，我們這些民主專家再也不會討論「民主侵蝕」（democratic erosion）。我們會朝一個民主失去希望的時代沉淪，就像丹尼爾・派屈克・莫尼漢（Daniel Patrick Moynihan）在七〇年代的悲觀看法一樣，自由民主體制「是世界的過去，而非世界的未來」。[5]這個世界曾經擺脫了那樣的沉淪，但那是多虧有美國嶄新且更為堅定的領導。一九三〇年代的世界就沒那麼幸運了；當時全球民主向內崩解，導致耀武揚威的獨裁軸心國崛起，和在動盪與經濟蕭條中陷入自我懷疑的一眾民主國家爆發了慘不忍睹的世界大戰。

這就是我們面臨的風險。推廣民主、以及與其相關的自由價值與憲政保障，是確保世界和平與安全的基石。失去民主，我們最基本的希望和寄託都將陷入災厄。

問題不只是土壤正在鬆滑，而是全球都處於危崖邊緣。我們腳下的岩棚已經悄悄崩陷了整整十年。如果侵蝕繼續下去，我們很可能走到民主猝然破產的臨界點，世界將深深墜入在二戰結束後不復見的高壓統治和侵略。而身為一個政治學者，我知道我們的理論和工具還遠不足以告訴我們那個臨界點到底有多近——直到哪天它突然爆發為止。

灰中殘焰

這一切種種都要求我們更堅強，而非陷入恐慌。如果說世界各地民主所受的打擊還有一線希望，那就是許多威權政權也不是那麼穩定。別忘了蘇聯是怎麼政治破產的：起初很慢（雖有僵化跡象，卻沒多少觀察者當一回事），接著突然就垮了。

一些強大的獨裁政權看似穩固，但也危機四伏。二〇〇九年，伊朗伊斯蘭共和國就差點在後來所謂的綠色行動中滅亡。政府撐過了民眾抗爭並加以無情地鎮壓，但即便經濟停滯，伊朗人仍大膽地繼續反抗最高精神領袖大阿亞圖拉（ayatollah）。神權統治顯然比它的表象更加脆弱。

同樣的事也發生在衣索比亞，這是非洲人口第二多的國家，超過一億人。[6]腹背受敵的衣國政權近來交棒給年輕的阿比・艾哈邁德（Abiy Ahmed）。他在二〇一八年四月成為總理，並開始一連串政治改革，讓該國令人恐懼而腐朽的體制走向開放。他的鵲起被人拿來與戈巴契夫相比。阿比團結了青年和過去被排斥的種族族群，而他們已經受夠了政治打壓、地區衝突、菁英割據國土和少數族群的霸權。[7]這一切不見得會確保衣索比亞朝民主轉型發展，但至少已經開了這扇門。

中國和越南似乎是世界上最穩定的專制政府，但也各自面臨威權主義成功後的兩個典型困境。隨著經濟成長，教育變得更普及，社會也變得更加多元而複雜，更難繼續滿足於缺乏自由和透明的生活。如有危機突然爆發，民眾可能就會開始要求體制內無法實現的改革和問責制度，中國、越南一黨獨大的政體也可能被這政治地震所撼動。但如果中國公民覺得共產黨政權能走上稱霸全球這條充滿誘惑的道路，這樣的變局就不太可能發生。

許多專家主張中共已經找到了打造完美專制體制的公式，那就是利用社群媒體和其他回饋機制，在民怨擴大為政治威脅前就加以處理。但中國體制所謂的威權力量與它的缺乏透明，最終也可能是垮臺的肇因。除了中共的監控正日漸增強、習近平主席權傾一時之外，少有人真正知道北京的權力中心究竟發生了什麼事。對許多到過西方甚至在西方居住的商務及專業人士來說，這實在令人惱火，因為他們知道自由與法治的可貴。

全球人口最多的五十個國家中，包括巴基斯坦、孟加拉、土耳其、奈及利亞、坦尚尼亞、肯亞、莫三比克和摩洛哥在內等國家，雖然還不是民主，但至少都有多黨競爭選舉所需的政治架構。對一個政治架構已經到位的國家來說，只需要一些突發進展，比如執政黨分裂、民意轉向，或軍事危機，已經存在的形式就可能落實為真民主。雖然這件事不見得會發生在上述每個國家，但只要世上最強大的民主國家願意支持民主轉型的力量、對頑固的獨裁者施壓，總有幾個國家會改變。

歷史總有辦法令我們吃驚，好壞皆然。如果我們還需要其他案例提醒我們何謂希望，馬來西亞也是一例。二〇一八年五月，這個全世界最牢固的獨裁政權之一在掌權六十年後出現大轉向。該國的一黨專政體制曾看似牢不可破，把持媒體、商界、金融和司法體系，並挾此龐大的制度優勢，即便在失去多數人民支持後，仍能「贏取」決定性的國會多數。不過首相納吉·拉薩和執政黨主政將近十年後，終於在選舉中遭到人民毫不留情的否定，得票率僅及三分之一，就算有盤根錯節的政經優勢也無力回天。讓他們崩盤的導火線是一馬發展公司鬧出的一起驚人醜聞，這間國營的開發公司讓數十億美元的公共資金人間蒸發——根據報導，其中有七億進了納吉的私人戶頭。[8]美國司法部和其他國際機構的犯罪調查對於揪出這個盜賊集團的網絡厥功至偉。[9]而在執政黨分裂的同時，反對黨則團結起來，再加上這起令人咋舌的貪腐案掀起廣大的民怨，馬來西亞因此迎來了史上頭一遭民主的政權轉移。

馬來西亞的戲劇化發展反映出很多民選威權體制的特徵：他們都看似穩固，直到他們不再穩固為止。他們可以藉定期的多黨選舉來聲稱自己的正當性，不過這既是他們的優勢，也是弱點。因為沒有敗選的風險，他們沒有自我改善的動力，再加上缺乏獨立的司法、自由的新聞和活躍的公民社會來監督，當貪腐和人權侵犯累積到忍無可忍的程度，這樣的政權遲早會被民眾背棄——不論是藉選票反對或上街頭抗爭。無論是選舉舞弊、言論審查或威嚇反對者，這些常見的控制工具都有其限度。一旦政府濫權逾越底線，或是社會更為繁榮、教育程度提升，人民將停止忍受傲慢自私的獨裁政府。他們會開始渴望發聲、問責與法治，而且更願意冒個人風險來加以實現。

有兩個因素經常把這些政權逼落懸崖。一個是長期的變遷：社會和經濟發展會讓民眾得到更好的教育、更多的資源，也會有更多需求。反對聲量會具體成形的首要族群就是城市的專業階級和年輕人，特別是現在的智慧型手機世代。第二個因素則是政權內部的分歧，這會讓領導階層產生裂痕，令新的政治聯盟有隙可乘。兩者對馬來西亞都是關鍵。我們可以期待這些因素在別的獨裁國家也浮出水面，而我們也應該在它發生之際助其一臂之力。

和馬來西亞一樣，俄國的年輕世代也在經濟成長和資訊更通暢的環境中長大。他們也想要真正的選舉、言論自由、確實可問責的政府以及法治。換句話說，他們也想要民主。這些教育程度較高的年輕俄國人有些雖年僅十二歲，但不會輕易放棄。[10]

二〇一一年十二月，他們發起了俄國自蘇聯解體以來規模最大、遍布街頭的示威遊行。此事觸怒並嚇醒了普丁，促使他對美國和時任國務卿的希拉蕊採取報復，並指控他們在俄國煽惑動亂。但到了二〇一七年，普丁第四度就任總統時，全俄大約有二十六個城市又因此爆發了抗議。[11]不過現在白宮已是川普當家，普丁還能怪誰？民選獨裁國家都看似穩固，直到他們不再穩固為止。因為在鐵腕維持的風平浪靜底下，俄國有一整個世代的年輕、都市化、高教育水準的公民都忿忿不平；他們已經受夠了盜賊統治，不會沉默。

普丁在內心深處很清楚這件事，所以不會允許俄國的選舉像馬來西亞那樣出現強大的反對黨。二〇一八年三月的俄國總統選舉就是一場表面戲碼，唯一有實力的反對派候選人亞歷塞依・納瓦尼（Alexei Navalny）被禁止參選。普丁雖然是盜賊統治者之中的巨人，但我們不應高估他政權的穩定性。他的盜賊統治控制了大量的金錢、政治宣傳和壓迫手段，不過其中的不安也同樣龐大。

這就是普丁這麼介意其他獨裁者的垮台的原因。我的史丹佛同事麥克福爾從二〇一二年一月以美國大使身分抵達莫斯科的那一刻起，就遭到普丁不間斷的政治宣傳攻擊。克里姆林宮這麼做的動機之一，是麥克福爾在二〇〇五年發表於《民主期刊》（*Journal of Democracy*）上的一篇文章；該文逐一分析了二〇〇〇年到二〇〇四年間，是什麼條件促使塞爾維亞、喬治亞和烏克蘭發生了抗議選舉舞弊、帶來民主轉型的「顏色革命」。[12]這些條件包括反對黨的政治空間、不得人心的在位者、團結的反對派和政權內部嫌隙，而普丁正是害怕麥克福爾來俄國是要催生這些民主轉型的條件。如果一個獨裁者會擔心一介美國大使能推翻俄國這等狡詐無情的政權，那麼他在內心深處絕無真正的自信。

獨裁政權垮台的另一個要素是勇敢的反對派領袖。二〇一五年二月，普丁最強大、最富群眾魅力的對手鮑里斯·涅姆佐夫就在克里姆林宮附近遭槍殺身亡。馬來西亞的反對派領袖安華·易卜拉欣（Anwar Ibrahim）也不斷遭到名譽中傷，而他過去二十年的人生有將近一半時間是在單獨監禁中度過的。

二〇一四年十一月，安華二度遭誣告雞姦罪定讞，而他在上訴的最後階段之前，來到史丹佛發表了有關「伊斯蘭與民主」的學術演講。他直接了當地宣稱，伊斯蘭教與自由民主體制中的宗教自由、思想自由、言論自由和法治等要素都能相容。他正面譴責了馬來西亞國內假伊斯蘭之名興起的種族和宗教偏見，並在最後引用二十世紀初的突尼西亞詩人阿布．卡希姆．夏比（Abu al-Qasim al-Shabbi）的詩句作結，而夏比的詩在後來的阿拉伯之春中鼓舞了突尼西亞和埃及的抗議者。安華借詩人之口這麼說：「生命若是人民所願，枷鎖必將斷裂。」

等到如雷的掌聲平息、熱情景仰的師生散去後，我和安華在史丹佛充滿田園風情的校園中漫步了一會。我私下問了他一些難題，這使得我們被悲涼的痛苦籠罩。如果他返回馬來西亞，判決多半不會更改，他必須再次長期入獄，而且可能又是單獨監禁。距離他第一次從這樣的囚禁中獲釋已經過了十年。他當時已經六十七歲了，我擔心他無法撐過第二次的長期徒刑。

「為什麼不留在這？」我問他。但說實在的，這其實是請求。「你可以得到美國的政治庇護，你可以在這裡為馬來西亞的民主努力。」

「我必須回去，」安華回答我：「戰場在我的家鄉。如果我不回去，政府會把我抹黑成懦夫和逃犯，讓我的奮鬥失去正當性。」

世上沒有比這更勇敢的話了。在我們這個時代，這些話常被掛在人們嘴上，卻難得有人身體力行。那一刻，我意識到自己正親眼見證有人實際體現這些話。當時我不知道還有沒有機會見證同樣的事，不過這些事蹟確實一再發生。

兩年半過後，在奧斯陸自由論壇（Oslo Freedom Forum）上，我遇見了卡拉—穆爾札這名兩度險遭克里姆林宮以特殊毒藥暗殺的記者，他也是涅姆佐夫的同伴。我們在奧斯陸碰面是二〇一七年五月的事，而卡拉—穆爾札在三個月前剛遭遇第二次暗殺。每一次，負責醫治他的莫斯科醫生都警告他的妻子，卡拉—穆爾札的維生器官即將衰竭，只有百分之五的機會能撐過去。第二次復元後，醫生篤定地警告他：「再有第三次，你就死定了。」

我在挪威時詢問了卡拉—穆爾札之後的打算，他的回答和二〇一四年的安華如出一轍：「等我完全康復，就會回俄國。」我大為震驚。我才剛認識他，但仍懇求他不要在普丁仍然當權時回到俄國。而他不為所動：「我遲早都要回去。如果我不回去，就會和這場奮鬥失去聯繫，這樣我就很難造成改變了。」

這樣的勇氣是我們每一個人的強心劑。我們可以因為恐懼和憤怒起身行動，在這個屬於川普、奧班和普丁的時代做出正義之舉。但恐懼會令人麻痺，憤怒會令人走向極端。更好的動力是信念和希望——相信自由值得付出一切捍衛的信念；以及只要珍視自由與正義的人能睿智而堅定地團結一心，就能夠取勝的希望，包括我們自己在內的無數國家已經證明了這種希望的存在。

我們生活在一個恐怖的年代，但促使我寫下這本書的不只是恐懼和警惕，更是我從世界各地為自由獻上一切的民主人士身上得到的希望和勇氣。我想到在緬甸撐過十一年禁閉，拒絕對軍事獨裁低頭的辛瑪昂。我想到在安哥拉無懼死亡威脅和牢獄歲月，堅持揭發盜賊統治的拉斐爾．

馬克斯・德莫賴斯。我想到奮戰不歇的人權鬥士暨前聯合國結社自由觀察員梅納・克萊（Maina Kiai），以及賭上生計與性命的記者暨反貪腐人士約翰・吉通戈（John Githongo）這些肯亞人。三十年來，貪婪的肯亞權力掮客一直想威脅或收買克萊。「你要什麼儘管開價。」他們這麼說。但克萊從未動搖。他會這麼回答：「這些是我的信念，這就是我。我這輩子都在為民主和正義奮鬥。」

獨裁者最心驚膽戰的正是這事：即使面對酷刑、誹謗和鎮壓，這些社運人士仍拒絕放棄。無論是德黑蘭、開羅、莫斯科還是北京的暴君，這樣的恐懼在他們的內心翻騰，令他們無法安眠。在二〇一一年的阿拉伯之春裡，支持民主的示威者經常引用這一段夏比最有名的詩句：

慢著，別讓春天、明澈的天空和閃耀的晨光愚弄了你……
因為恐怖的黑暗、轟隆的雷霆和呼嘯的狂風就要來襲
從大地盡頭來襲
你要當心，當心灰中的殘焰[13]

切莫走向「美國獨行」

我們正站在轉捩點上，這句話雖是陳腔濫調，但確實如此。打擊民主的瘋狗浪所帶來的危險既真確無比，也日益嚴峻。俄國的正面進攻、中國的陰謀野心，和美國的自得意滿，這三股妖風正呼嘯，為全球各地伺機伸出爪牙的獨裁者吹出政治空間。一種墮落觸發另一種墮落。地緣政治的局勢隨當今的反自由民粹領袖搖擺，而他們也察覺經濟焦慮和種族宗教偏見是奪權的新契機。這些野心勃勃的獨裁者彼此沆瀣一氣，運用新興科技來製造恐懼、分化大眾，並削弱憲法對權力的監督。

我們還是可以反轉這些妖風。我們甚至可以在世界上颳起新的自由之風。但沒有美國積極領導，沒有美國支持民主人士、對獨裁者施壓、對抗中俄強權的惡性擴張，這一切就是空談。

領導全球不代表美國主宰全球。那樣的日子已經過去了。但川普一再堅稱美國被友邦和盟國占了便宜，所以現在必須把自身利益放第一，這套說法和美國的領導地位完全無法契合。當然，每個國家都會以本國利益為優先。但不斷宣揚「美國優先」，聽在其他國家耳裡，就像是「美國獨享」，這會讓我們走上「美國獨行」這條自毀的道路。

要逆轉全球性的威權進擊、民主衰退的駭人潮流，首先且首要的就是堅定地和盟國站在一起。這代表美國應該堅守北約，遵守《第五條款》（Article 5）中最重要的共同防衛協定，重申對任何盟國的攻擊都是對全體的攻擊。這代表支持歐盟不只是支持北約重要的政經互補組織，也因為歐盟是更廣大的民主國家社群不可或缺的一塊磚瓦。這也代表面對與我們擁有相同民主決心的社群，包括我們位於後院的美洲國家組織（Organization of American States），美國要恢復過去的承諾。

亞洲國家的全面民主化還不會馬上到來，然而，當這個地區仍籠罩在中國的陰影之下，我們還有兩個可以利用的關鍵優勢。首先是多數亞洲人和亞洲政府都渴望在中國霸權外能另有選擇。美國霸權永遠無法再成為這個替代選項，但我們可以平衡權力的流動，不讓任何超級強權稱霸該區，讓亞洲各國可以自由決定各自的命運。而讓這件事發生的條件，是美國必須大舉介入亞洲，確保海上航線保持開放，並支持台灣等民主政府對抗中國的軍事威脅、協助民主規範和制度的成長，建立能夠取代中國控制的區域經濟規則。

第二個優勢在於亞洲是個社會和經濟快速轉型的地區。習近平和其他亞洲獨裁者可以繼續堅持只有中國模式最吻合「亞洲價值」，但隨著教育、資訊和收入水準提升，亞洲人正反其道而行，走向更崇尚自由和自主的道路。即便在中國自家後院，民主理念都有優勢。到頭來，民主畢竟是**普世**價值。但沒有歐洲、日本和最重要的美國支援，這還是不太可能成功。

這一切想法彷彿來自充滿希望的古早年代，那個唐納・川普和他對全球事務可悲、市儈、沒有靈魂的路線還沒崛起的年代。但我們的國會、外交和專業國安體系，甚至是川普自己指派的高階外交官員，都仍致力維持美國在歐亞的領導地位，也仍在世界各地代表美國積極行動，捍衛人權、支持民主、推動經濟成長、提升貿易自由、對抗恐怖主義，並且反制中俄及伊朗的實力投射。

確實，很多共和黨支持者都吃川普那一套，也就是他憤世嫉俗、支持普丁、閉關自守的世界觀。但這更像是一種部落心態，把川普當成領袖、圖騰以及受害者心態的出口，而不是一種堅定的外交理念。我們仍然可以重申美國對全世界民主的領導角色，開始用新世代的大眾傳播和外交手腕來傳達民主的價值，反擊數位時代的假資訊。

但我們需要另一位總統才能做到這件事。川普在位愈久，美國的世界地位所受到的傷害就愈深遠，我們的民主盟友、職業外交官、軍人和情報員也不能倖免，而我們也更難從川普對自由世界秩序的重創中恢復——這份秩序確保了現代史上最高的自由和人類發展程度，維繫住強權間最持久的和平。

切莫因循自滿

對民主的威脅，以及對真相、寬容和人性尊嚴的侵犯，正不斷升級。但我們或許仍有一線希望。莎士比亞在《亨利六世下篇》這麼寫道：「風刮得再怎麼妖異，總不會沒有人得利。」（*Ill blows the wind that profits nobody*）川普時代颳起的妖風也許能讓相信民主的人不分國籍、年齡、種族、信仰、性別和政黨團結起來，同心協力捍衛它。

如果今日俄國帶來最大的問題是其咄咄逼人的攻勢，今日中國帶來最大的挑戰則是其越來越大的野心，那麼今日美國民主最深的病灶就是我們無可救藥的自以為是。我們把太多事都視為天經地義太久了。

二〇一八年的期中選舉將近時，我的一個史丹佛學生馬修・惠格勒（Matthew Wigler）花了整個夏天，到美國各地的國會議員搖擺選區訪問選民和候選人。他在加州的中央谷地遇到一名二十歲的西班牙裔女性，她非常厭惡川普和他對移民、槍枝和（她的原話）「監禁兒童」的政策。但她承認自己十一月可能不會去投票。她說：「我完全同意我們該去投票，可是有時候我就是懶惰。」[14]

像她這樣的人不在少數。就算在總統大選年，美國的選民投票率仍在先進民主國家中墊底。[15]這些不投票的選民通常比較年輕、教育程度較低，而且拉丁裔或亞裔多得不成比例。[16]讓投票率降低的因素還有政治冷感、選舉缺乏競爭和選擇，而且有十多個州因為共和黨推行的立法，如果沒有州政府核發、特定類型的附照片身分證明，選民就比較難登記、提早投票或根本無法投票。[17]如果不讓人民開始在乎、獲得資訊並出門投票，民主就無法恢復元氣。二〇一八年期中選舉的投票率遽增，但要讓民主恢復活力，需要大量草根行動來接觸並鼓勵不投票的選民，外加立法行動和選舉改革，才能對抗選民壓制，讓選舉有更好的選擇。

各位讀者已經看完我對革新美國民主的建議了。這些建議很有野心，但絕對可以辦到。二〇一八年，緬因州選民面對一群機巧又自私自利的當權政客，卻能打贏勝率不高的一仗，改變了他們的選舉機制、創造更良性的競爭。這場仗靠的是不屈不撓的草根公民運動人士，而他們的勝利吸引了全國各地希望選舉中真正存在的選擇能更廣、更具意義的人，引起他們對排序複選制投票和其他改革的興趣。麻州、明尼蘇達、威斯康辛、加州和新墨西哥都有選舉改革的動能正在匯聚。同一時間，司法和許多自下而上的民間努力也在挑戰被政黨把持的選區劃分不公，準備終結這個民主的禍害。

這一波新興的改革能量不只出現在自由派的城市和進步派的州。阿拉斯加、密蘇里、北達科他和猶他等紅色州，還有亞利桑那、科羅拉多、內華達及俄亥俄等搖擺州也陸續通過終結選區劃分不公、打擊貪腐、增進透明度和強化投票權的法案及公民立法。[18]

這些改革的共通之處是公民正在為實現改變而組織起來。在阿拉斯加，「代表我們」資助了一份反貪腐倡議，目標是限制說客對政治人物的餽贈額度、加強利益衝突迴避規範，以及在議員無法及時通過預算時停止他們的每日津貼。這份公民立法在投票前獲得了百分之八十四的民調支持率，讓阿拉斯加的共和黨國會搶先在二〇一八年七月將其中規定寫入法律，以免在十一月遭選民反撲。[19]

但修法不是唯一能降低兩極化、讓民主重獲效能的方法。「榮譽運動」（With Honor）是一個新的跨黨派倡議，目標是支持兩黨中的退伍軍人競選國會議員，而且這些候選人必須承諾致力消除黨派嫌隙、重視民之所欲超越黨意。[20]二〇一八年十一月，該組織協助的大約四十名退伍軍人有將近一半當選眾議員，使得國會中退伍軍人的數量達到近十年來的新高。[21]這些人包括緬因州在排序投票中勝出的前海軍陸戰隊員傑瑞德·戈登，以及在阿富汗失去一眼的前海豹突擊隊員丹·克倫肖（Dan Crenshaw）。克倫肖曾在《週六夜現場》節目中藉退伍軍人日的時機傳達希望國家團結的訊息，並大方接受該節目藝人彼得·戴維森（Pete Davidson）為嘲笑他的眼罩道歉，因此贏得該節目觀眾不分政治立場的好感。其他跨黨派組織，比如「無標籤」和「兩黨政策中心」（Bipartisan Policy Center），都致力於創造良性政治風氣，讓共和黨和民主黨得以攜手處理美國當前的迫切問題。

如果我們有決心，緊接在川普時代之後的仍有可能是一個新的進步時期，讓美國民主的立國精神得以復甦，普羅百姓也能站起來，從超級企業、不透明的特殊利益和根基牢固的政黨寡頭手中取回權力。

但這是否會發生取決於我們。現在是美國民主的存亡之秋。我們可以把它從偏執、恐懼、排外、偏見和錯誤資訊的狂風呼號中拯救出來。但我們也有可能失去它。這是本書最重要的警告：我們有可能輸掉美國的民主，或是看著它因為濫權、刻意離間和公民自由不斷退縮而弱化，最後再也無法保護或鼓舞任何國內外的人民。我們希望美國的民主會屹然永存。我們希望民主的衰敗不可能在這裡發生。可惜這確實有可能。

我們不能傲慢自大到竟然相信，民主規範和制度的衰敗有某個自然的、不可逾越的終點。因為民主無法自行運作。它需要有權威、有責任的人來捍衛。國會裡的共和黨議員迄今並未通過試煉。媒體雖然堅定得多，但有些頑固的保守派電台似乎願意追隨川普到天涯海角。司法部門通常還能保持明智判案，但也沒有完全通過考驗，不只未倖免於黨爭激化的操弄，也開始縱容某些川普的惡行。

我們已經被逼到了捍衛「我們人民」的底線。不分你我——我們所有人都是阻止美國朝暴政墮落的最終防線。這道防線如果不時時補強，就無法堅持下去。

民主並沒有自行改革的隱藏或自動程式。它需要公民從怠惰、冷漠和恐懼中醒覺過來。沒有別人會替我們要求改變。

如果你為我國民主擔心，就去投票，並且盡你所能勸說所有人去投票。現今選舉的意義遠比醫療、環保、經濟等重要議題的政策選擇還更為重要。在民主被黨爭腐蝕的川普時代，憲法的制衡原則，還有保護人民權利的法治，其命運都將由我們的選票決定。

如果你受夠了兩極惡鬥、利益衝突和濫權，那就為改變努力。加入你的州或社區裡致力於民主改革的組織，比如「代表我們」、「公平選票」（FairVote）和「共同志業」（Common Cause），參與他們的行動。或是支持那些用心尋求彌合分歧之道的組織，比如「尼斯卡南研究中心」（Niskanen Center）等智庫，或是「無標籤」等倡議團體。支持「美國公民自由聯盟」（American Civil Liberties Union）、全國有色人種協進會和南方貧困法律中心等組織來對抗偏見，或是選擇認同種族和宗教多元的教會、清真寺或猶太會堂。在這個危急時刻，有許多團體在戮力捍衛民主，包括布倫南司法中心、「響應政治中心」（Center for Responsive Politics）、「陽光基金會」（Sunlight Foundation）、「守護民主」（Protect Democracy）和「共和國站起來」（Stand Up Republic）等等，我們應關注他們優異的研究與倡議。[22]在社群媒體上和朋友和追蹤者分享新聞時，遣詞用字應委婉客氣、謹守禮儀，而非尖酸謾罵。

我這一生都獻給了民主研究，但我也和大家一樣，都是公民。我的選票不比別人更有價值。所以，最後我要向各位同胞呼籲，去參加致力於讓民主更好、更公平、更正派、更透明的行動。這也許看似一場漫長而艱辛的奮鬥，但未必沉悶乏味。你會在一路上認識鄰居、朋友，以及助你自我成長的人。你會感到憤怒和沮喪，但也會從一份高貴的共同志業中找到意義與喜悅——最終，這項志業將會改變歷史的軌跡。聲援並投票給支持全球民主盟友和民主運動的外交政策。幫忙教育年輕人了解那些為自由和自治奮鬥的歷史，因為每個世代都必須認識、擁抱、延續這份珍貴而脆弱的贈禮。

這是民主國家公民的職責：為了民主共和的價值而戰，彷彿我們的自由都有賴於此。因為事實確實如此。

謝辭

這十年來，我出版了《揮霍勝利》（*Squandered Victory*）和《改變人心的民主精神》（*The Spirit of Democracy*）。我一直打算再寫一本面向更廣大讀者群的書，但一直到二〇一六年為止，我都沒想到民主的命運會這麼令人憂慮，甚至需要警告。隨著唐納・川普在二〇一六年十一月當選總統，以及反自由民粹主義的浪潮席捲世界，我寫這本書的想法愈來愈強烈，但真正讓我把這些想法寫下來的，是企鵝出版社執行編輯Warren Bass的邀請。我也要再次對我的經紀人兼朋友Scott Mendel表示深深的謝意，感謝他不只提出各種充滿創意的建議，也代表我和企鵝出版社建立深厚的關係。

我很榮幸這是Warren幫我和企鵝出版社簽下的第一本書，要說我對他虧欠良多並不為過。他不只是我的編輯，更是完成本書的過程中不可或缺的夥伴，協助我構思和安排本書的結構和篇幅以吸引學術圈外的讀者。除了這些討論，Warren也巧妙而仔細地編輯每個章節裡的文章，讓本書變得更好讀、更有邏輯、更加熱情。如果本書能夠充實和鼓舞眾多渴望自由的讀者，那都要歸功於Warren的編輯成果。

我也要衷心感謝自己有幸與企鵝出版社的優秀團隊合作。Caroline Sydney協助Warren一起編輯原稿和準備出版。二〇一八年十月，Warren回到《華爾街日報》，Caroline接手本書的最後一校，以非凡的勤奮、自信和樂觀完成了本書。Trent Duffy的審稿工作非常徹底、仔細且敏銳。我還要感謝準備詳盡索引的Bruce Giffords和Cohen Carruth，以及負責事實查核的Jane Cavolina。

在本書的準備過程中，Leo Kirby這名優秀的研究助理幫了我很多忙；他是史丹佛國際研究碩士班的二年級學生，負責處理和分析本書中的數據，還幫我確定了社群媒體的發展；另外三名大學部的研究助理Sarah Goodman、Jayaram Ravi和Ryan Chandra則努力替我蒐集資訊，讓我能及時了解歐洲、美國和世界各地發展迅速的政治動態。我也要感謝Sarahi Zaldumbide，她對我的專業工作以及我們史丹佛「全球數位政策育成中心」（Global Digital Policy Incubator）的支持，都給了我很大的協助。

寫作本書的同時，我也擔任了「中國對美影響力作戰研究小組」（Working Group on Chinese Influence Activities in the U.S.）的聯合主持人。兩份計劃的時程幾乎完全重疊，因此小組的研究和成果大幅影響了我如何理解中國為美國和全世界民主帶來的挑戰。我要特別感謝另一位共同主持人夏偉（Orville Schell），以及計畫的統籌人Kyle Hutzler，我也要感謝其他小組成員讓我獲益良多。我對威權主義威脅民主制度完整性的新方式，也就是「銳實力」的想法，也得自國家民主基金會的「國際民主研究論壇」（International Forum for Democracy Studies）的同事，特別是沃克和路德維希兩人。我也要感謝沃克和另一名全球數位政策育成中心的共同領導人Eileen Donahoe，他們對社群媒體的洞見，以及他們對該章節的評論都給了我不少幫助。我的史丹佛同事法蘭西斯・福山也讀了幾個章節，給了我很有用的意見。

本書所引用的許多論文出自《民主季刊》這本我在過去二十九年參與編輯的刊物。如果沒有長期投入這份季刊，我就不會有足夠的知識來分析這麼多影響全世界自由命運的國家和議題。我要為這份合作關係以及他們讓我學習到的一切，感謝所有《民主季刊》的同事，特別是另一名編輯Marc E. Plattner。同樣地，我還要感謝許多胡佛研究所和史丹佛「史博格里國際關係研究所」（Freeman Spogli Institute for International Studies）的同事，他們是協助我處理這些議題的知識沃土。

而我最想感謝的，是為了實現、捍衛或改進民主而奉獻人生的運動人士和實踐者，他們在本書寫作的過程中很有耐心地花奧皮納時間與我分享他們的洞見。尤其是辛瑪昂、卡拉—穆爾札、梅納・克萊、德莫賴斯、麥考密克、奧皮納，還有黃之鋒這七人，本書將獻給他們。我也同樣感謝大方撥空受訪的卡爾・格什曼（Carl Gershman）、米德偉、Kenneth Wollack。此外，我要對國家民主基金會、世界民主運動，以及史丹佛「民主、發展與法治研究中心」的「德拉普・希爾夏季研究計劃」（Draper Hills Summer Fellows Program）中傑出的員工、資助對象以及研究夥伴，獻上鄭重的感謝之意。

我要強調的是，上述組織或個人均不對本書的語氣或內容承擔任何責任，更不用說事實或解釋上的任何錯誤。身為一個大學講師，我素來堅持在課堂上嚴格維持無黨派的立場。因此，對於不得不在此嚴厲譴責現任總統、甚至是其同黨其他人士的舉止和言辭，我並不引以為樂。我希望讀者能判斷，我這麼做並非出於任何黨派考量，因為就連總統所屬政黨的許多人也得出了同樣警醒的結論。

最後，我要感謝已故的母親，讓我從一九六〇年的總統大選還有甘迺迪和尼克森激烈的電視辯論開始，就對民主產生熱情。也非常感謝親友的愛與理解，特別是我的姊姊Linda和姊夫Rob Raznick，在寫作本書的這一年間不斷用歡笑來鼓勵我。

註釋

第一章　緒論：危機

1 Hannah Arendt, *On Revolution* (London: Penguin, 1963), 11.

2 Sinclair Lewis, *It Can't Happen Here* (New York: Doubleday Doran, 1935), 71.

3 Jonathan Freedland, "Who Is to Blame for This Awful US Election?," *The Guardian*, November 7, 2016, www.theguardian.com/us-news/2016/nov/07/who-is-to-blame-us-election-trump #img-4.

4 Christina Coleburn, "Donald Trump's History of Praising Dictators," NBC News, July 6, 2016, www.nbcnews.com/politics/2016-election/donald-trump-s-history-praising-dictators-n604801.

5 Daniel A. Bell, *The China Model* (Princeton, N.J.: Princeton University Press, 2015).

6 Michel J. Crozier, Samuel P. Huntington, and Joji Watanuki, *The Crisis of Democracy: A Report on the Governability of Democracies to the Trilateral Commission* (New York: New York University Press, 1975), 6, 8, http://trilateral.org/download/doc/crisis_of_democracy.pdf.

第二章 民主為何成功？怎麼失敗？

1 Alexis de Tocqueville, *Democracy in America* (New York: Alfred A. Knopf, 1945), vol. 1, ch. 14, p. 246.

2 所有關於民主的條件的經典研究都以此為核心見解。包括Seymour Martin Lipset, *Political Man: The Social Bases of Democracy* (Garden City, N.Y.: Doubleday, 1960); Robert A. Dahl, *Polyarchy: Participation and Opposition* (New Haven: Yale University Press, 1971); Juan J. Linz, *The Breakdown of Democratic Regimes: Crisis, Breakdown, and Reequilibration* (Baltimore: Johns Hopkins University Press, 1978)。

3 這類體制被稱作競爭式威權主義（competitive authoritarianism）。See Steven Levitsky and Lucan Way, *Competitive Authoritarianism: Hybrid Regimes After the Cold War* (Cambridge: Cambridge University Press, 2010)。

4 Francis Fukuyama, *The Origins of Political Order: From Prehuman Times to the French Revolution* (New York: Farrar, Straus and Giroux, 2011).

5 Robert D. Putnam, *Making Democracy Work: Civic Traditions in Modern Italy* (Princeton, N.J.: Princeton University Press, 1993).

6 "Corruption Perceptions Index 2016," Transparency International, January 25, 2017, www.transparency.org/news/feature/corruption perceptions index 2016.

7 Lipset, *Political Man;* Dankwart Rustow, "Transitions to Democracy: Toward a Dynamic Model," *Comparative Politics* 2 (April 1970): 337–63.

8 Alex Rowel and David Madland, "New Census Data Show Household Incomes Are Rising Again, But Share Going to Middle Class Is at Record Low," Center for American Progress, September 12, 2017, www.americanprogress.org/issues/

economy/news/2017/09/12/438778/new-census-data-show-household-incomes-rising-share-going-middle-class-record-low/.

9 Eleanor Krause and Isabel V. Sawhill, "Seven Reasons to Worry About the American Middle Class," Brookings Institution, June 5, 2018, www.brookings.edu/blog/social-mobility-memos/2018/06/05/seven-reasons-to-worry-about-the-american-middle-class/.

10 Lucian W. Pye, "Political Science and the Crisis of Authoritarianism," *American Political Science Review* 84, no. 1 (1990): 8–9.

11 Alex Inkeles, "National Character and Modern Political Systems," in *Psychological Anthropology: Approaches to Culture and Personality,* ed. Francis L. K. Hsu (Homewood, Ill.: Dorsey, 1961), 195–98.

12 Sidney Hook, *Reason, Social Myths, and Democracy* (1940; repr., New York: Cosimo, 2009), 290.

13 Steven Levitsky and Daniel Ziblatt, *How Democracies Die* (New York: Crown, 2018), 106.

14 Guillermo O'Donnell and Philippe C. Schmitter, *Transitions from Authoritarian Rule: Tentative Conclusions About Uncertain Democracies* (Baltimore: Johns Hopkins University Press, 1986), 38. This point also figures prominently in Rustow's seminal "Transitions to Democracy."

15 Lipset, *Political Man,* 45.

16 Samuel P. Huntington, *The Third Wave: Democratization in the Late Twentieth Century* (Norman: University of Oklahoma Press, 1991), 60–63.

17 John Holm, "Botswana: A Paternalistic Democracy," in *Democracy in Developing Countries: Africa,* ed. Larry Diamond, Juan J. Linz, and Seymour Martin Lipset (Boulder, Colo.: Lynne Rienner, 1988), 199.

18 這些主張詳見Juan J. Linz, "Presidential or Parliamentary Democracy: Does It Make a Difference?," in *The Failure of Presidential Democracy: Comparative Perspectives,* ed. Juan J. Linz and Arturo Valenzuela (Baltimore: Johns Hopkins University Press, 1994), 3–87。

19 James Madison, *The Federalist* 51, February 6, 1788, www.constitution.org/fed/federa51.htm.

20 "General Powers of Special Counsel," *Code of Federal Regulations,* title 28, ch. VI, part 600, www.gpo.gov/fdsys/pkg/CFR-2001-title28-vol2/pdf/CFR-2001-title28-vol2-part600.pdf.

21 Neal Katyal, "Trump or Congress Can Still Block Mueller," *Washington Post,* May 19, 2017, www.washingtonpost.com/posteverything/wp/2017/05/19/politics-could-still-block-muellers-investigation-i-know-i-wrote-the-rules/?utm term=.de03cd4cc8ed.

22 Alina Mungiu-Pippidi, "The Quest for Good Governance: Learning from Virtuous Circles," *Journal of Democracy* 27 (January 2016): 95–109.

23 Larry Diamond, *The Spirit of Democracy: The Struggle to Build Free Societies Throughout the World* (New York: Times Books/Henry Holt, 2008), 80–81.

第三章 民主的擴張與倒退

1 Samuel P. Huntington, *The Third Wave: Democratization in the Late Twentieth Century* (Norman: University of Oklahoma Press, 1991), 316.

2 同上，17。

3 同上，13–31. Huntington's counts exclude countries of less than one million population and include a few that were probably only quasi-democratic。

4 同上，91–95; quote from 95。

5 同上，94。

6 Jeane Kirkpatrick, "Dictatorships and Double Standards," *Commentary Magazine* 68 (November 1979): 34–45.

7 Ronald Reagan, Inaugural Address, January 20, 1981, at John Woolley and Gerhard Peters, American Presidency Project, www.presidency.ucsb.edu/ws/?pid= 43130.

8 "Five Shopping Sprees So Wild, They Made History," *New York* ("The Cut"), April 15, 2013, www.thecut.com/2013/04/5-shopping-sprees-so-wild-they-made-history.html#.

9 George P. Shultz, *Turmoil and Triumph: My Years as Secretary of State* (New York: Scribner's, 1993), 630.

10 National Democratic Institute for International Affairs, "Reforming the Philippine Electoral Process: Developments,1986–88," 1991, pp. 11–15, www.ndi.org/sites/default/files/233 ph _reforming.pdf; Melissa Estok, Neil Nevitte, and Glenn Cowan, "The Quick Count and Election Observation," National Democratic Institute for International Affairs, 2002, www.ndi.org/sites/default/files/1417 elect quickcounthdbk 1-30.pdf.

11 Shultz, *Turmoil and Triumph,* 625.

12 同上，623–41。

13 Nick Davies, "The $10Bn Question: What Happened to the Marcos Millions?," *The Guardian,* May 7, 2016, www.theguardian.com/world/2016/may/07/10bn-dollar-question-marcos-millions-nick-davies.

14 Shultz, *Turmoil and Triumph,* 975–80.

15 "Tiananmen Square Protest Death Toll 'Was 10,000,' " BBC, December 23, 2017, www.bbc.com/news/world-asia-china-42465516.

16 自由之家用一到七分的指數來衡量一個國家的政治權利和公民自由，而我將得到最高的一分或兩分的國家歸類為「自由」國家。詳見每年的《世界自由調查報告》（Freedom in the World）。

17 Michael McFaul, "Transitions from Postcommunism," *Journal of Democracy* 16 (July 2005): 5–19.

18 Steven Levitsky and Lucan Way, "The Myth of the Democratic Recession," *Journal of Democracy* 26 (January 2015): 45–58; Bruce Jones and Michael O'Hanlon, "Democracy Is Far from Dead," *Wall Street Journal,* December 10, 2017, www.wsj.com/articles/democracy-is-far-from-dead-1512938275.

19 Miriam Kornblith, "The Referendum in Venezuela: Elections Versus Democracy," *Journal of Democracy* 16 (January 2005): 124–37; Larry Diamond, *The Spirit of Democracy: The Struggle to Build Free Societies Throughout the World* (New York: Times Books/Henry Holt, 2008), 67–70.

20 Ivan Krastev, "New Threats to Freedom: Democracy's 'Doubles,' " *Journal of Democracy* 17 (April 2006): 54.

21 Freedom House, "Freedom in the World 2018," p. 7, https://freedomhouse.org/sites/default/files/FH FITW Report 2018 Final SinglePage.pdf.

22 "Philippines: Duterte's 'Drug War' Claims 12,000-Plus Lives," Human Rights Watch, January 18, 2018, www.hrw.org/news/2018/01/18/philippines-dutertes-drug-war-claims-12000-lives; "Philippine Chief Justice Sereno, Duterte's Critic, Removed," *Al Jazeera,* May 11, 2018, www.aljazeera.com/news/2018/05/philippine-chief-justice-sereno-duterte-critic-removed-180511065453926.html.

23 巴西前總統費爾南多・恩里克・卡多索（Fernando Henrique Cardoso）驚人的選後分析指出：「一九八八年憲

法生效後的四位民選總統中，有兩位遭到彈劾，一位因貪腐入獄，還有一個就是我。」：Fernando Henrique Cardoso, "How the Unthinkable Happened in Brazil," *Washington Post,* October 29, 2018, www.washingtonpost.com/news/theworldpost/wp/2018/10/29/bolsonaro/?utm term=.7648c87b479f。

第四章　威權的誘惑

1 "Europe's Populists Are Waltzing into the Mainstream," *The Economist,* February 3, 2018, www.economist.com/news/briefing/21736137-they-and-their-ideas-are-both-being-picked-up-established-parties-europes-populists-are.

2 "Excerpts, Hungarian 'Lies' Speech," BBC, September 19, 2006, http://news.bbc.co.uk/2/hi/europe/5359546.stm.

3 Jacques Rupnik, "Hungary's Illiberal Turn: How Things Went Wrong," *Journal of Democracy* 23 (July 2012): 134.

4 Miklós Bánkuti, Gábor Halmai, and Kim Lane Scheppele, "Hungary's Illiberal Turn: Disabling the Constitution," *Journal of Democracy* 23 (July 2012):

5 同上，140。

6 János Kornai, "Hungary's U-Turn: Retreating from Democracy," *Journal of Democracy* 26 (July 2015): 40.

7 Arch Puddington and Tyler Roylance, "The Freedom House Survey for 2016: The Threat of Populists and Autocrats," *Journal of Democracy* 28 (April 2017): 112.

8 Kornai, "Hungary's U-Turn," 46.

9 Miklós Haraszti, "Behind Viktor Orbán's War Against Refugees in Hungary," Huffington Post, September 8, 2015 (updated December 6, 2017), www.huffingtonpost.com/miklos-haraszti/viktor-orban-hungary-refugees b 8100906.html.

10 同上。

11 "Hungary: Opinion Editorial by U.N. High Commissioner for Human Rights Zeid Ra'ad al Hussein," United Nations Human Rights: Office of the High Commissioner, www.ohchr.org/EN/NewsEvents/Pages/DisplayNews.aspx ?NewsID=22765, accessed March 7, 2018.

12 Jan Werner-Müller, *What Is Populism?* (Philadelphia: University of Pennsylvania Press, 2016).

13 Steven Levitsky and Daniel Ziblatt, *How Democracies Die* (New York: Crown, 2018), 118–19.

14 Bojan Bugarič and Tom Ginsburg, "The Assault on Postcommunist Courts," *Journal of Democracy* 27 (July 2016): 69.

15 Jacques Rupnik, "Surging Illiberalism in the East," *Journal of Democracy* 27 (October 2016): 79.

16 Joanna Fomina and Jacek Kucharczyk, "Populism and Protest in Poland," *Journal of Democracy* 27 (October 2016): 63.

17 同上，65。

18 Marc Santora, "Poland Purges Supreme Court, and Protesters Take to the Streets," *New York Times,* July 3, 2018, www.nytimes.com/2018/07/03/world/europe/poland-supreme-court-protest.html.

19 Jan Gross, "Poles Cry for 'Pure Blood' Again," *New York Times,* November 17, 2017.

20 Giuseppe Sedia, "PiS Leader Kaczynski Meets with Hungarian PM Viktor Orban: What Does It Mean?," *Krakow Post,* January 11, 2016, www.krakowpost.com/11017/2016/01/kaczynski-orban-meeting.

21 Jacques Rupnik, "Evolving or Revolving? Central Europe Since 1989," Eurozine, December 15, 2017, www.eurozine.com/evolving-or-revolving-central-europe-since-1989/.

22 Rupnik, "Surging Illiberalism in the East," 82.

23 Organization for Economic Cooperation and Development: Data, https://data.oecd.org/migration/foreign-born-population.

htm.

24 Rupnik, "Surging Illiberalism in the East," 81.

25 同上，80。

26 Seymour Martin Lipset, *Political Man: The Social Bases of Politics* (1960; repr., Baltimore: Johns Hopkins University Press, 1981), ch. 5。

27 同上，ch. 4。

28 Sławomir Sierakowski, "How Eastern European Populism Is Different," *The Strategist*, February 2, 2018, www.aspistrategist.org.au/eastern-european-populism-different/.

29 Martin Eiermann, Yascha Mounk, and Limor Gultchin, "European Populism: Trends, Threats, and Future Prospects," Tony Blair Institute for Global Change, p. 5, December 29, 2017, https://institute.global/insight/renewing-centre/european-populism-trends-threats-and-future-prospects.

30 Rupnik, "Surging Illiberalism in the East," 79.

31 同上。

32 Bugarič and Ginsburg, "The Assault on Postcommunist Courts," 74.

33 Patrick Kingsley, "As West Fears the Rise of Autocrats, Hungary Shows What's Possible," *New York Times*, February 11, 2018.

34 Alastair Macdonald, "EU Parliament Pushes Hungary Sanctions for Orban Policies," Reuters, September 12, 2018, www.reuters.com/article/us-eu-hungary/eu-parliament-pushes-hungary-sanctions-over-orban-policies-idUSKCN1LS1QS.

35 Gabriela Baczynska and Robert-Jan Bartunek, "EU Piles Pressure on Poland over Courts Independence," Reuters, June 26,

2018, www.reuters.com/article/us-eu-poland/eu-piles-pressure-on-poland-over-courts-independence-idUSKBN1JM0YT.

36 The Lisbon Treaty, article 7, www.lisbon-treaty.org/wcm/the-lisbon-treaty/treaty-on-european-union-and-comments/title-1-common-provisions/7-article-7.html.

37 Ivan Krastev, "The Specter Haunting Europe: The Unraveling of the Post-1989 Order," *Journal of Democracy* 27 (October 2016): 91, 92.

38 "EU Migration to and from the U.K.," Migration Observatory at the University of Oxford, August 30, 2017, www.migrationobservatory.ox.ac.uk/resources/briefings/eu-migration-to-and-from-the-uk/.

39 Robert Ford and Matthew Goodwin, "Britain After Brexit: A Nation Divided," *Journal of Democracy* 28 (January 2017): 18, 19.

40 "AfD: What You Need to Know About Germany's Far-Right Party," Deutsche Welle, www.dw.com/en/afd-what-you-need-to-know-about-germanys-far-right-party/a-37208199.

41 Alissa J. Rubin, "Macron Decisively Defeats Le Pen in French Presidential Race," *New York Times,* May 7, 2017, www.nytimes.com/2017/05/07/world/europe/emmanuel-macron-france-election-marine-le-pen.html.

42 Tom Turula, "Sweden's Foreign-Born Population Is Nearing 1.7 Million—Finland and Iraq Have the Biggest Communities," Nordic Business Insider, March 3, 2017, https://nordic.businessinsider.com/swedens-foreign-born-population-is-nearly-17-million-people—-finns-are-the-biggest-group-2017-3.

43 Hortense Goulard and Cynthia Kroet, "Dutch Party Wants to Outlaw Mosques, Islamic Schools, Koran," *Politico,* August 26, 2016 (updated March 14, 2017), www.politico.eu/article/far-right-dutch-politician-backs-mosques-koran-ban-islamic-schools/.

44 Eiermann, Mounk, and Gultchin, "European Populism," p. 7.

45 "Dancing with Danger: Europe's Populists Are Waltzing into the Mainstream," *The Economist,* February 3, 2018, www.economist.com/news/briefing/21736137-they-and-their-ideas-are-both-being-picked-up-established-parties-europes-populists-are.

46 Seymour Martin Lipset and Earl Raab, *The Politics of Unreason: Right-Wing Extremism in America, 1790–1977* (Chicago: University of Chicago Press, 1978).

47 同上；Ronald Inglehart and Christian Welzel, *Modernization, Cultural Change, and Democracy: The Human Development Sequence* (Cambridge: Cambridge University Press, 2005); Lee Drutman, Larry Diamond, and Joe Goldman, "Follow the Leader: Exploring American Support for Democracy and Authoritarianism," Democracy Fund Voter Study Group, March 2018, www.voterstudygroup.org/publications/2017-voter-survey/follow-the-leader。

48 Rupnik, "Evolving or Revolving?"

49 Associated Press, "Bannon to France's Far Right: 'Let Them Call You Racist... Wear It as a Badge of Honor,' " *Politico,* March 10, 2018, www.politico.com/story/2018/03/10/steve-bannon-france-national-front-marine-le-pen-454183.

50 Chris Megerian, "What Trump Has Said Through the Years About Where Obama Was Born," *Los Angeles Times,* September 16, 2016, www.latimes.com/politics/la-na-pol-trump-birther-timeline-20160916-snap-htmlstory.html.

51 Jeremy Diamond, "Donald Trump: Ban All Muslim Travel to U.S.," CNN, December 8, 2015, www.cnn.com/2015/12/07/politics/donald-trump-muslim-ban-immigration/index.html.

52 Jenna Johnson and Abigail Hauslohner, " 'I Think Islam Hates Us': A Timeline of Trump's Comments About Islam and Muslim," *Washington Post,* May 20, 2017, www.washingtonpost.com/news/post-politics/wp/2017/05/20/i-think-islam-

hates-us-a-timeline-of-trumps-comments-about-islam-and-muslims/?utm term=.498737dca1d1.

53 Donald Trump's 2016 acceptance speech to the Republican National Convention, with capitalization per the original, https://assets.donaldjtrump.com/DJT Acceptance Speech.pdf.

54 Bill Kaufman, "When the Left Was Right," *The American Conservative,* May 19, 2008, www.theamericanconservative.com/articles/when-the-left-was-right/.

55 同上。

56 Sam Reisman, "Trump Tells Crowd to 'Knock the Crap out' of Protestors, Offers to Pay Legal Fees," Mediaite, February 1, 2016, www.mediaite.com/online/trump-tells-crowd-to-knock-the-crap-out-of-protesters-offers-to-pay-legal-fees/.

57 Maxwell Tani, "Trump: I'll Consider Paying Legal Fees for the Man Who Allegedly Threw a Sucker Punch at One of My Rallies," *Business Insider,* March 13, 2016, www.businessinsider.com/donald-trump-legal-fees-punch-protester-2016-3.

58 Nick Corasaniti and Maggie Haberman, "Donald Trump Suggests 'Second Amendment People' Could Act Against Hillary Clinton," *New York Times,* August 9, 2016, www.nytimes.com/2016/08/10/us/politics/donald-trump-hillary-clinton.html; Jessica Taylor, "Trump's Second Amendment Rhetoric Again Veers into Threatening Territory," NPR, September 16, 2016, www.npr.org/2016/09/16/494328717/trumps-second-amendment-rhetoric-again-veers-into-threatening-territory.

59 Oliver Laughland and Sam Tielman, "Trump Loyalists Plan Own Exit Poll amid Claims of 'Rigged' Election," *The Guardian,* October 20, 2016, www.theguardian.com/us-news/2016/oct/20/citizens-for-donald-trump-exit-poll-roger-stone-rigged-election-claim.

60 Levitsky and Ziblatt, *How Democracies Die,* 61.

61 Rick Hampson, "Donald Trump's Attacks on the News Media: A Not-So-Short History," *USA Today,* March 10, 2016,

www.usatoday.com/story/news/politics/onpolitics/2016/03/10/donald-trump-versus-the-media/81602878/.

62 "Donald Trump Steps Up His Attack on the Media," *The Economist,* August 15, 2016; Taylor "Trump's Second Amendment Rhetoric."

63 Levitsky and Ziblatt, *How Democracies Die,* 21–24.

第五章　美國民主的衰頹

1 Peter Baker, "Nixon Tried to Spoil Johnson's Vietnam Peace Talks in '68,Show," *New York Times,* January 2, 2017, www.nytimes.com/2017/01/02/us/politics/nixon-tried-to-spoil-johnsons-vietnam-peace-talks-in-68-notes-show.html.

2 A Chronology of Violations of Democratic Principles by the Presidential Administration of Donald Trump," in Steven Levitsky and Daniel Ziblatt, *How Democracies Die* (New York: Crown, 2018), 176–80.

3 David Z. Morris, "Trump, Playing to His Base, Pardons Anti-Immigrant Sheriff Joe Arpaio," *Fortune,* August 26, 2017, http://fortune.com/2017/08/26/donald-trump-pardons-joe-arpaio.

4 John Shattuck, Amanda Watson, and Matthew McDole, "Trump's First Year: How Resilient Is Liberal Democracy in the U.S.?," Carr Center for Human Rights, Harvard University, February 15, 2018, p. 10; Glenn Kessler, Salvador Rizzo, and Meg Kelly, "President Trump Has Made 3,250 False or Misleading Claims in 497 Days," *Washington Post,* June 1, 2018, www.washingtonpost.com/news/fact-checker/wp/2018/06/01/president-trump-has-made-3251-false-or-misleading-claims-in-497-days/?utm term=.34447309159f.

5 Levitsky and Ziblatt, *How Democracies Die,* 178.

6 Neil K. Katyal and George T. Conway III, "Trump's Appointment of Acting Attorney General Is Unconstitutional," *New York Times,* November 8, 2018, www.nytimes.com/2018/11/08/opinion/trump-attorney-general-sessions-unconstitutional.html.

7 Shattuck, Watson, and McDole, "Trump's First Year," p. 27.

8 Trump tweet, June 13, 2018, https://twitter.com/realDonaldTrump/status/1006891643985 854464.

9 Trump tweet, June 24, 2018, https://twitter.com/realDonaldTrump/status/1010900865602 019329.

10 James Hohmann, "Why Trump Flippantly Accusing Democrats of 'Treason' Is Not a Laughing Matter," *Washington Post,* February 6, 2018, www.washingtonpost.com/news/powerpost/paloma/daily-202/2018/02/06/daily-202-why-trump-flippantly-accusing-democrats-of-treason-is-not-a-laughing-matter/5a792a2130fb041c3c7d7657/?utm term=.5fd9344d5d47.

11 Philip Rucker and Robert Costa, "Bob Woodward's New Book Reveals a 'Nervous Breakdown' of Trump's Presidency," *Washington Post,* September 4, 2018, www.washingtonpost.com/politics/bob-woodwards-new-book-reveals-a-nervous-breakdown-of-trumps-presidency/2018/09/04/b27a389e-ac60-11e8-a8d7-0f63ab8b1370 story.html ?utm term=.02d35ac650bf. See also Michael Wolff, *Fire and Fury: Inside the Trump White House* (New York: Henry Holt, 2018).

12 Margaret Sullivan, "Trump's Vicious Attack on the Media Shows One Thing Clearly: He's Running Scared," *Washington Post,* August 23, 2017, www.washingtonpost.com/lifestyle/style/trumps-vicious-attack-on-the-press-shows-one-thing-clearly-hes-running-scared/2017/08/23/4fc1a6a2-8802-11e7-a50f-e0d4e6ec070a story.html ?utm term=.d456749d1ad5.

13 Shattuck, Watson, and McDole, "Trump's First Year," pp. 12–13.

14 Michael Tackett and Michael Wines, "Trump Disbands Commission on Voter Fraud," *New York Times,* January 3, 2018, www.nytimes.com/2018/01/03/us/politics/trump-voter-fraud-commission.html; "Trump's Election Commission Is Fully Transparent About Its Purpose: Voter Obstruction," editorial, *Washington Post,* July 23, 2017, www.washingtonpost.com/opinions/mr-trumps-election-commission-is-fully-transparent-about-its-purpose-voter-obstruction/2017/07/23/43169900-6e51-11e7-96ab-5f38140b38cc story.html ?utm term=.1ae02f694482.

15 Steve Denning, "Trump: Replacing Sessions with Whitaker Appears to Obstruct Justice," *Forbes,* November 8, 2018, www.forbes.com/sites/stevedenning/2018/11/08/trump-why-appointing-whitaker-risks-appearing-to-obstruct-justice-in-plain-sight/#3c3058f31b69.

16 *Trump, President of the United States, et al. v. Hawaii et al.,* 585 U.S. (2018), www.supremecourt.gov/opinions/17pdf/17-965 h315.pdf.

17 Jake Tapper and Devan Cole, "Architect of bin Laden Raid: Trump 'Threatens the Constitution' When He Attacks the Media," CNN, November 18, 2018, www.cnn.com/2018/11/18/politics/donald-trump-william-mcraven/index.html.

18 Norman L. Eisen, Caroline Frederickson, and Laurence H. Tribe, "Is Devin Nunes Obstructing Justice?," *New York Times,* February 12, 2018.

19 Gallup Poll, "Presidential Approval Ratings—Donald Trump," http://news.gallup.com/poll/203198/presidential-approval-ratings-donald-trump.aspx, accessed September 12, 2018.

20 Thomas L. Friedman, "A President with No Shame and a Party with No Guts," *New York Times,* July 17, 2018, www.nytimes.com/2018/07/17/opinion/trump-putin-republicans.html.

21 Jeff Flake, Speech from the Senate Floor, October 24, 2017, www.cnn.com/2017/10/24/politics/jeff-flake-retirement-

speech-full-text/index.html.

22 Eric Lipton and Alexander Burns, "NRA's Muscle Built on Votes, Not Donations," *New York Times,* February 25, 2018; Christopher Ingraham, "Most Gun Owners Don't Belong to the NRA and They Don't Agree with It Either," *Washington Post,* October 15, 2015, www.washingtonpost.com/news/wonk/wp/2015/10/15/most-gun-owners-dont-belong-to-the-nra-and-they-dont-agree-with-it-either/?utmterm=.87f475c6ee86.

23 欲清楚概觀這些規則以及各大團體的各種競選支出紀錄，請見「響應政治中心」（Center for Responsive Politics）優秀的網站《公開祕密》（Open Secrets），www.opensecrets.org/outsidespending/.

24 Robert Maguire, "$1.4 Billion and Counting in Spending by Super PACs, Dark Money Groups," Open Secrets: Center for Responsive Politics, November 9, 2016, www.opensecrets.org/news/2016/11/1-4-billion-and-counting-in-spending-by-super-pacs-dark-money-groups/.

25 Sean Sullivan, "What Is a 501(c)(4), Anyway," *Washington Post,* May 13, 2013, www.washingtonpost.com/news/the-fix/wp/2013/05/13/what-is-a-501c4-anyway/?utmterm=.2df3572ed3d9.

26 前五名為步槍協會、美國商會、四五委員會（45 Committee）、美國繁榮（Americans for Prosperity）和美國未來基金會（American Future Fund），依據為"Political Nonprofits: Top Election Spenders," Open Secrets: Center for Responsive Politics, www.opensecrets.org/outsidespending/nonprof elec.php ?cycle= 2016.

27 "Political Nonprofits (Dark Money)," Open Secrets: Center for Responsive Politics, www.opensecrets.org/outsidespending/nonprof summ.php ?cycle= 2018 & type= viewpt, accessed November 9, 2018; "2018 Outside Spending, by Group," Open Secrets: Center for Responsive Politics, www.opensecrets.org/outsidespending/summ.php?disp=O, accessed November 9, 2018.

28 Brendan Fischer and Maggie Christ, "Three Money in Politics Trends You May Have Missed in 2017," Campaign Legal Center, August 13, 2018, www.campaignlegalcenter.org/news/blog/three-money-politics-trends-you-may-have-missed-2017.

29 Patrik Jonsson, "In Richard Lugar Defeat, a Tea Party Road Map for Revamping Washington?," *Christian Science Monitor,* May 9, 2012, www.csmonitor.com/USA/Elections/Senate/2012/0509/In-Richard-Lugar-defeat-a-tea-party-road-map-for-revamping-Washington.

30 Freedom Works, "Hold Your Elected Officials Accountable," http://congress.freedomworks.org/,accessedFebruary20,2018.

31 同上

32 Shane Goldmacher and Nick Corasaniti, "A Trump-Fueled 'Wipeout' for House Republicans in Northeast," *New York Times,* November 7, 2018, www.nytimes.com/2018/11/07/nyregion/house-republicans-election-northeast.html.

33 Thomas Mann and Norman Ornstein, *It's Even Worse Then It Looks* (New York: Basic Books, 2012).

34 Adam Nagourney and Sydney Ember, "Election Consolidates One-Party Control over State Legislatures," *New York Times,* November 7, 2018, www.nytimes.com/2018/11/07/us/politics/statehouse-elections.html.

35 Adam Nagourney and Sydney Ember, "Election Consolidates One-Party Control over State Legislatures," *New York Times,* November 7, 2018, www.nytimes.com/2018/11/07/us/politics/statehouse-elections.html.

36 Morris Fiorina, *Unstable Majorities: Polarization, Party Sorting, and Political Stalemate* (Stanford, Calif.: Hoover Institution Press, 2017), 18.

37 Christopher Hare, Keith T. Poole, and Howard Rosenthal, "Polarization in Congress Has Risen Sharply. Where Is It Going Next?," *Washington Post,* February 13, 2014, www.washingtonpost.com/news/monkey-cage/wp/2014/02/13/polarization-

in-congress-has-risen-sharply-where-is-it-going-next/?utmterm=.020cd24d51c5.

38 "The Polarization of the Congressional Parties," updated March 21, 2015, https://legacy.voteview.com/politicalpolarization2014.htm.

39 Fiorina, *Unstable Majorities*

40 Drew DeSilver, "The Polarized Congress of Today Has Its Roots in the 1970s," Pew Research Center, June 12, 2014, www.pewresearch.org/fact-tank/2014/06/12/polarized-politics-in-congress-began-in-the-1970s-and-has-been-getting-worse-ever-since/.

41 Mann and Ornstein, *It's Even Worse Than It Looks,* 31–43.

42 Jonathan Rodden, *Why Cities Lose: Political Geography and Representation in Industrialized Societies* (New York: Basic Books, forthcoming).

43 Fiorina, *Unstable Majorities,* 206.

44 Francis Fukuyama, *Identity: The Demand for Dignity and the Politics of Resentment* (New York: Farrar, Straus, and Giroux: 2018).

45 Fiorina, *Unstable Majorities,* 211.

46 "2016 U.S. Presidential Election Map by County and Vote Share," Brilliant Maps, November 29, 2016, http://brilliantmaps.com/2016-county-election-map/.

47 Fiorina, *Unstable Majorities,* ch. 2.

48 Jane C. Tim, "They're Still Drawing Crazy-Looking Districts. Can't It Be Stopped?," NBC News, September 21, 2017, www.nbcnews.com/politics/elections/they-re-still-drawing-crazy-looking-districts-can-t-it-n803051.

49 Rodden, *Why Cities Lose.*

50 "List of Most-Listened-To Radio Programs," *Wikipedia,* https://en.wikipedia.org/wiki/List _of most-listened-to radio programs, accessed February 26, 2018.

51 Nathaniel Persily, "The 2016 U.S. Election: Can Democracy Survive the Internet," *Journal of Democracy* 28 (April 2017): 72; Joshua A. Tucker et al., "From Liberation to Turmoil: Social Media and Democracy," *Journal of Democracy* 28 (October 2017): 49.

52 Center for Humane Technology, "Our Society Is Being Hijacked by Technology," http://humanetech.com/problem #team.

53 Persily, "The 2016 U.S. Election," 65.

54 同上，66。

55 Center for Humane Technology, "Our Society Is Being Hijacked by Technology."

56 David M. J. Lazer et al., "The Science of Fake News," *Science* 359, March 9, 2018, http://science.sciencemag.org/content/359/6380/1094.full.

57 Soroush Vosoughi, Deb Roy, and Sinan Aral, "The Spread of True and False News Online," *Science* 359, March 9, 2018, http://science.sciencemag.org/content/359/6380/1146.full.

58 《經濟學人》（*The Economist*）的十分制量表也追蹤到類似的下降趨勢，並首次將美國歸類為「有缺陷的民主國家」：見"Democracy Index 2017: Free Speech Under Attack," Economist Intelligence Unit, www.eiu.com/topic/democracy-index.

59 Freedom House, "Freedom in the World 2018," p. 3. https://freedomhouse.org/sites/default/files/FH FITW Report 2018 Final SinglePage.pdf.

60 Sarah Binder, "Polarized We Govern?," Brookings Institution, May 27, 2014, www.brookings.edu/research/polarized-we-govern/.

61 Shattuck, Watson, and McDole, "Trump's First Year," p. 57.

62 "Top Spenders, 2017," Open Secrets: Center for Responsive Politics, www.opensecrets.org/lobby/top.php?indexType=s&showYear=2017.

63 Maggie Christ and Brendan Fisher, "Three Money in Politics Trends You May Have Missed in 2017," Campaign Legal Center, December 28, 2017, www.campaignlegalcenter.org/news/blog/three-money-politics-trends-you-may-have-missed-2017.

64 請見如Kurt Weyland and Raúl L. Madrid, "Liberal Democracy: Stronger Than Populism, So Far," *The American Interest,* March–April 2018, 24–28; Francis Fukuyama, "Is American Democracy Strong Enough for Trump?," *Politico,* January 23, 2017, www.politico.com/magazine/story/2017/01/donald-trump-american-democracy-214683.

65 Shattuck, Watson, and McDole, "Trump's First Year," p. 15.

66 Linda Greenhouse, "A Conservative Plan to Weaponize the Federal Courts," *New York Times,* November 23, 2017, www.nytimes.com/2017/11/23/opinion/conservatives-weaponize-federal-courts.html.

67 Wendy R. Weiser, "Voter Suppression: How Bad? (Pretty Bad)," *The American Prospect,* October 1, 2014, http://prospect.org/article/22-states-wave-new-voting-restrictions-threatens-shift-outcomes-tight-races; Shattuck, Watson, and McDole, "Trump's First Year," pp. 31–32.

68. Michael Lewis, *The Fifth Risk* (New York: W. W. Norton, 2018).

68 Michael Lewis, *The Fifth Risk* (New York: W. W. Norton, 2018).

69 Niraj Chokshi, "Assaults Increased When Cities Hosted Trump Rallies, Study Finds," *New York Times,* March 16, 2018, www.nytimes.com/2018/03/16/us/trump-rally-violence.html ?smprod= nytcore-ipad & smid= nytcore-ipad-share.

70 Daryl Johnson, "I Warned of Right-Wing Violence in 2009. Republicans Objected. I Was Right," *Washington Post,* August 21, 2017, www.washingtonpost.com/news/posteverything/wp/2017/08/21/i-warned-of-right-wing-violence-in-2009-it-caused-an-uproar-i-was-right/?nid & utm term=.59ceb6093359.

71 同上。

第六章　俄羅斯的全球攻勢

1 Alexia Fernández Campbell, "The 7 Most Revealing Exchanges from Comey's Senate Testimony," *Vox,* June 8, 2017, www.vox.com/2017/6/8/15761794/comey-hearing-revealing-exchanges.

2 George F. Kennan, "The Long Telegram," February 22, 1946, p. 13, www.trumanlibrary.org/whistlestop/study collections/coldwar/documents/pdf/6-6.pdf.

3 "Putin's Asymmetric Assault on Democracy in Russia and Europe: Implications for U.S. National Security," Minority Staff Report, U.S. Senate Committee on Foreign Relations, January 10, 2018, p. 8, www.foreign.senate.gov/imo/media/doc/FinalRR.pdf.

4 Karen Dawisha, *Putin's Kleptocracy: Who Owns Russia?* (New York: Simon and Schuster, 2014).

5 Kennan, "The Long Telegram."

6 Ellen Barry, "Rally Defying Putin's Party Draws Tens of Thousands," *New York Times,* December 10, 2011, www.

nytimes.com/2011/12/11/world/europe/thousands-protest-in-moscow-russia-in-defiance-of-putin.html.

7 Elise Labott, “Clinton Cites ‘Serious Concerns’ About Russian Election,” CNN, December 6, 2011, www.cnn.com/2011/12/06/world/europe/russia-elections-clinton/index.html.

8 David M. Herszenhorn and Ellen Barry, “Putin Contends Clinton Incited Unrest over Vote,” *New York Times,* December 8, 2011, www.nytimes.com/2011/12/09/world/europe/putin-accuses-clinton-of-instigating-russian-protests.html; Steve Gutterman, “Putin Says U.S. Stoked Russian Protests,” Reuters, December 8, 2011, www.reuters.com/article/us-russia/putin-says-u-s-stoked-russian-protests-idUSTRE7B610S20111208.

9 Michael Crowley and Julia Ioffe, “Why Putin Hates Clinton,” *Politico,* July 25, 2016, www.politico.com/story/2016/07/clinton-putin-226153.

10 Michael McFaul, *From Cold War to Hot Peace: An American Ambassador in Putin’s Russia* (Boston: Houghton Mifflin Harcourt, 2018).

11 Julia Ioffe, “What Putin Really Wants,” *The Atlantic,* January–February 2018, www.theatlantic.com/magazine/archive/2018/01/putins-game/546548/.

12 Raphael Satter, “Inside Story: How Russians Hacked the Democrats’ Emails,” Associated Press, November 4, 2017, www.apnews.com/dea73efc01594839957c3c9a6c962b8a.

13 U.S. Intelligence Community Assessment, “Assessing Russian Activities and Intentions in Recent U.S. Elections,” January 6, 2017, www.dni.gov/files/documents/ICA 2017 01.pdf.

14 Satter, “Inside Story.”

15 Crowley and Ioffe, “Why Putin Hates Clinton.”

16 Ken Dilanian, "Intelligence Director Says Agencies Agree on Russian Meddling," NBC News, July 21, 2017, www.nbcnews.com/news/us-news/intelligence-director-says-agencies-agree-russian-meddling-n785481.

17 U.S. Intelligence Community Assessment, "Assessing Russian Activities," p. 1.

18 Kevin Breuninger, "Russians Penetrated U.S. Voters Systems, DHS Cybersecurity Chief Tells NBC," CNBC, February 7, 2018, www.cnbc.com/2018/02/07/russians-penetrated-us-voter-systems-nbc-citing-top-us-official.html.

19 Dan Mangan and Mike Calia, "Special Counsel Mueller: Russians Conducted 'Information Warfare' Against U.S. During Election to Help Donald Trump Win," CNBC, February 16, 2018, www.cnbc.com/2018/02/16/russians-indicted-in-special-counsel-robert-muellers-probe.html.

20 Scott Shane and Mark Mazzetti, "Inside a Three-Year Russian Campaign to Influence U.S. Voters," *New York Times,* February 16, 2018, www.nytimes.com/2018/02/16/us/politics/russia-mueller-election.html.

21 Craig Timberg, Elizabeth Dwoskin, Adam Entous, and Karoun Demirjian, "Russian Ads, Now Publicly Released, Show Sophistication of Influence Campaign," *Washington Post,* November 1, 2017, www.washingtonpost.com/business/technology/russian-ads-now-publicly-released-show-sophistication-of-influence-campaign/2017/11/01/d26aead2-bf1b-11e7-8444-a0d4f04b89eb story.html ?utm term=.60ca97898685.

22 "Jill Stein: Democratic Spoiler or Scapegoat?," Five Thirty Eight, December 7, 2016, https://fivethirtyeight.com/features/jill-stein-democratic-spoiler-or-scapegoat/.

23 Greg Walters, "The State Department Has a Secret Plan to Counter Russian Propaganda. It May Be Too Late," Vice News, March 6, 2018, https://news.vice.com/en ca/article/vbpkd9/the-state-department-has-a-secret-plan-to-counter-russian-propaganda-it-may-be-too-late.

24 同上。

25 Ben Nimmo, "How a Russian Troll Fooled America," Digital Forensic Research Lab, Atlantic Council, November 14, 2017, https://medium.com/dfrlab/how-a-russian-troll-fooled-america-80452a4806d1.

26 同上。

27 Shelby Holliday and Rob Barry, "Russian Influence Campaign Extracted Americans' Personal Data," *Wall Street Journal,* March 7, 2018, www.wsj.com/articles/russian-influence-campaign-extracted-americans-personal-data-1520418600.

28 Satter, "Inside Story."

29 Jo Becker, Adam Goldman, and Matt Apuzzo, "Russian Dirt on Clinton? 'I Love It,' Donald Trump Jr. Said," *New York Times,* July 11, 2017, www.nytimes.com/2017/07/11/us/politics/trump-russia-email-clinton.html.

30 "Read the Emails on Donald Trump Jr.'s Russia Meeting," *New York Times,* July 11, 2017, www.nytimes.com/interactive/2017/07/11/us/politics/donald-trump-jr-email-text.html.

31 Danielle Kurtzleben, "Here's How Many Bernie Sanders Supporters Ultimately Voted for Trump," NPR, August 24, 2017, www.npr.org/2017/08/24/545812242/1-in-10-sanders-primary-voters-ended-up-supporting-trump-survey-finds.

32 Harry Enten, "How Much Did WikiLeaks Hurt Hillary Clinton?" Five Thirty Eight, December 23, 2016, https://fivethirtyeight.com/features/wikileaks-hillary-clinton/.

33 Tim Meko, Denise Lu, and Lazaro Gamio, "How Trump Won the Presidency with Razor-Thin Margins in Swing States," *Washington Post,* November 11, 2016, www.washingtonpost.com/graphics/politics/2016-election/swing-state-margins/; Philip Bump, "Donald Trump Will Be President Thanks to 80,000 People in Three States," *Washington Post,* December 1, 2016, www.washingtonpost.com/news/the-fix/wp/2016/12/01/donald-trump-will-be-president-thanks-to-80000-people-in-

three-states/?utm term=.972f41a7926c. Jane Mayer reports that the Russian hackers may also have obtained Democratic polling data that showed a strong propensity of many likely Democrats in the Midwestern battleground states to defect from Clinton and possibly vote for a third-party candidate: "How Russia Helped Swing the Election for Trump," *The New Yorker,* October 1, 2018, www.newyorker.com/magazine/2018/10/01/how-russia-helped-to-swing-the-election-for-trump.

34 Kathleen Hall Jamieson, *Cyberwar: How Russian Hackers and Trolls Helped Elect a President* (New York: Oxford University Press, 2018); Mayer, "How Russia Helped Swing the Election for Trump."

35 James R. Clapper, *Facts and Fears: Hard Truths from a Life in Intelligence* (New York: Viking, 2018), 396.

36 Natasha Bertrand, "Trump's Top Intelligence Officials Contradict Him on Russian Meddling," *The Atlantic,* February 13, 2018, www.theatlantic.com/politics/archive/2018/02/the-intelligence-community-warns-congress-russia-will-interfere-in-2018-elections/553256/.

37 "Tracking Russian Influence Operations on Twitter," German Marshall Fund: Alliance for Securing Democracy, http://dashboard.securingdemocracy.org/, accessed March 8, 2018.

38 Laura Rosenberger and Jamie Fly, "Shredding the Putin Playbook," *Democracy: A Journal of Ideas* 47 (Winter 2018), https://democracyjournal.org/magazine/47/shredding-the-putin-playbook/.

39 Susan Glasser, "The Russian Bots Are Coming. This Bipartisan Duo Is on It," *Politico,* February 26, 2018, www.politico.com/magazine/story/2018/02/26/russia-social-media-bots-propaganda-global-politico-217084.

40 "Putin's Asymmetric Assault on Democracy in Russia and Europe."

41 "Testimony of John Lansing, CEO and Director of the Broadcasting Board of Governors, Before the Committee on Security and Cooperation in Europe," September 14, 2017, p. 3, www.bbg.gov/wp-content/media/2017/09/BBG Helsinki-

Commission CEO-John-Lansing-Testimony.pdf.

42 Peter Pomerantsev, *Nothing Is True and Everything Is Possible: The Surreal Heart of the New Russia* (New York: Public Affairs, 2014).

43 "Testimony of John Lansing," September 14, 2017, p. 3.

44 Dan Zak, "Whataboutism," *Washington Post,* August 18, 2017, www.washingtonpost.com/lifestyle/style/whataboutism-what-about-it/2017/08/17/4d05ed36-82b4-11e7-b359-15a3617c767b story.html ?utm term=.e58e80e1102a.

45 Sophie Tatum, "Trump Defends Putin: 'You Think Our Country's So Innocent?,' " CNN, February 6, 2017, www.cnn.com/2017/02/04/politics/donald-trump-vladimir-putin/index.html.

46 Jane Mayer, "Christopher Steele: The Man Behind the Trump Dossier," *The New Yorker,* March 12, 2018, www.newyorker.com/magazine/2018/03/12/christopher-steele-the-man-behind-the-trump-dossier.

47 Alex Hern, "Russian Troll Factories: Researchers Damn Twitter's Refusal to Share Data," *The Guardian,* November 15, 2017, www.theguardian.com/world/2017/nov/15/russian-troll-factories-researchers-damn-twitters-refusal-to-share-data.

48 Patrick Wintour, "Russian Bid to Influence Brexit Vote Detailed in New U.S. Senate Report," *The Guardian,* January 10, 2018, www.theguardian.com/world/2018/jan/10/russian-influence-brexit-vote-detailed-us-senate-report.

49 Jeremy Diamond, "Trump Opens NATO Summit with Blistering Criticism of Germany," CNN, July 11, 2018, https://edition.cnn.com/2018/07/10/politics/donald-trump-nato-summit-2018/index.html.

50 Rosenberger and Fly, "Shredding the Putin Playbook."

51 David Alandate, "How Russian Networks Worked to Boost the Far Right in Italy," *El País,* March 1, 2018, https://elpais.com/elpais/2018/03/01/inenglish/1519922107 909331.html.

52 “Putin’s Asymmetric Assault on Democracy,” p. 41. See also “Testimony of John Lansing,” September 14, 2017.

53 “Putin’s Asymmetric Assault on Democracy,” pp. 37–53.

54 同上，pp. 51–52。

55 Joseph Nye, *Soft Power: The Means to Success in World Affairs* (New York: Public Affairs, 2004).

56 Christopher Walker and Jessica Ludwig, “Introduction: From ‘Soft Power’ to ‘Sharp Power,’ ” in Juan Pablo Cardenal et al., “Sharp Power: Rising Authoritarian Influence,” National Endowment for Democracy, December 5, 2017, pp. 8, 13, www.ned.org/sharp-power-rising-authoritarian-influence-forum-report/.

57 Jonathan Marcus, “Are Russia’s Military Advances a Problem for NATO?,” BBC News, August 11, 2016, www.bbc.com/news/world-europe-37045730; Jonathan Marcus, “Zapad: What Can We Learn from Russia’s Latest Military Exercise?,” BBC News, September 20, 2017, www.bbc.com/news/world-europe-41309290.

58 John Garnaut, “How China Interferes in Australia, and How Democracies Can Push Back,” *Foreign Affairs,* March 9, 2018, www.foreignaffairs.com/articles/china/2018-03-09/how-china-interferes-australia.

第七章　中國的無聲入侵

1 “Summary of the 2018 National Defense Strategy of the United States,” Department of Defense, p. 2, www.defense.gov/Portals/1/Documents/pubs/2018-National-Defense-Strategy-Summary.pdf.

2 Melissa Davey, “Author Vows Book Exposing Chinese Influence Will Go Ahead After Publisher Pulls Out,” *The Guardian,* November 12, 2017, www.theguardian.com/australia-news/2017/nov/13/author-vows-book-exposing-

chinese-influence-will-go-ahead-after-publisher-pulls-out; "Australian Book on China's 'Silent Invasion' Withdrawn at Last Minute amid Legal Threats," Radio Free Asia, November 13, 2017, www.rfa.org/english/news/china/book-11132017110421.html.

3 John Garnaut, "How China Interferes in Australia, and How Democracies Can Push Back," *Foreign Affairs,* March 9, 2018, www.foreignaffairs.com/articles/china/2018-03-09/how-china-interferes-australia.

4 Clive Hamilton, *Silent Invasion: China's Influence in Australia* (Melbourne: Hardie Grant, 2018), 9.

5 Katharine Murphy, "Sam Dastyari's Loyalty to Australia Questioned After He Tipped Off Chinese Donor," *The Guardian,* November 28, 2017, www.theguardian.com/australia-news/2017/nov/29/sam-dastyaris-loyalty-to-australia-questioned-after-he-tipped-off-chinese-donor.

6 Primrose Riordan, "China's Veiled Threat to Bill Shorten on Extradition Treaty," *The Australian,* December 5, 2017, www.theaustralian.com.au/national-affairs/foreign-affairs/chinas-veiled-threat-to-bill-shorten-on-extradition-treaty/news-story/ad793a4366ad2f94694e 89c92d52a978.

7 Hamilton, *Silent Invasion,* 3.

8 同上，259。

9 Garnaut, "How China Interferes in Australia." This amount, and all other money figures in this section, have been converted from Australian into U.S. dollars.

10 "Australia Passes Foreign Interference Laws amid China Tension," BBC, June 28, 2018, www.bbc.com/news/world-australia-44624270.

11 Christopher Walker, Shanthi Kalathil, and Jessica Ludwig, "How Democracies Can Fight Authoritarian Sharp Power,"

Foreign Affairs, August 16, 2018, www.foreignaffairs.com/articles/china/2018-08-16/how-democracies-can-fight-authoritarian-sharp-power.

12 Garnaut, "How China Interferes in Australia."

13 Hamilton, *Silent Invasion,* 137.

14 同上，2–3。

15 Amy Qin, "Worries Grow in Singapore over China's Calls to Help the 'Motherland,' " *New York Times,* August 5, 2018, www.nytimes.com/2018/08/05/world/asia/singapore-china.html.

16 Martin Hala, "China in Xi's 'New Era': Forging a New Eastern Bloc,' " *Journal of Democracy* 29 (April 2018): 86.

17 Minxin Pei, "China in Xi's 'New Era': A Play for Global Leadership," *Journal of Democracy* 29 (April 2018): 37–51; Shanthi Kalathil, "China in Xi's 'New Era': Redefining Development," *Journal of Democracy* 29 (April 2018): 52–58.

18 www2.compareyourcountry.org/oda ?cr= oecd & lg= en.

19 Kai Schultz, "Sri Lanka, Struggling with Debt, Hands a Major Port to China," *New York Times,* December 12, 2017, www.nytimes.com/2017/12/12/world/asia/sri-lanka-china-port.html.

20 Jamie Tarabay, "With Sri Lankan Port Acquisition, China Adds Another 'Pearl' to Its 'String,' " CNN, February 4, 2018, www.cnn.com/2018/02/03/asia/china-sri-lanka-string-of-pearls-intl/index.html.

21 Wenyuan Wu, "China's 'Digital Silk Road': Pitfalls Among High Hopes," *The Diplomat,* November 3, 2017, https://thediplomat.com/2017/11/chinas-digital-silk-road-pitfalls-among-high-hopes/.

22 Kalathil, "Redefining Development."

23 Zhao Lei, "Satellite Will Test Plan for Communications Network," *China Daily,* March 5, 2018, www.chinadaily.com.cn/

a/201803/05/WS5a9c9a3ba3106e7dcc13f807.html.

24 Kalathil, "Redefining Development."

25 Pei, "A Play for Global Leadership," 41.

26 同上。

27 David Shambaugh, "China's Soft-Power Push: The Search for Respect," *Foreign Affairs,* July–August 2015, www.foreignaffairs.com/articles/china/2015-06-16/china-s-soft-power-push.

28 Minxin Pei, "China's Moment of Truth," *Nikkei Asian Review,* August 7, 2018, https://asia.nikkei.com/Opinion/China-s-moment-of-truth.

29 "China and Africa: A Despot's Guide to Foreign Aid," *The Economist,* April 16, 2016, www.economist.com/news/middle-east-and-africa/21697001-want-more-cash-vote-china-united-nations-despots-guide-foreign.

30 Anne-Marie Brady, "Magic Weapons: China's Political Influence Activities Under Xi Jinping," Wilson Center, September 28, 2017, www.wilsoncenter.org/article/magic-weapons-chinas-political-influence-activities-under-xi-jinping. For a more detailed account, see *Chinese Influence and American Interests: Promoting Constructing Vigilance,* Report of the Working Group on Chinese Influence Activities in the United States, Hoover Institution, November 2018.

31 Brady, "Magic Weapons," 2.

32 Pei, "A Play for Global Leadership," 46.

33 Garnaut, "How China Interferes in Australia."

34 Pei, "A Play for Global Leadership," 45.

35 Shambaugh, "China's Soft-Power Push."

36 同上。二〇一六年美國公共外交的部份估計支出項目，包括文化交流在內，可能不含在中國的估計支出內：see U.S. Department of State, "2017 Comprehensive Annual Report on Public Diplomacy and International Broadcasting," www.state.gov/pdcommission/reports/274698.htm.

37 Thorsten Benner et al., "Authoritarian Advance: Responding to China's Growing Political Influence in Europe," Report of the Global Public Policy Institute and the Mercator Institute for China Studies, February 2018, p. 22, www.merics.org/sites/default/files/2018-02/GPPi _MERICS Authoritarian Advance 2018 1.pdf.

38 同上，p. 24。

39 John Fitzgerald, "China in Xi's New Era: Overstepping Down Under," *Journal of Democracy* 29 (April 2018): 62.

40 同上。

41 同上，60。

42 同上。

43 同上，61。

44 同上。

45 *Chinese Influence and American Interests,* p. 4.

46 Eleanor Albert, "China's Big Bet on Soft Power," Council on Foreign Relations, February 9, 2018, www.cfr.org/backgrounder/chinas-big-bet-soft-power; Pei, "A Play for Global Leadership," 46.

47 "On Partnerships with Foreign Governments: The Case of Confucius Institutes," American Association of University Professors, June 2014, www.aaup.org/report/confucius-institutes.

48 Pei, "A Play for Global Leadership," 46.

49 Edward Wong, "China Denies Entry to an American Scholar Who Spoke Up for a Uighur Colleague," *New York Times,* July 7, 2014, www.nytimes.com/2014/07/08/world/asia/us-scholar-who-supported-uighur-colleague-is-denied-entry-to-china.html.

50 Benner et al., "Authoritarian Advance," pp. 27–29.

51 Shambaugh, "China's Soft-Power Push."

52 Mike Ives, "Chinese Student in Maryland Is Criticized at Home for Praising U.S.," *New York Times,* May 23, 2017, www.nytimes.com/2017/05/23/world/asia/chinese-student-fresh-air-yang-shuping.html.

53 Stephanie Saul, "On Campuses Far from China, Still Under Beijing's Watchful Eye," *New York Times,* May 4, 2017, www.nytimes.com/2017/05/04/us/chinese-students-western-campuses-china-influence.html.

54 Benner et al., "Authoritarian Advance," p. 20.

55 David Barboza, Marc Santora, and Alexandra Stevenson, "China Seeks Influence in Europe, One Business Deal at a Time," *New York Times,* August 12, 2018, www.nytimes.com/2018/08/12/business/china-influence-europe-czech-republic.html.

56 Hala, "Forging a New 'Eastern Bloc,' " 86–87; see also Benner et al., "Authoritarian Advance," p. 20. notes

57 Benner et al., "Authoritarian Advance," p. 7.

58 Jason Horowitz and Liz Alderman, "Chastised by E.U., a Resentful Greece Embraces China's Cash and Interests," *New York Times,* August 26, 2017, www.nytimes.com/2017/08/26/world/europe/greece-china-piraeus-alexis-tsipras.html.

59 Benner, et al., "Authoritarian Advance," p. 18.

60 Juan Pablo Cardenal, "China in Latin America," in Cardenal et al., "Sharp Power: Rising Authoritarian Influence,"

National Endowment for Democracy, December 5, 2017, p. 34, www.ned.org/sharp-power-rising-authoritarian-influence-forum-report/.

61 *Chinese Influence and American Interests*, pp. 101–18.

62 Shambaugh, "China's Soft-Power Push."

63 Bethany Allen-Ebrahimian, "This Beijing-Linked Billionaire Is Funding Policy Research at Washington's Most Influential Institutions," *Foreign Policy*, November 28, 2017, http://foreignpolicy.com/2017/11/28/this-beijing-linked-billionaire-is-funding-policy-research-at-washingtons-most-influential-institutions-china-dc/.

64 Erik Larson, "HNA's NYC-Based Charity Registers with N.Y. Attorney General," *Bloomberg*, September 29, 2017, www.bloomberg.com/news/articles/2017-09-29/hna-s-nyc-based-charity-registers-with-n-y-attorney-general-j86923jj.

65 "HNA Foundation Says Not Seeking Tax Exempt Status," Reuters, July 15, 2018, www.reuters.com/article/us-hna-taxation/hna-foundation-says-not-seeking-tax-exempt-status-idUSKBN1K50PD; Alexandra Stevenson, "HNA Will Transfer Co-Chairman's Stake as Ownership Doubts Linger," *New York Times*, July 13, 2018, www.nytimes.com/2018/07/13/business/hna-co-chairman-death-stake.html.

66 Michael Forsythe and Alexandra Stevenson, "Behind an $18 Billion Donation to a New York Charity, a Shadowy Chinese Conglomerate," *New York Times*, July 26, 2017, www.nytimes.com/2017/07/26/business/hna-group-billion-donation-new-york-charity.html; Prudence Ho, "HNA Charity Names CEO, Pledges to Give Away $200 Million," *Bloomberg*, December 15, 2017, www.bloomberg.com/news/articles/2017-12-15/hna-group-charity-names-ceo-pledges-to-give-away-200-million.

67 Margaret Vice, "In Global Popularity Contest, U.S. and China—Not Russia—Vie for First," Pew Research Center, August

23, 2017, www.pewresearch.org/fact-tank/2017/08/23/in-global-popularity-contest-u-s-and-china-not-russia-vie-for-first/.

68 Julie Hirschfeld Davis, Sheryl Gay Stolberg, and Thomas Kaplan, "Trump Alarms Lawmakers with Disparaging Words for Haiti and Africa," *New York Times,* January 11, 2018, www.nytimes.com/2018/01/11/us/politics/trump-shithole-countries.html.

69 "What Does China Really Spend on Its Military?," China Power, December 28, 2015 (accessed March 20, 2018), https://chinapower.csis.org/military-spending/.

70 Nikita Vladimirov, "Russia, China Making Gains on U.S. Military Power," *The Hill,* March 18, 2017, http://thehill.com/policy/defense/324595-russia-china-making-gains-on-us-military-power.

71 Steven Lee Myers, "With Ships and Missiles, China Is Ready to Challenge U.S. Navy in the Pacific," *New York Times,* August 29, 2018, www.nytimes.com/2018/08/29/world/asia/china-navy-aircraft-carrier-pacific.html.

72 最近的一份權威報告為Michael Brown and Pavneet Singh, "China's Technology Transfer Strategy: How Chinese Investments in Emerging Technology Enable a Strategic Competitor to Access the Crown Jewels of U.S. Innovation," Defense Innovation Unit Experimental (DIUx), January 2018, https://diux.mil/library. See also Jane Perlez, Paul Mozur, and Jonathan Ansfield, "China's Technology Ambitions Could Upset the Global Trade Order," *New York Times,* Nov. 7, 2017, www.nytimes.com/2017/11/07/business/made-in-china-technology-trade.html; David Barboza, "How This U.S. Tech Giant Is Backing China's Tech Ambitions," *New York Times,* August 4, 2017, www.nytimes.com/2017/08/04/technology/qualcomm-china-trump-tech-trade.html.

73 Paul Mozur and Jane Perlez, "China Bets on Sensitive U.S. Start-Ups, Worrying the Pentagon," March 22, 2017, www.nytimes.com/2017/03/22/technology/china-defense-start-ups.html.

74 Pei, "A Play for Global Leadership," 44.

第八章　我們對民主失去信心嗎？

1 Amartya Sen, "Democracy as a Universal Value," *Journal of Democracy* 10 (July 1999): 12.

2 Juan J. Linz and Alfred Stepan, *Problems of Democratic Transition and Consolidation: Southern Europe, South America, and Post-Communist Europe* (Baltimore: Johns Hopkins University Press, 1996), 5–7; Larry Diamond, *Developing Democracy: Toward Consolidation* (Baltimore: Johns Hopkins University Press, 1999), 64–71.

3 Roberto Stefan Foa and Yascha Mounk, "The Democratic Disconnect," *Journal of Democracy* 27 (July 2016): 5–17.

4 同上，7。

5 Lee Drutman, Larry Diamond, and Joe Goldman, "Follow the Leader: Exploring American Support for Democracy and Authoritarianism," Democracy Fund Voter Study Group, March 2018, www.voterstudygroup.org/publications/2017-voter-survey/follow-the-leader.

6 皮尤研究中心所測得的數據要低得多，僅有百分之四－六，但對民主的滿意度是一個較不穩定的指標，會隨政經狀態而變化。

7 Richard Wike at al., "Globally, Broad Support for Representative, Direct Democracy," Pew Research Center, October 16, 2017, www.pewglobal.org/2017/10/16/globally-broad-support-for-representative-and-direct-democracy/.

8 Drutman, Diamond, and Goldman, "Follow the Leader," figure 11.

9 同上，pp. 18–27。

10 Joe Ruiz, "Trump Again Questions Maxine Waters' Intelligence, Says She's 'Very Low IQ,'" CNN, March 11, 2018, www.cnn.com/2018/03/10/politics/trump-waters-low-iq-individual/index.html; Christina Caron, "Trump Mocks LeBron James's Intelligence and Calls Don Lemon 'Dumbest Man' on TV," *New York Times*, August 4, 2018, www.nytimes.com/2018/08/04/sports/donald-trump-lebron-james-twitter.html.

11 Wike et al., "Globally, Broad Support," pp. 26–29.

12 Drutman, Diamond, and Goldman, "Follow the Leader," pp. 6–7.

13 Abraham Maslow, "A Theory of Human Motivation," *Psychological Review* 50 (July 1943): 370–96.

14 Ronald Inglehart and Christian Welzel, *Modernization, Cultural Change, and Democracy: The Human Development Sequence* (Cambridge: Cambridge University Press, 2005), 54; see also Ronald Inglehart, *Culture Shift in Advanced Industrial Society* (Princeton, N.J.: Princeton University Press, 1990).

15 Inglehart and Welzel, *Modernization*, 60.

16 Ronald F. Inglehart, "The Danger of Deconsolidation: How Much Should We Worry," *Journal of Democracy* 27 (July 2016): 22.

17 對二〇一六年《拉丁美洲民主動態調查》的線上數據分析可見於www.latinobarometro.org/latOnline.jsp，於二〇一八年三月二十九日取用；另一組關於民主支持度的問題：民眾認為「民主永遠比較好」還是同意「有時威權政府會比較好」，民主獲得了較低的平均支持度（二〇一七年只有百分之五十三），相較於二〇一〇年的百分之六十一，呈現輕微但穩定的下滑。請見"Informe 2017,"Corporación Latinobarómetro, www.latinobarometro.org/latNewsShow.jsp.

18 數據來自第四次的《亞洲民主動態調查》，該調查於二〇一四年六月至二〇一六年六月間進行（具體時間視國家而定），涵蓋東亞及東南亞的十四個國家：請見www.asianbarometer.org/survey/survey-timetable。我在此僅使用了其中七個有一定民主經驗的國家，排除了新加坡及馬來西亞，以及中國、越南等共產國家，因為這些國家限制思想和言論自由，會造成解讀數據的困難。

19 "Asian Barometer Survey of Democracy, Governance, and Development," www.asianbarometer.org/pdf/core questionnaire wave4.pdf.

20 線上數據分析可見於afrobarometer.org，於二〇一八年九月六日取用。後續又公布了一些其他非洲國家的數據。

21 關於媒體監督的問題是在二〇一四到二〇一六年間的調查中提出，而非最近一次調查。

22 線上數據分析可見於www.arabbarometer.org/content/online-data-analysis，於二〇一八年三月三日取用。

23 這六個國家為阿爾及利亞、黎巴嫩、摩洛哥、巴勒斯坦（包括約旦河西岸及加薩走廊）以及突尼西亞。本數據來自《阿拉伯民主動態調查》的第四次調查，於二〇一八年八月四日取用。

24 Michael Robbins, "Tunisia Five Years After the Revolution: Findings from the Arab Barometer," Arab Barometer, May 15, 2016, www.arabbarometer.org/country/tunisia.

25 數據來源為二〇一七年皮尤對G-7國家的調查及前述各地區調查。在G-7國家所問的問題是關於對代議民主的支持程度。

26 "Do Africans Still Want Democracy?" (news release), Afrobarometer, November 22, 2016, http://afrobarometer.org/sites/default/files/press-release/round-6-releases/ab r6 pr15 Do _Africans want democracy EN.pdf.

第九章 面對獨裁者的挑戰

1 John McCain, “Remarks at the 2017 Munich Security Conference,” February 17, 2017, www.mccain.senate.gov/public/index.cfm/speeches ?ID= 32A7E7DD-8D76-4431-B1E7-8644FD71C49F.

2 George F. Kennan, “The Long Telegram,” February 22, 1946, pp. 15–151/2, www.trumanlibrary.org/whistlestop/study collections/coldwar/documents/pdf/6-6.pdf.

3 數據來自 “GDP Per Capita,” World Bank, https://data.worldbank.org/indicator/NY.GDP.PCAP.CD ?locations= RU, accessed April 8, 2017. Per capita income in Russia (in current U.S. dollars—that is, for the respective year) was $3,428 in 1990 but fell to $1,331 by 1999.

4 “Why Is Russia’s Growth in Life Expectancy Slowing?,” *Moscow Times,* August 30, 2015, https://themoscowtimes.com/news/why-is-russias-growth-in-life-expectancy-slowing-49224.

5 Kennan, “Long Telegram,” p. 17.

6 Fareed Zakaria, *The Post-American World: Release 2.0* (New York: W. W. Norton, 2011), 2.

7 Kennan, “Long Telegram,” p. 17.

8 Alex Horton, “The Magnitsky Act, Explained,” *Washington Post,* July 14, 2017, www.washingtonpost.com/news/the-fix/wp/2017/07/14/the-magnitsky-act-explained/?utm term=.6f1b885c6cce.

9 Ian Talley, “Trump Administration Sanctions Russia for Interference in U.S. Elections,” *Wall Street Journal,* March 15, 2018, www.wsj.com/articles/trump-administration-sanctions-russians-for-interference-in-u-s-elections-1521124200; Ian Talley, “U.S. Targets Allies of Putin in Latest Round of Sanctions,” *Wall Street Journal,* April 6, 2018, www.wsj.com/

articles/u-s-targets-russian-oligarchs-in-new-sanctions-1523018826/.

10 "Russian Businessmen, Officials on New U.S. Sanctions List," Reuters, April 6, 2018, www.reuters.com/article/us-usa-russia-sanctions-factbox/russian-businessmen-officials-on-new-u-s-sanctions-list-idUSKCN1HD22K ?il= 0.

11 "No Longer Safe Assets: Invest in Russia at Your Own Risk After U.S. Sanctions, Strategist Says," CNBC, April 10, 2018, www.cnbc.com/2018/04/10/invest-in-russia-at-your-own-risk-after-us-sanctions-strategist-says.html.

12 "Western Allies Expel Scores of Russian Diplomats over Skripal Attack," *The Guardian,* March 27, 2018, www.theguardian.com/uk-news/2018/mar/26/four-eu-states-set-to-expel-russian-diplomats-over-skripal-attack.

13 Oliver Bullough, "Forget the Pledges to Act—London Is Still a Haven for Dirty Russian Money," *The Guardian,* September 30, 2018, www.theguardian.com/commentisfree/2018/sep/30/forget-pledges-to-act-london-still-haven-for-dirty-russian-money; John Gunter, "Sergei Skripal and the Fourteen Deaths Under Scrutiny," BBC, March 7, 2018, www.bbc.com/news/world-europe-43299598.

14 Anne Applebaum, "Why Does Putin Treat Britain with Disdain? He Thinks He's Bought It," *Washington Post,* March 16, 2018, www.washingtonpost.com/opinions/global-opinions/why-does-putin-treat-britain-with-disdain-he-thinks-hes-bought-it/2018/03/16/9f66a720-2951-11e8-874b-d517e912f125 story.html ?utm term=.2c73148b40da.

15 同上。

16 Wealthy foreigners looking for golden visa options among Western democracies—including the United States, Canada, and Britain—can find more than a dozen of them at the "Corpocrat" website: https://corpocrat.com/2015/10/20/25-immigrant-investor-citizenship-programs-in-the-world/.

17 Teri Schultz, " 'Golden Visas': EU Offers the Rich Bigger Bang for the Buck," Deutsche Welle, March 17, 2018, www.

dw.com/en/golden-visas-eu-offers-the-rich-bigger-bang-for-the-buck/a-42947322.

18 David Z. Morris, "Vladimir Putin Is Reportedly Richer than Bill Gates and Jeff Bezos Combined," *Fortune,* July 29, 2017, http://fortune.com/2017/07/29/vladimir-putin-russia-jeff-bezos-bill-gates-worlds-richest-man/. See also Rob Wile, "Is Vladimir Putin Secretly the Richest Man in the World?," *Money,* January 23, 2017, http://time.com/money/4641093/vladimir-putin-net-worth/.

19 Laura Rosenberger and Jamie Fly, "Shredding the Putin Playbook," *Democracy: A Journal of Ideas* 47 (Winter 2018), https://democracyjournal.org/magazine/47/shredding-the-putin-playbook/.

20 Michael W. Sulmeyer, "How the U.S. Can Play Cyber-Offense," *Foreign Affairs,* March 22, 2018, www.foreignaffairs.com/articles/world/2018-03-22/how-us-can-play-cyber-offense.

21 Rebecca Smith, "Russian Hackers Reach U.S. Utility Control Rooms, Homeland Security Officials Say," *Wall Street Journal,* July 23, 2018, www.wsj.com/articles/russian-hackers-reach-u-s-utility-control-rooms-homeland-security-officials-say-1532388110 ?mod= mktw.

22 Christopher Walker and Jessica Ludwig, "Introduction: From 'Soft Power' to 'Sharp Power,' " in Juan Pablo Cardenal et al., "Sharp Power: Rising Authoritarian Influence," National Endowment for Democracy, December 5, 2017, pp. 22–24, www.ned.org/sharp-power-rising-authoritarian-influence-forum-report/.

23 This is one of the recommendations of our report, *Chinese Influence and American Interests: Promoting Constructing Vigilance,* Report of the Working Group on Chinese Influence Activities in the United States, Hoover Institution, November 2018.

24 Eli Meixler, "Joshua Wong, Hong Kong's Most Prominent Pro-Democracy Activist, Has Been Jailed Again," *Time,*

January 17, 2018, http://time.com/5105498/joshua-wong-hong-kong-prison/.

25 Cynthia Brown, "The Foreign Agents Registration Act (FARA): A Legal Overview," Congressional Research Service, December 4, 2017, p. 13, https://fas.org/sgp/crs/misc/R45037.pdf.

26 Chinese Influence and American Interests, p. x.

27 This structure is described at length in *Chinese Influence and American Interests,* pp. 131–41.

28 Michael Brown and Pavneet Singh, "China's Technology Transfer Strategy," Defense Innovation Unit Experimental (DIUx), January 2018, pp. 23–26, https://admin.govexec com/media/diux chinatechnologytransferstudy jan 2018 (1).pdf.

29 Alexandra Yoon-Hendricks, "Congress Strengthens Reviews of Chinese and Other Foreign Investments," *New York Times,* August 1, 2018, www.nytimes.com/2018/08/01/business/foreign-investment-united-states.html.

30 Alejandra Reyes-Velarde, "Chinese Gaming Company Buys Remaining Stake of Grindr," *Los Angeles Times,* January 8, 2018, www.latimes.com/business/la-fi-tn-grindr-kunlun-20180108-story.html.

31 Keith Griffith, "Fears Mount That China's Spymasters Will Cruise Grindr for Personal Data to 'Out People' After a Chinese Tech Firm Bought the Gay Dating App for $400m," *Daily Mail,* January 12, 2018 (accessed April 8, 2018), www.dailymail.co.uk/news/article-5264963/Grindr-sale-Kunlun-sparks-fears-Chinese-spying.html.

32 Brown and Singh, "China's Technology Transfer Strategy," p. 24.

33 "Sizing Up the Gap in Our Supply of STEM Workers," New American Economy, March 29, 2017, https://research.newamericaneconomy.org/report/sizing-up-the-gap-in-our-supply-of-stem-workers/.

34 Robert Farley, "The Consequences of Curbing Chinese STEM Graduate Student U.S. Visas," *The Diplomat,* June 15, 2018, https://thediplomat.com/2018/06/the-consequences-of-curbing-chinese-stem-graduate-student-us-visas/.

35 Compete America, Partnership for a New American Economy, and U.S. Chamber of Commerce, "Understanding and Improving the H-1B Visa Program," April 2015, p. 4, www.newamericaneconomy.org/wp-content/uploads/2015/04/Briefing-Book-on-Understanding-and-Improving-H-1B-Visas-4-24-2015.pdf.

第十章 反擊盜賊統治

1 Oliver Bullough, "The Rise of Kleptocracy: The Dark Side of Globalization," *Journal of Democracy* 29 (January 2018): 33.

2 Rosalind S. Helderman and Alice Crites, "The Russian Billionaire Next Door: Putin Ally Is Tied to One of D.C.'s Swankiest Mansions," *Washington Post,* November 29, 2017, www.washingtonpost.com/politics/the-russian-tycoon-next-door-putin-ally-is-tied-to-one-of-dcs-swankiest-mansions/2017/11/28/15f913de-cef6-11e7-81bc-c55a220c8cbe story.html?utm _term=.c8691ab5bc77.

3 "Treasury Designates Russian Oligarchs, Officials, and Entities in Response to Worldwide Malign Activity" (press release), U.S. Department of Treasury, April 6, 2017, https://home.treasury.gov/news/press-releases/sm0338.

4 Helderman and Crites, "The Russian Billionaire Next Door."

5 Ken Silverstein, "Oleg Deripaska and the Buying of Washington: Controversial Oligarch Funds Local Think Tanks," *Harper's,* October 24, 2008, https://harpers.org/blog/2008/10/oleg-deripaska-and-the-buying-of-washington-controversial-oligarch-funds-local-think-tanks/. 根據外交關係委員會的紀錄，歐柏嘉的公司「基本元素」（Basic Element）曾在二〇〇七年間加入他們的公司會員；委員會表示，二〇〇八年後，他們和「基本元素」或歐柏嘉就沒有任何來

往：電子郵件通信，二〇一八年九月六日。

6 Andrew Higgins and Kenneth P. Vogel, "Two Capitals, One Russian Oligarch: How Oleg Deripaska Is Trying to Escape U.S. Sanctions," *New York Times*, November 4, 2018, www.nytimes.com/2018/11/04/world/europe/oleg-deripaska-russia-oligarch-sanctions.html.

7 同上。

8 Cynthia Gabriel, "The Rise of Kleptocracy: Malaysia's Missing Billions," *Journal of Democracy* 29 (January 2018): 70.

9 Belinda Li, "Why Miami Matters," Kleptocracy Initiative, June 26, 2017, http://kleptocracyinitiative.org/2017/06/why-miami-matters/.

10 Ben Judah and Belinda Li, "Money Laundering for Twenty-First Century Authoritarianism: Western Enablement of Kleptocracy," Kleptocracy Initiative, the Hudson Institute, December 2017, p. 7, https://www.hudson.org/research/14020-money-laundering-for-21st-century-authoritarianism.

11 Alexander Cooley, John Heathershaw, and J. C. Sharman, "The Rise of Kleptocracy: Laundering Cash, Whitewashing Reputations," *Journal of Democracy* 29 (January 2018): 44.

12 同上

13 Ilya Zaslavskiy, "How Non-State Actors Export Kleptocratic Norms to the West," Kleptocracy Initiative, the Hudson Institute, September 2017, p. 2, https://s3.amazonaws.com/media.hudson.org/files/publications/Kleptocratic Norms.pdf.

14 Statement of Charles Davidson, executive director of the Kleptocracy Initiative, to the Committee on the Judiciary, U.S. Senate, November 28, 2017, www.judiciary.senate.gov/imo/media/doc/Davidson %20Testimony.pdf.

15 Zaslavskiy, "How Non-State Actors," p. 24.

16 Rick Noack, "He Used to Rule Germany. Now, He Oversees Russian Energy Companies and Lashes Out at the U.S.," *Washington Post,* August 12, 2017, www.washingtonpost.com/news/worldviews/wp/2017/08/08/he-used-to-rule-germany-now-he-oversees-russian-energy-companies-and-lashes-out-at-the-u-s/?utm term=.ae9dab6a03da.

17 Gerald Knaus, "Europe and Azerbaijan: The End of Shame," *Journal of Democracy* 26 (July 2015): 6, 10.

18 Brett L. Carter, "The Rise of Kleptocracy: Autocrats Versus Activists in Africa," *Journal of Democracy* 29 (January 2018): 55–56.

19 David Bensoussan, "Dominique Strauss-Kahn au chevet du président congolais Denis Sassou-Nguesso," *Challenges,* August 30, 2017, www.challenges.fr/economie/dominique-strauss-kahn-dsk-au-chevet-du-president-congolais-denis-sassou-nguesso-aupres-du-fmi 496094; David Bensoussan, "La banque Lazard au chevet du Congo," *Challenges,* January 4, 2018, https://www.challenges.fr/economie/quand-la-banque-lazard-dirigee-par-mathieu-pigasse-rejoint-dominique-strauss-kahn-et-stephane-fouks-au-chevet-du-congo 558075.

20 南加州大學的政治學者布雷特・卡特爾（Brett L. Carter）一直在追查和整理薩蘇—恩格索花在華盛頓特區遊說公司上的支出，並將統計結果分享給我使用。具體證據請見這些文章：Anu Narayanswamy, "Corruption Charges Prompt Congo to Lobby Congress," Sunlight Foundation, September 25, 2009, https://sunlightfoundation.com/2009/09/25/corruption-charges-prompt-congo-to-lobby-congress/; Carrie Levine, "After Settlement, Congo Still Paying D.C. Lobbyists to Battle 'Vulture Funds,' " Publication or Website TK, November 10, 2009; Carol D. Leonnig, "Congo's Heavy Use of D.C. Lobbyists Prompts Questions," *Washington Post,* August 25, 2010, www.washingtonpost.com/wp-dyn/content/article/2010/08/25/AR2010082505238.html.

21 Carter, "The Rise of Kleptocracy," 60.

22 同上，61; Nicolas Beau, "Rwanda, lorsque Paul Kagamé achetait 'Jeune Afrique' en 2004," Mondafrique, March 10, 2005 (accessed October 27, 2018), https://mondafrique.com/rwanda-lorsque-paul-kagame-achetait-jeune-afrique-en-2004/.

23 Monica Mark, "Nigerian Police Recover Part of Sani Abacha's $4.3bn Hoard from Robbers," *The Guardian*, October 5, 2012, www.theguardian.com/world/2012/oct/05/nigeria-sani-abacha-jewellery-police.

24 Norimitsu Onishi, "Portugal Dominated Angola for Centuries. Now the Roles Are Reversed," *New York Times*, August 22, 2017, www.nytimes.com/2017/08/22/world/europe/angola-portugal-money-laundering.html.

25 此處使用二〇一八年九月十三日的淨身價估計額。"#924, Isabel dos Santos," *Forbes*, www.forbes.com/profile/isabel-dos-santos/.

26 "World Mortality 2017," United Nations, www.un.org/en/development/desa/population/publications/pdf/mortality/World-Mortality-2017-Data-Booklet.pdf.

27 Onishi, "Portugal Dominated Angola." However, Portugal has prosecuted the former Angolan vice president. Conor Gaffey: "Portugal Charges Angolan Vice-President with Corruption," *Newsweek*, February 17, 2017, www.newsweek.com/manuel-vicente-angola-portugal-557906.

28 Bullough, "Rise of Kleptocracy: The Dark Side," 35.

29 Casey Michael, "The United States of Anonymity," Kleptocracy Initiative, the Hudson Institute, November 2017, p. 3. https://s3.amazonaws.com/media.hudson.org/files/publications/UnitedStatesofAnonymity.pdf.

30 同上，p. 3。

31 "Office Space: Who Really Owns Real Estate Leased by the U.S. Government?" Kleptocracy Initiative, January 30, 2017,

http://kleptocracyinitiative.org/2017/01/office-space/. For the Government Accountability Office's report, see www.gao.gov/products/GAO-17-195.

32 本排名以對國際專家和商務人士進行的調查結果為基礎：“Corruption Perceptions Index 2017,” Transparency International, www.transparency.org/news/feature/corruption perceptions index 2017 ?gclid=CjwKCAjwiPbWBRBtEiwAJakcpKPbB7 q9v42Q4EcdREVv7TTqPONV5pn-eLt6M-K39oaerRFiQLlBNhoCRdEQAvDBwE.

33 Larry Diamond, *In Search of Democracy* (London: Routledge, 2016), 26.

34 “Judge Mark Wolf on Kleptocracy and the International Anti-Corruption Court,” National Endowment for Democracy, June 6, 2017, www.ned.org/judge-mark-wolf-international-anti-corruption-court/. Pillay's statement was made in 2013.

35 Cooley, Heathershaw, and Sharman, “Rise of Kleptocracy: Laundering Cash,” 40.

36 Judah and Li, “Money Laundering for Twenty-First Century Authoritarianism,” pp. 16–22; Bullough, “Rise of Kleptocracy: The Dark Side.”

37 Ben Judah and Nate Sibley, “Countering Russian Kleptocracy,” Kleptocracy Initiative, the Hudson Institute, April 2018, www.hudson.org/research/14244-countering-russian-kleptocracy. See also Cooley, Heatherstraw, and Sharman, “Rise of Kleptocracy: Laundering Cash.”

38 Judah and Sibley, “Countering Russian Kleptocracy,” p. 7.

39 同上。

40 Executive Order: Ethics Commitments by Executive Branch Appointees, January 28, 2017, www.whitehouse.gov/presidential-actions/executive-order-ethics-commitments-executive-branch-appointees/.

41 Judah and Sibley, "Countering Russian Kleptocracy," p. 9.

42 Bullough, "Rise of Kleptocracy: The Dark Side," 34–35.

43 Cooley, Heatherstraw, and Sharman, "Rise of Kleptocracy: Laundering Cash," 45–46.

44 Judah and Sibley, "Countering Russian Kleptocracy," p. 15.

45 "About," International Consortium of Investigative Journalists, www.icij.org/about/.

46 "Judge Mark Wolf on Kleptocracy."

47 Robbie Gramer, "Infographic: Here's How the Global GDP Is Divvied Up," *Foreign Policy,* February 24, 2017, http://foreignpolicy.com/2017/02/24/infographic-heres-how-the-global-gdp-is-divvied-up/.

第十一章　以自由的目標的外交政策

1 "National Security Strategy of the United States of America," The White House, December 2017, www.whitehouse.gov/wp-content/uploads/2017/12/NSS-Final-12-18-2017-0905.pdf.

2 後續討論受馬侃國際領袖協會（McCain Institute for International Leadership）的民主人權研究小組（Democracy and Human Rights Working Group）的研究所啟發。請見www.mccaininstitute.org/advancing-freedom-promotes-us-interests/.

3 Amartya Sen, "Democracy as a Universal Value," *Journal of Democracy* 10 (July 1999): 3–17; Kim Dae Jung, "Is Culture Destiny?," *Foreign Affairs* 73 (November–December 1994): 189–94; His Holiness the Dalai Lama, "Buddhism, Asian Values, and Democracy," *Journal of Democracy* 10 (January 1999): 3–7; Abdou Filali-Ansary, "Muslims and

Democracy," *Journal of Democracy* 10 (July 1999): 18–32.

4 Glen Carey and Sarah Algethami, "How the Saudis Turned the Yemen War into a Humanitarian Crisis," *Bloomberg,* October 19, 2018, www.bloomberg.com/news/articles/2018-10-19/how-saudis-turned-yemen-war-into-humanitarian-crisis-quicktake/.

5 Condoleezza Rice, remarks at the American University of Cairo, June 20, 2005, https://2001-2009.state.gov/secretary/rm/2005/48328.htm.

6 Stevef Radelet, *Emerging Africa: How Seventeen Countries Are Leading the Way* (Washington, D.C.: Center for Global Development, 2010).

7 Jon Greenberg, "Most People Clueless on U.S. Foreign Aid Spending," *Politifact,* November 9, 2016, www.politifact.com/global-news/statements/2016/nov/09/john-kerry/yep-most-people-clueless-us-foreign-aid-spending/.

8 國家民主基金會是其中最主要的民主援助計劃，每年的核心撥款也只有一億七千萬美元：www.appropriations.senate.gov/imo/media/doc/FY18-OMNI-SFOPS-SUM.pdf.

9 和許多該國學者及人民一樣，我用Burma來取代緬甸的正式國名Myanmar。後者是一九八九年，也就是軍政府在一九八八年起義中屠殺上千人的隔年才改的名字。由於新名字的來源，我通常還是繼續沿用「Burma」這個說法。（譯按：中文裡Burma和Myanmar兩字都譯為緬甸。）

10 國家民主基金會是一系列國會撥款的非政府援助行動，基金會透過直接的補助計劃和附屬的國際媒體援助中心（Center for International Media Assistance）提供支援。其他補助基金和援助計劃的管道還有國際共和學會、國家民主研究所（National Democratic Institute）、團結中心（Solidarity Center）和國際私人企業中心（Center for International Private Enterprise），這些單位分別代表美國的兩大黨、勞工和企業。

11 Daniel Twining and Kenneth Wollack, "Russia's Nefarious Meddling Is Nothing like Democracy Assistance," *Washington Post,* April 10, 2018, www.washingtonpost.com/opinions/russias-nefarious-meddling-is-nothing-like-democracy-assistance/2018/04/10/b8942f20-3ce2-11e8-a7d1-e4efec6389f0 story.html ?utm term=.580cef1963b6.

12 請見民主開放網路（Open Internet for Democracy），這是一份由國家民主基金會出資的倡議：https://openinternet.global/about-open-internet-democracy-initiative.

13 《馬卡安哥拉》請見 www.makaangola.org/en/.

14 Rafael Marques, "Angola's Oil Curse," Alternet, December 17, 2004, www.alternet.org/story/20780/angola %27s oil curse; Rafael Marques, "Lundas: The Stones of Death. Angola's Deadly Diamonds," March 9, 2005, http://cdm16064.contentdm.oclc.org/cdm/ref/collection/p266901coll4/id/3098; Rafael Marques, "Operation Kissonde: The Stones of Death," Chesapeake Digital Preservation Group: Legal Information Archive, 2006, www.business-humanrights.org/sites/default/files/reports-and-materials/Operation-Kissonde-Rafael-Marques-Sep-2006.pdf; Rafael Marques, "A New Diamond War," *Washington Post,* November 6, 2006, www.washingtonpost.com/wp-dyn/content/article/2006/11/05/AR2006110500775.html; Rafael Marques de Morais, "Blood Diamonds: Corruption and Torture in Angola," www.tintadachina.pt/pdfs/626c1154352f7b4f96324bf928831b86-insideENG.pdf; Rafael Marques de Morais, "Eight Years for Falling Asleep in a Parked Car," *The Guardian,* April 29, 2016, www.theguardian.com/world/2016/apr/29/angolas-punitive-prison-system-rafael-marques-de-morais.

15 "Rafael Marques on Trial," Committee to Protect Journalists, March 31, 2000, https://cpj.org/reports/2000/03/angola-marques-00.php.

16 Marques, "Blood Diamonds: Corruption and Torture in Angola."

17 Tracy McVeigh and David Smith, "Champion of Freedom Defies Angola's President, Generals and the Power of Diamond Companies," *The Guardian,* March 21, 2015, www.theguardian.com/world/2015/mar/22/rafael-marques-de-morais-defies-angolas-president-generals-and-the-power-of-diamond-companies.

18 "Angola: Index Welcomes Acquittal of Rafael Marques de Morais," Index on Censorship, July 9, 2018, www.indexoncensorship.org/2018/07/angola-index-welcomes-acquittal-rafael-marques-de-morais/.

19 Veronika Melkozerova and Josh Kovensky, "Donors: Ukraine Will Get Aid in 2018 After Government Renews Fight Against Corruption, Adopts Crucial Reforms," *Kyiv Post,* January 11, 2018, www.kyivpost.com/ukraine-politics/donors-ukraine-will-get-aid-2018-government-renews-fight-corruption-adopts-crucial-reforms.html.

20 美國國際發展署對烏克蘭的援助計劃清單請見see www.usaid.gov/ukraine/documents/1863/usaidukraine-annual-report-2017。

21 Robert Kubinec, "How Foreign Aid Could Hurt Tunisia's Transition to Democracy," *Washington Post,* December 19, 2016, www.washingtonpost.com/news/monkey-cage/wp/2016/12/19/how-foreign-assistance-can-hurt-not-help-tunisias-democratic-transition/?utm term=.b3bd771c2174.

22 U.S. Agency for International Development, "Foreign Aid in the National Interest: Promoting, Freedom, Security, and Opportunity," 2002, www.au.af.mil/au/awc/awcgate/usaid/foreign _aid in the national interest-full.pdf.

23 "About MCC," Millennium Challenge Corporation, www.mcc.gov/about.

24 二〇一八年五月二十一日，與米德偉的通信內容。

25 完整的工具和課程調查請見Jeremy Kinsman and Kurt Bassuener, eds., *A Diplomat's Handbook for Democracy Development Support* (Waterloo, Ont.: Center for International Governance Innovation, 2013)。

26 Michael McFaul, *From Cold War to Hot Peace: An American Ambassador in Putin's Russia* (Boston: Houghton Mifflin Harcourt, 2018).

27 Julie Ray, "World's Approval of U.S. Leadership Drops to New Low," Gallup, January 18, 2018, http://news.gallup.com/poll/225761/world-approval-leadership-drops-new-low.aspx.

28 "Clapper Calls for U.S. Information Agency 'on Steroids' to Counter Russian Propaganda," *Washington Times*, January 5, 2017, www.washingtontimes.com/news/2017/jan/5/james-clapper-calls-us-information-agency-steroids.

29 William A. Rugh, "Repairing American Public Diplomacy," *Arab Media and Society*, February 8, 2009, www.arabmediasociety.com/repairing-american-public-diplomacy/.

30 Carol Morello, "That Knock on a Congressman's Door Could Be a Fulbright Scholar with a Tin Cup," *Washington Post*, June 8, 2017, www.washingtonpost.com/world/national-security/that-knock-on-a-congressmans-door-could-be-a-fulbright-scholar-with-a-tin-cup/2017/06/08/06aa1984-4baf-11e7-bc1b-fddbd8359dee story.html ?utm term=.64f13122d582.

31 Fulbright Association website, https://fulbright.org/stand-for-fulbright-2018/, accessed November 11, 2018.

32 這段話來自二〇一六年底通過的授權立法，see www.state.gov/r/gec/.

33 Abigail Tracy, "'A Different Kind of Propaganda': Has America Lost the Information War?," *Vanity Fair*, April 23, 2018, www.vanityfair.com/news/2018/04/russia-propaganda-america-information-war.

34 Issie Lapowsky, "The State Department's Fumbled Fight Against Russian Propaganda," *Wired*, November 22, 2017, www.wired.com/story/the-state-departments-fumbled-fight-against-russian-propaganda/; Gardiner Harris, "State Dept. Was Granted $120 Million to Fight Russian Meddling. It Has Spent $0," *New York Times*, March 4, 2018, www.nytimes.

com/2018/03/04/world/europe/state-department-russia-global-engagement-center.html.

35 我在本段中大部份的想法來自阿斯朋研究所（Aspen Institute）的傑出研究：Richard Kessler, "Reforming American Public Diplomacy: A Report of the Annual Aspen Institute Dialogue on Diplomacy and Technology," Aspen Institute Communications and Society Program, 2015, http://csreports.aspeninstitute.org/documents/ADDTech14 %20Report.pdf.

36 "How Can Technology Make People in the World Safer?," Jigsaw, https://jigsaw.google.com/projects/.

37 Dalai Lama, "Buddhism, Asian Values, and Democracy," 7.

第十二章　打造對民主友善的網路

1 Max Fisher, "With Alex Jones, Facebook's Worst Demons Abroad Begin to Come Home," *New York Times,* August 8, 2018, www.nytimes.com/2018/08/08/world/americas/facebook-misinformation.html.

2 Joshua A. Tucker et al., "From Liberation to Turmoil: Social Media and Democracy," *Journal of Democracy* 28 (October 2017): 49.

3 這個史丹佛課程的說明檔案可見於：http://cddrl.fsi.stanford.edu/docs/about libtech.

4 Philip N. Howard and Muzammil M. Hussain, "The Upheavals in Egypt and Tunisia: The Role of Digital Media," *Journal of Democracy* 22 (July 2011): 35–48.

5 Larry Diamond, "Liberation Technology," *Journal of Democracy* 21 (July 2010): 69–83.

6 See the essays in Larry Diamond and Marc F. Plattner, eds., *Liberation Technology: Social Media and the Struggle for Democracy* (Baltimore: Johns Hopkins University Press, 2012).

7 Dave Chaffey, "Global Social Media Research Summary," Smart Insights, March 28, 2018, www.smartinsights.com/social-media-marketing/social-media-strategy/new-global-social-media-research/.

8 Elisa Shearer and Jeffrey Gottfried, "News Use Across Social Media Platforms," Pew Research Center, September 7, 2017, www.journalism.org/2017/09/07/news-use-across-social-media-platforms-2017/; Kristin Bialik and Katerina Eva Matsa, "Key Trends in Social and Digital News Media," Pew Research Center, October 4, 2017, www.pewresearch.org/fact-tank/2017/10/04/key-trends-in-social-and-digital-news-media/.

9 Mark Zuckerberg, "A Blueprint for Content Governance and Enforcement," Facebook, November 15, 2018, www.facebook.com/notes/mark-zuckerberg/a-blueprint-for-content-governance-and-enforcement/10156443129621634/.

10 同上。

11 Anamitra Deb, Stacy Donohue, and Tom Glaisyer, "Is Social Media a Threat to Democracy?," Omidyar Group, October 1, 2017, www.omidyargroup.com/wp-content/uploads/2017/10/Social-Media-and-Democracy-October-5-2017.pdf.

12 同上，p. 6。

13 Nathaniel Persily, "Can Democracy Survive the Internet?," *Journal of Democracy* 28 (April 2017): 72.

14 Seymour Martin Lipset, *Political Man: The Social Bases of Politics* (1960; repr., Baltimore: Johns Hopkins University Press, 1981), 74–79.

15 Deb, Donohue, and Glaisyer, "Is Social Media a Threat to Democracy?," p. 7. I resist using the term "fake news," which Donald Trump has appropriated to stigmatize truthful reporting that is not to his liking.

16 Jen Weedon, William Nuland, and Alex Stamos, "Information Operations and Facebook," Facebook, April 27, 2017, https://fbnewsroomus.files.wordpress.com/2017/04/facebook-and-information-operations-v1.pdf.

17 Samanth Subramanian, "Fake News Factory to the World: Welcome to the Macedonian Fake-News Complex," *Wired,* February 15, 2017, www.wired.com/2017/02/veles-macedonia-fake-news/.

18 Darrell M. West, "How to Combat Fake News and Disinformation," Brookings Institution, December 18, 2017, www.brookings.edu/research/how-to-combat-fake-news-and-disinformation/.

19 Marc Fisher, John Cox, and Peter Hermann, "Pizzagate: From Rumor, to Hashtag, to Gunfire in D.C.," *Washington Post,* December 6, 2016, www.washingtonpost.com/local/pizzagate-from-rumor-to-hashtag-to-gunfire-in-dc/2016/12/06/4c7def50-bbd4-11e6-94ac-3d324840106c _story.html ?noredirect= on & utm term=.58ac7f5ffef6.

20 Reuters, "Trump's Attacks on Media May Lead to Real Violence: U.N. Expert," *U.S. News and World Report,* August 2, 2018, www.usnews.com/news/world/articles/2018-08-02/trumps-attacks-on-media-may-lead-to-real-violence-un-expert; Rick Noack, "Can Anti-Media Rhetoric Spark Violence? These German Researchers Reached a Startling Conclusion," *Washington Post,* July 30, 2018, www.washingtonpost.com/news/worldviews/wp/2018/07/30/can-anti-media-rhetoric-spark-violence-these-german-researchers-reached-a-startling-conclusion/?noredirect= on & utm term=.46bada56f159.

21 William K. Rashbaum, Alan Feuer, and Adam Goldman, "Outspoken Trump Supporter in Florida Charged in Attempted Bombing Spree," *New York Times,* October 26, 2018, www.nytimes.com/2018/10/26/nyregion/cnn-cory-booker-pipe-bombs-sent.html.

22 Craig Silverman, " 'Death Panel' Report Reaches Depressing Conclusions: The Media Is Ineffective at Dispelling False Rumors," *Columbia Journalism Review,* May 27, 2011, https://archives.cjr.org/behind the news/death panels report reaches de.php.

23 Persily, "Can Democracy Survive the Internet?," 69.

24 截至二〇一八年十一月，演員喬登・皮爾（Jordan Peele）模仿歐巴馬的換臉影片，在YouTube上已經累積了超過五百萬次觀看的換臉影片；這段影片的目的是教育大眾人工智慧有能力以這種方式欺騙人：see www.youtube.com/watch ?v= cQ54GDm1eL0.

25 Deb, Donohue, and Glaisyer, “Is Social Media a Threat to Democracy?,” p. 9.

26 Pen America, “Faking News: Fraudulent News and the Fight for Truth,” October 12, 2017, p. 4, https://pen.org/wp-content/uploads/2017/11/2017-Faking-News-11.2.pdf.

27 See the annual Freedom House Reports: Freedom on the Net 2017, https://freedomhouse.org/report/freedom-net/freedom-net-2017; Freedom on the Net 2018, https://freedomhouse.org/report/freedom-net/freedom-net-2018.

28 Bence Kollanyi, Philip Howard, and Samuel Woolley, “Bots and Automation over Twitter During the 2016 U.S. Election,” November 17, 2016, http://comprop.oii.ox.ac.uk/wp-content/uploads/sites/89/2016/11/Data-Memo-US-Election.pdf.

29 Robert Faris et al., “Partisanship, Propaganda, and Disinformation: Online Media and the 2016 U.S. Presidential Election,” Berkman Klein Center for Internet and Society at Harvard University, August 16, 2017, https://cyber.harvard.edu/publications/2017/08/mediacloud.

30 Deb, Donohue, and Glaisyer, “Is Social Media a Threat to Democracy?,” p. 10.

31 Fisher, “With Alex Jones, Facebook’s Worst Demons.”

32 Deb, Donohue, and Glaisyer, “Is Social Media a Threat to Democracy?,” p. 11.

33 Anna Mitchell and Larry Diamond, “China’s Surveillance State Should Scare Everyone,” *The Atlantic,* February 2, 2018, www.theatlantic.com/international/archive/2018/02/china-surveillance/552203/.

34 Daniel Benaim and Holly Russon Gilman, “China’s Aggressive Surveillance Technology Will Spread Beyond Its

Borders," *Slate,* August 9, 2018, https://slate.com/technology/2018/08/chinas-export-of-cutting-edge-surveillance-and-facial-recognition-technology-will-empower-authoritarians-worldwide.html.

35 Tucker et al., "From Liberation to Turmoil," 50–52.

36 Timothy Garton Ash, *Free Speech: Ten Principles for a Connected World* (New Haven: Yale University Press, 2016); "An Introductory Guide to the Ten Principles," Free Speech Debate, January 10, 2017, https://freespeechdebate.com/media/new-video-content-on-free-speech-in-2017/.

37 Laura Italiano, "Facebook Gives Up on 'Flagging' Fake News," *New York Post,* December 22, 2017, https://nypost.com/2017/12/22/facebook-gives-up-on-flagging-fake-news/.

38 "Hard Questions: What Is Facebook Doing to Protect Election Security?," Facebook, March 29, 2018, https://newsroom.fb.com/news/2018/03/hard-questions-election-security/.

39 Aja Romano, "Mark Zuckerberg Lays Out Facebook's Three-Pronged Approach to Fake News," *Vox,* April 3, 2018, www.vox.com/technology/2018/4/3/17188332/zuckerberg-kinds-of-fake-news-facebook-making-progress/.

40 臉書上「邊緣」的意思是未被禁止但近乎違反社群守則的內容，比如未達仇恨程度的冒犯言論，或是「有殺人標題（click and bait）的錯誤資訊」：see Zuckerberg, "A Blueprint for Content Governance and Enforcement."

41 同上。

42 Jonathan Vanian, "Facebook Expanding Fact-Checking Project to Combat Fake News," *Fortune,* June 21, 2018, http://fortune.com/2018/06/21/facebook-fake-news-fact-checking/.

43 Swapna Krishna, "Google Takes Steps to Combat Fake News 'Snippets,' " Engadget, January 31, 2018, www.engadget.com/2018/01/31/google-tackles-fake-news-in-snippets/.

44 Ben Gomes, "Our Latest Quality Improvements for Search," Google, April 25, 2017, https://blog.google/products/search/our-latest-quality-improvements-search/.

45 David Greene, "Alex Jones Is Far from the Only Person Tech Companies Are Silencing," *Washington Post,* August 12, 2018, www.washingtonpost.com/opinions/beware-the-digital-censor/2018/08/12/997e28ea-9cd0-11e8-843b-36e177f3081c story.html ?utm term=.7415b30c723f.

46 "The Santa Clara Principles," https://newamericadotorg.s3.amazonaws.com/documents/Santa Clara Principles.pdf.

47 Facebook Community Standards, www.facebook.com/communitystandards/. In Zuckerberg's "A Blueprint for Content Governance and Enforcement," he concedes that Facebook's review teams "make the wrong call in more than 1 out of every 10 cases."

48 Facebook, Community Standards Enforcement Report, November 2018, https://transparency.facebook.com/community-standards-enforcement.

49 Zuckerberg, "A Blueprint for Content Governance and Enforcement."

50 Deb, Donohue, and Glaisyer, "Is Social Media a Threat to Democracy?," p. 15.

51 "News Integrity Initiative," City University of New York: Craig Newmark Graduate School of Journalism, www.journalism.cuny.edu/centers/tow-knight-center-entrepreneurial-journalism/news-integrity-initiative/.

52 "About First Draft," First Draft, https://firstdraftnews.org/about/.

53 "The Trust Project," Santa Clara University: Markkula Center for Applied Ethics, www.scu.edu/ethics/focus-areas/journalism-ethics/programs/the-trust-project/.

54 "About Us," Stop Fake, www.stopfake.org/en/about-us/.

55 Stephen King, “Trust Starts with Truth,” *The Telegraph,* April 5, 2017, www.telegraph.co.uk/news/2017/04/04/ebay-founder-pierre-omidyar-commits-100m-fight-fake-news-hate/.

56 Seth Copen Goldstein, “Solving the Political Ad Problem with Transparency,” Free Speech Debate, November 17, 2017, https://freespeechdebate.com/discuss/solving-the-political-ad-problem-with-transparency/.

57 Julia Angwin and Jeff Larson, “Help Us Monitor Political Ads Online,” ProPublica, September 7, 2017, www.propublica.org/article/help-us-monitor-political-ads-online.

58 Daniel Fried and Alina Polyakova, “Democratic Defense Against Disinformation,” Atlantic Council, February 2018, p. 11, www.atlanticcouncil.org/publications/reports/democratic-defense-against-disinformation.

59 YouTube宣稱他們在機器學習上的進展已經能夠將「近百分之七十的暴力極端內容在上傳後八小時內刪除，而其中近半都是在兩小時內完成的」：John Shinai, “Facebook, Google Tell Congress They’re Fighting Extremist Content with Counterpropaganda,” CNBC, January 17, 2018, www.cnbc.com/2018/01/17/facebook-google-tell-congress-how-theyre-fighting-extremist-content.html.

60 “Ten Ways to Fight Hate: A Community Response Guide,” Southern Poverty Law Center, August 14, 2017, www.splcenter.org/20170814/ten-ways-fight-hate-community-response-guide.

61 Eileen Donahoe, “Don’t Undermine Democratic Values in the Name of Democracy,” *The American Interest,* December 12, 2017, www.the-american-interest.com/2017/12/12/179079/.

62 Melissa Eddy and Mark Scott, “Delete Hate Speech or Pay Up, Germany Tells Social Media Companies,” *New York Times,* June 30, 2017, www.nytimes.com/2017/06/30/business/germany-facebook-google-twitter.html.

63 Eileen Donahoe, “Protecting Democracy from Online Disinformation Requires Better Algorithms, Not Censorship,”

Council on Foreign Relations, August 21, 2017, www.cfr.org/blog/protecting-democracy-online-disinformation-requires-better-algorithms-not-censorship.

64 Taylor Hatmaker, "Twitter Endorses the Honest Ads Act, a Bill Promoting Political Ad Transparency," Techcrunch, April 10, 2018, https://techcrunch.com/2018/04/10/twitter-honest-ads-act/.

65 Fried and Polyakova, "Democratic Defense Against Disinformation," pp. 7–8.

66 Natasha Lomas, "WTF Is GDPR?," Techcrunch, January 20, 2018, https://techcrunch.com/2018/01/20/wtf-is-gdpr/.

67 同上。

68 Mark Scott and Nancy Scola, "Facebook Won't Extent EU Privacy Rights Globally, No Matter What Mark Zuckerberg Says," *Politico,* April 19, 2018, www.politico.eu/article/facebook-europe-privacy-data-protection-markzuckerberg-gdpr-general-data-protection-regulation-eu-european-union/.

69 Joel Breakstone et al., "Why We Need a New Approach to Teaching Digital Literacy," *Phi Delta Kappan* 99 (March 2018): 27–32, www.kappanonline.org/breakstone-need-new-approach-teaching-digital-literacy/.

70 Sam Wineburg and Sarah McGrew, "Most Teens Can't Tell Fake from Real News," PBS NewsHour, December 13, 2016, www.pbs.org/newshour/education/column-students-cant-google-way-truth.

71 Joel Breakstone et al., "Why We Need a New Approach to Teaching Digital Literacy," *Phi Delta Kappan* 99 (March 2018): 27–32, www.kappanonline.org/breakstone-need-new-approach-teaching-digital-literacy/.

72 他們還建議教導學生如何使用維基百科條目的「討論」頁面，這樣學生就能從關於證據是否能支持某主張的「即時討論」來進行評估。

73 Sarah McGrew et al., "The Challenge That's Bigger than Fake News: Teaching Students to Engage in Civic Online

Reasoning," *American Educator* (Fall 2017): 8–9, www.aft.org/sites/default/files/periodicals/ae fall2017 mcgrew.pdf.

74 Pen America, "Faking News," p. 73.

75 Breakstone et al., "Why We Need a New Approach," 31.

76 "How Can Technology Make People in the World Safer?," Jigsaw, https://jigsaw.google.com/projects/.

77 "Tools from EFF's Tech Team," Electronic Frontier Foundation, www.eff.org/pages/tools.

第十三章　復興美國民主的七項改革

1 Joseph P. Lash, *Eleanor: The Years Alone* (New York: W. W. Norton, 1972), 79.

2 George F. Kennan, "The Long Telegram," February 22, 1946, www.trumanlibrary.org/whistlestop/study collections/coldwar/documents/pdf/6-6.pdf.

3 Patrick McGreevy, "Governor Brown Approves Major Changes in Legislative Process," *Los Angeles Times,* September 27, 2014, www.latimes.com/local/political/la-me-pc-gov-brown-oks-bill-allowing-changes-and-more-transparency-for-initiatives-20140926-story.html.

4 Colin Woodard, "Maine's Radical Democratic Experiment," *Politico,* March 27, 2018, www.politico.com/magazine/story/2018/03/27/paul-lepage-maine-governor-ranked-choice-voting-217715.

5 "Governor LePage's Most Controversial Quotes, 2010," *Bangor Daily News,* March 30, 2013, http://bangordailynews.com/2013/03/30/opinion/lepagequotes/.

6 Colin Woodard, "How Did America's Craziest Governor Get Reelected?," *Politico,* November 5, 2014, www.politico.

com/magazine/story/2014/11/paul-lepage-craziest-governor-reelection-112583.

7 "Maine Question 1, Ranked-Choice Voting Delayed Enactment and Automatic Repeal Referendum (June 2018)," Ballotpedia, https://ballotpedia.org/Maine Question 1, Ranked-Choice _Voting _Delayed _Enactment _and _Automatic _ Repeal _Referendum _ (June _2018).

8 "Vote for Me! For Second Place, at Least?," editorial, *New York Times,* June 9, 2018, www.nytimes.com/2018/06/09/opinion/ranked-choice-voting-maine-san-francisco.html

9 Eric Maskin and Amartya Sen, "A Better Electoral System for Maine," *New York Times,* June 10, 2018, www.nytimes.com/2018/06/10/opinion/electoral-system-maine.html.

10 Darren Fishell, "Who's Paying to Convince Mainers That Ranked-Choice Voting Suits Them," *Bangor Daily News,* June 11, 2018, http://bangordailynews.com/2018/06/08/politics/whos-paying-to-convince-mainers-that-ranked-choice-voting-suits-them/.

11 Edward D. Murphy and Peter McGuire, "As Mainers Vote in First Ranked-Choice Election, LePage Says He 'Probably' Won't Certify Referendum Results," *Portland Press Herald,* June 12, 2018, www.pressherald.com/2018/06/12/voters-turn-out-for-historic-election-day/.

12 Lee Drutman, "All Politicians 'Game' the System. The Question Is How?" *Vox,* May 14, 2018, www.vox.com/polyarchy/2018/5/14/17352208/ranked-choice-voting-san-francisco.

13 "Multiple Choice: In Praise of Ranked-Choice Voting," *The Economist,* June 14, 2018, www.economist.com/united-states/2018/06/16/in-praise-of-ranked-choice-voting.

14 Kelly Born, "Maine's Ranked Choice Voting Could Lead the Way to a Healthier U.S. Democracy," Hewlett Foundation,

August 16, 2018, https://hewlett.org/maines-ranked-choice-voting-could-lead-the-way-to-a-healthier-u-s-democracy/.

15 Fair Vote, "Ranked Choice Voting/Instant Runoff," www.fairvote.org/rcv #where is ranked _choice voting used; Represent Us, "Ranked Choice Voting," https://act.represent.us/sign/ranked-choice-voting/.

16 Todd Donovan, Caroline Tolbert, and Kellen Gracey, "Campaign Civility Under Preferential and Plurality Voting," *Electoral Studies* 42 (June 2016): 157–63.

17 "Vote for Me! For Second Place, at Least?"

18 "Multiple Choice. In Praise of Ranked-Choice Voting."

19 Mickey Edwards, *The Parties Versus the People: How to Turn Republicans and Democrats into Americans* (New Haven: Yale University Press, 2012), 6.

20 同上，44–45。

21 "Vote for Me! For Second Place, at Least?"; David Brooks, "One Reform to Save America," *New York Times,* May 31, 2018, www.nytimes.com/2018/05/31/opinion/voting-reform-partisanship-congress.html.

22 "A Congress for Every American," editorial, *New York Times,* November 10, 2018, https://www.nytimes.com/interactive/2018/11/10/opinion/house-representatives-size-multi-member.html.

23 "Germany's Election Results in Charts and Maps," *Financial Times,* September 24, 2017, www.ft.com/content/e7c7d918-a17e-11e7-b797-b61809486fe2.

24 Nolan McCarty, "Reducing Polarization: Some Facts for Reformers," *University of Chicago Legal Forum* 2015 (2016): 243–78.

25 "Extreme Gerrymandering: Democrats Need Near-Record Margin to Take House in 2018," Brennan Center for Justice,

March 26, 2018, www.brennancenter.org/press-release/extreme-gerrymandering-democrats-need-near-record-margin-take-house-2018.

26 Thomas E. Mann, "We Must Address Gerrymandering," *Time,* October 13, 2016, http://time.com/collection-post/4527291/2016-election-gerrymandering/.

27 "Gerrymandering," Represent Us, https://act.represent.us/sign/gerrymandering/. Hawaii and New Jersey now provide for commissions composed of politicians, which is less than ideal.

28 Aris Folley, "Michigan Court Orders Redistricting Measure to Go on Ballot," *The Hill,* June 8, 2018, http://thehill.com/regulation/legislation/391342-michigan-court-rules-voters-can-decide-on-redistricting.

29 Christian R. Grose, "Voters in Colorado, Michigan, Missouri, and Utah Endorse Independent Redistricting," Schwarzenegger Institute, November 2018, https://gallery.mailchimp.com/5216a8f2f16ed324741c940dd/files/6dc12574-9a71-4a0f-b454-c1e3e28236d3/Schwarzenegger Institute Redistricting Initiatives Policy Report.pdf.

30 Christopher Ingraham, "Pennsylvania Supreme Court Draws 'Much More Competitive' District Map to Overturn Republican Gerrymander," *Washington Post,* February 20, 2018, www.washingtonpost.com/news/wonk/wp/2018/02/19/pennsylvania-supreme-court-draws-a-much-more-competitive-district-map-to-overturn-republican-gerrymander/?utm term=.0b16d2c0410c.

31 Hunter Schwarz, "Voter Turnout in Primary Elections This Year Has Been Abysmal," *Washington Post,* July 23, 2014, www.washingtonpost.com/blogs/govbeat/wp/2014/07/23/voter-turnout-in-primary-elections-this-year-has-been-abysmal/?utm term=.f5bf8308f567.

32 Elaine C. Kamarck, "Increasing Turnout in Congressional Primaries," Brookings Institution, July 2014, p. 14, www.

brookings.edu/wp-content/uploads/2016/06/KamarckIncreasing-Turnout-in-Congressional-Primaries72614.pdf.

33 Wendy Weiser, "Automatic Voter Registration Boosts Political Participation," Brennan Center for Justice, January 29, 2016, www.brennancenter.org/blog/automatic-voter-registration-boosts-political-participation; Drew DeSilver, "U.S. Trails Most Developed Countries in Voter Turnout," Pew Research Center, May 21, 2018, www.pewresearch.org/fact-tank/2018/05/21/u-s-voter-turnout-trails-most-developed-countries/; Wendy Weiser and Alicia Bannon, "Democracy: An Election Agenda for Candidates, Activists and Legislators," Brennan Center for Justice, May 4, 2018, www.brennancenter.org/publication/democracy-election-agenda-2018.

34 Sean McElwee, Brian Schaffner, and Jesse Rhodes, "How Oregon Increased Voter Turnout More than Any Other State," *The Nation,* July 27, 2017, www.thenation.com/article/how-oregon-increased-voter-turnout-more-than-any-other-state/.

35 "Automatic Voter Registration," Brennan Center for Justice, April 17, 2018 (accessed June 14, 2018), www.brennancenter.org/analysis/automatic-voter-registration.

36 German Lopez, "Nine Ways to Make Voting Better," *Vox,* November 7, 2016, www.vox.com/policy-and-politics/2016/11/7/13533990/voting-improvements-election-2016.

37 Weiser and Bannon, "Democracy: An Election Agenda," p. 7.

38 Adam Bonica, "What's Good for Democracy Is Also Good for Democrats," *New York Times,* July 26, 2018, www.nytimes.com/2018/07/26/opinion/sunday/democracy-democrats-voters-disenfranchisment.html. notes 。

39 Tina Rosenberg, "Increasing Voter Turnout for 2018 and Beyond," *New York Times,* June 13, 2017, www.nytimes.com/2017/06/13/opinion/increasing-voter-turnout-2018.html.

40 Jelani Cobb, "Voter-Suppression Tactics in the Age of Trump," *The New Yorker,* October 29, 2018, www.newyorker.com/

magazine/2018/10/29/voter-suppression-tactics-in-the-age-of-trump. 這場牽涉喬治亞州務卿的利益衝突荒唐而可悲，也突顯了為何監督州級選務工作的職責不應像美國的現行規定一樣，交付給民選或委任的有黨籍官員。

41 Weiser and Bannon, "Democracy: An Election Agenda," p. 9.

42 同上，pp. 11–12。

43 Alexander Hamilton, "The Mode of Electing the President," *The Federalist* 68, www.congress.gov/resources/display/content/The +Federalist +Papers #TheFederalistPapers-68.

44 "The Minority Majority: America's Electoral System Gives the Republicans Advantages over Democrats," *The Economist,* July 12, 2018, www.economist.com/briefing/2018/07/12/americas-electoral-system-gives-the-republicans-advantages-over-democrats.

45 www.nationalpopularvote.com/.

46 Katherine M. Gehl and Michael E. Porter, "Why Competition in the Politics Industry Is Failing America," Harvard Business School, September 2017, p. 40, www.hbs.edu/competitiveness/Documents/why-competition-in-the-politics-industry-is-failing-america.pdf.

47 In 1992, Ross Perot exceeded 15 percent in public-opinion polls only after participating in the fall debates. I have been part of the effort to change this rule: see www.changetherule.org/.

48 "What Is Deliberative Polling?" Center for Deliberative Democracy, http://cdd.stanford.edu/what-is-deliberative-polling/; James S. Fishkin, *Democracy When People Are Thinking: Revitalizing Our Politics Through Public Deliberation* (New York: Oxford University Press, 2018).

49 "Congress and the Public," Gallup, https://news.gallup.com/poll/1600/congress-public.aspx.

50 Edwards, *The Parties Versus the People,* 114, 120.

51 "Make Congress Work: A No Labels Action Plan," No Labels, www.nolabels.org/wp-content/uploads/2017/04/MCW Pages.pdf, p. 13.

52 同上。

53 同上，p. 14。

54 Bruce Cain, *Democracy More or Less: America's Political Reform Quandary* (New York: Cambridge University Press, 2015): 204–6; Sarah A. Binder and Frances E. Lee, "Make Deals in Congress," in *Solutions to Polarization in America,* ed. Nathaniel Persily (Cambridge: Cambridge University Press, 2015), 252.

55 Jane Mansbridge, "Helping Congress Negotiate," in Persily, ed., *Solutions to Polarization,* 268–69; Cain, *Democracy More or Less,* 160.

56 Weiser and Bannon, "Democracy: An Election Agenda," p. 15.

57 This is the cause of an outstanding nonprofit organization that I am proud to be associated with, Verified Voting: www.verifiedvoting.org/about-vvo/.

58 "The Verifier—Polling Place Equipment—November 2018," Verified Voting, www.verifiedvoting.org/verifier/; "Voting Methods and Equipment by State," Ballotpedia, https://ballotpedia.org/Voting methods and equipment by state.

59 Weiser and Bannon, "Democracy: An Election Agenda," pp. 15–16.

60 Sean Sullivan, "What Is a 501(c)(4), Anyway?," *Washington Post,* May 13, 2013, www.washingtonpost.com/news/the-fix/wp/2013/05/13/what-is-a-501c4-anyway/?utm term=.48a8d4e5bbca. 501(c)(6) organizations, business leagues, fall under similar requirements.

61 See the excellent website Open Secrets, provided by the Center for Responsive Politics: www.opensecrets.org/dark-money/top-election-spenders.

62 Weiser and Bannon, "Democracy: An Election Agenda," p. 24.

63 同上，p. 25。

64 Ian Vandewalker, "Voucher-Funded Seattle Candidates Relied More on Constituents than on Non-Constituent Donors," Brennan Center for Justice, June 1, 2018, www.brennancenter.org/blog/voucher-funded-seattle-candidates-relied-more-constituents-non-constituent-donors-part-two.

65 Represent Us, "The American Anti-Corruption Act," https://anticorruptionact.org/whats-in-the-act/.

66 Russell Berman, "Donald Trump's Last-Ditch Plan to 'Drain the Swamp,' " *The Atlantic,* October 18, 2016, www.theatlantic.com/politics/archive/2016/10/donald-trumps-plan-to-drain-the-swamp/504569/.

67 Executive Order: Ethics Commitments by Executive Branch Appointees, January 28, 2017, www.whitehouse.gov/presidential-actions/executive-order-ethics-commitments-executive-branch-appointees/.

68 《美國反貪腐法案》全文請見：https://3pcd0f2kpjl33 pmc34996z9w-wpengine.netdna-ssl.com/wp-content/uploads/sites/4/2017/12/AACA-Revised-Full-Provisions-List-%E2 %80 %93-122F62F2017.pdf.

69 羅斯福研究所更進一步建議，終身禁止卸任的高階行政官員和國會議員從事遊說：Rohit Chopra and Julie Margetta Morgan, "Unstacking the Deck: A New Agenda to Tame Corruption in Washington," Roosevelt Institute, May 2, 2018, p. 27, http://rooseveltinstitute.org/unstacking-deck/.

70 Alex Tucciarone, "Report Calls for Creation of Federal Enforcement Agency to Fight Corruption," Roosevelt Institute, May 2, 2018, http://rooseveltinstitute.org/report-calls-creation-federal-enforcement-agency-fight-corruption-washington/.

71 Chopra and Morgan, "Unstacking the Deck," p. 22.

72 Margaret Chase Smith, "Declaration of Conscience," U.S. Senate speech, June 1, 1950, www.senate.gov/artandhistory/history/resources/pdf/SmithDeclaration.pdf; reprinted in William Safire, ed., *Lend Me Your Ears: Great Speeches in History* (New York: W. W. Norton, 2004), 725.

第十四章　結語：自由的新生

1 David Montgomery, "The Quest of Laurene Powell Jobs," *Washington Post,* June 11, 2018, www.washingtonpost.com/news/style/wp/2018/06/11/feature/the-quest-of-laurene-powell-jobs/?noredirect= on & utm term=.bbd7caa64258.

2 Bill Clinton, Transcript of Speech to the Democratic Convention, August 27, 2008, www.npr.org/templates/story/story.php?storyId= 94045962.

3 Ernest Hemingway, *The Sun Also Rises* (New York: Scribner, 1926), 141.

4 David M. Halbfinger and Isabel Kershner, "Israel Law Declares the Country the 'Nation-State of the Jewish People,' " *New York Times,* July 19, 2018, www.nytimes.com/2018/07/19/world/middleeast/israel-law-jews-arabic.html.

5 Brad Roberts, introduction to *The New Democracies: Global Change and U.S. Policy,* ed. Brad Roberts (Cambridge, Mass.: MIT Press, 1990), ix.

6 Mohammed Ademo and Jeffrey Smith, "Ethiopia Is Falling Apart," *Foreign Policy,* January 11, 2018, https://foreignpolicy.com/2018/01/11/ethiopia-is-falling-apart/.

7 Jason Burke, "Ethiopian Prime Minister Vows to Stick to Reforms After Explosion at Rally," *The Guardian,* June 23,

2018, www.theguardian.com/world/2018/jun/23/explosion-rally-new-ethiopian-prime-minister-abiy-ahmed.

8 Hannah Ellis-Petersen, "Former Malaysian PM Najib arrested in $4.5bn 1MDB probe," *The Guardian,* July 3, 2018, www.theguardian.com/world/2018/jul/03/former-malaysian-leader-najib-arrested-in-45bn-graft-probe.

9 Cynthia Gabriel, "Malaysia's Missing Billions," *Journal of Democracy* 29 (January 2018): 69–75.

10 Michael A. McFaul, *From Cold War to Hot Peace: An American Ambassador in Putin's Russia* (Boston: Houghton Mifflin Harcourt, 2018).

11 Amie Ferris-Rotman and Anton Troianovski, "Russian Police Detain More than 1,600 Protesting Putin's Fourth Presidential Term," *Washington Post,* May 5, 2018, www.washingtonpost.com/world/thousands-of-russians-rally-against-putin-ahead-of-inauguration/2018/05/05/3007a9a2-503d-11e8-b725-92c89fe3ca4c story.html ?utm term=.d476f5dd5797.

12 Michael McFaul, "Transitions from Postcommunism," *Journal of Democracy* 16 (July 2005): 5–19, www.journalofdemocracy.org/sites/default/files/McFaul-16-3.pdf.

13 Lamis Andoni, "To the Tyrants of the World…," *Al Jazeera,* January 16, 2011, www.aljazeera.com/indepth/opinion/2011/01/2011115135046129936.html.

14 Matthew Wigler, "Swing District," Medium, July 14, 2018, https://medium.com/swing-district-purple-america/diss-vs-piss-the-blue-wave-and-yellow-trickle-in-californias-central-valley-f302d5af2c4d.

15 Alicia Parlapiano and Adam Pearce, "For Every Ten U.S. Adults, Six Vote and Four Don't. What Separates Them?," *New York Times,* September 13, 2016, www.nytimes.com/interactive/2016/09/13/us/politics/what-separates-voters-and-nonvoters.html.

16 Gustavo López and Antonio Flores, "Dislike of Candidates or Campaign Issues Was Most Common Reason for Not

Voting in 2016," Pew Research Center, June 1, 2017, www.pewresearch.org/fact-tank/2017/06/01/dislike-of-candidates-or-campaign-issues-was-most-common-reason-for-not-voting-in-2016/.

17 Tony Pugh, "Voter Suppression Laws Likely Tipped the Scales for Trump, Civil Rights Groups Say," McClatchy, November 10, 2016, www.mcclatchydc.com/news/politics-government/election/article113977353.html; Christopher Ingraham, "About 100 Million People Couldn't Be Bothered to Vote This Year," *Washington Post,* November 12, 2016, www.washingtonpost.com/news/wonk/wp/2016/11/12/about-100-million-people-couldnt-be-bothered-to-vote-this-year/?utm term=.1ac01a89356a.

18 Represent Us, "2018 Election Results," https://represent.us/election2018/.

19 Jen Johnson, "Victory! Voters in Alaska Just Passed a Sweeping Anti-Corruption Law," Represent Us, July 19, 2018, https://act.represent.us/sign/victory-in-alaska/.

20 "The Pledge," With Honor, https://www.withhonor.org/the-pledge.

21 Barbara Goldberg, "U.S. House Freshman Class Includes Most Veterans in Nearly a Decade," Reuters, November 7, 2018, http://news.trust.org//item/20181107183710-ti1xo/.

22 其中許多研究由休利特基金會（Hewlett Foundation）的麥迪遜計劃（Madison Initiative）資助：https://hewlett.org/strategy/madison-initiative/.

八旗國際06

妖風

全球民主危機與反擊之道——當俄羅斯正面進攻、中國陰謀滲透、美國自毀長城，我們該如何重振民主自由的未來？

作　　者／戴雅門（Larry Diamond）
翻　　譯／盧　靜
編　　輯／王家軒
協力編輯／林凱雄
助理編輯／柯雅云
校　　對／陳佩伶
封面攝影／陳焯輝

企　　劃　蔡慧華
總 編 輯　富　察
社　　長　郭重興
發行人兼出版總監　曾大福
出版發行　八旗文化／遠足文化事業股份有限公司
地　　址　新北市新店區民權路108-2號9樓
電　　話　02-22181417
傳　　真　02-86671065
客服專線　0800-221029
信　　箱　gusa0601@gmail.com
Facebook　facebook.com/gusapublishing
Blog　gusapublishing.blogspot.com
法律顧問　華洋法律事務所／蘇文生律師

印　　刷　前進彩藝有限公司
定　　價　520元
初版一刷　2019年（民108）十一月
ISBN　978-957-8654-87-7

國家圖書館出版品預行編目（CIP）資料

妖風：全球民主危機與反擊之道／戴雅門（Larry Diamond）著；盧靜譯. -- 一版. --
新北市：八旗文化, 遠足文化, 2019.12
　面；　公分. --（八旗國際；6）
譯自：Ill winds : saving democracy from Russian rage, Chinese ambition, and American complacency
ISBN 978-957-8654-87-7（平裝）

1. 民主政治　2. 美國政府　3. 美國外交政策

571.6　　108019719